PAPYRUS COPTES

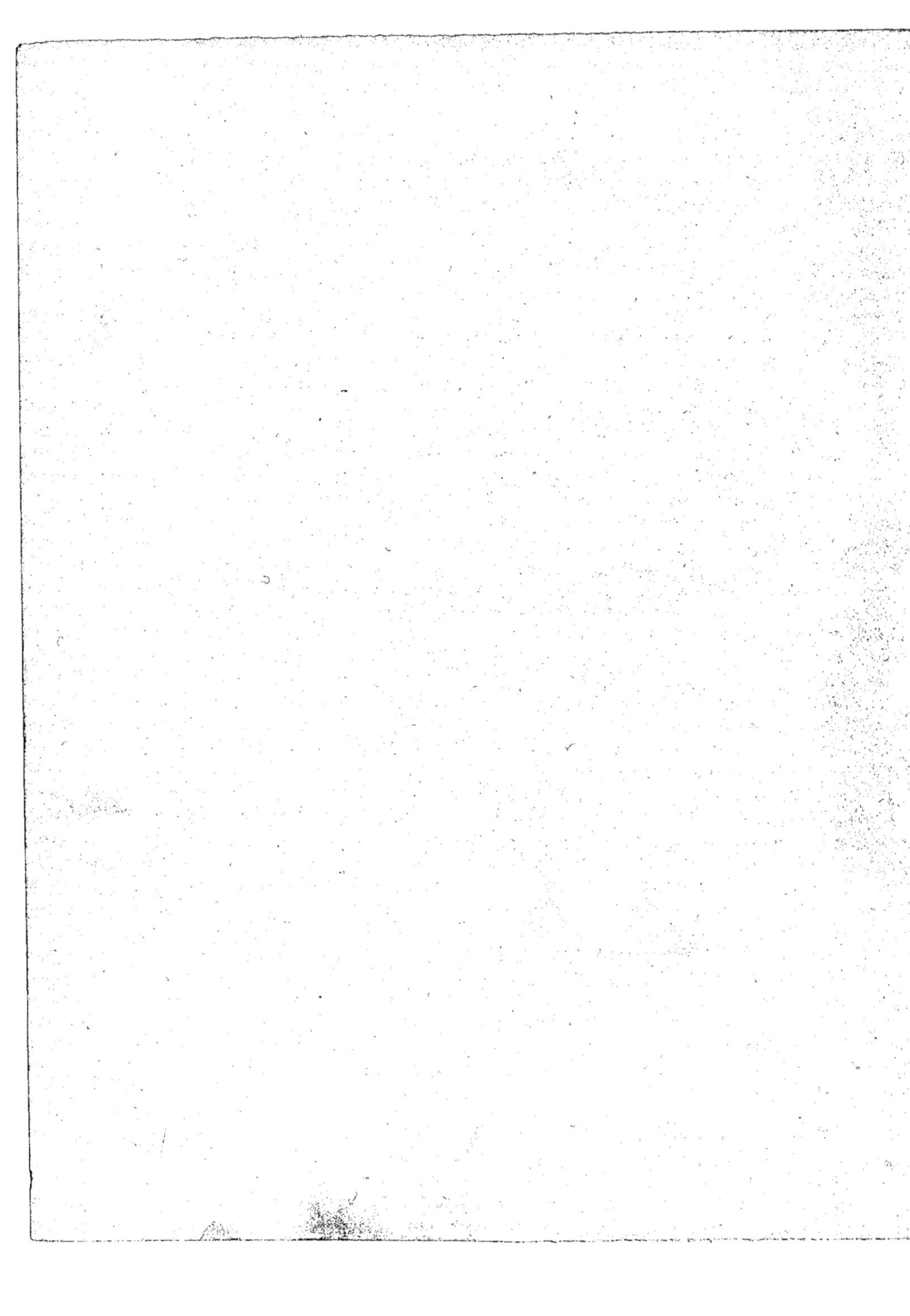

ÉTUDES ÉGYPTOLOGIQUES

CINQUIÈME LIVRAISON

ACTES ET CONTRATS

DES

MUSÉES ÉGYPTIENS DE BOULAQ

ET DU LOUVRE

1er FASCICULE

TEXTES ET FAC-SIMILE

PAR

EUGÈNE REVILLOUT

PARIS
F. VIEWEG, LIBRAIRE-ÉDITEUR
LIBRAIRIE A. FRANCK
Rue Richelieu, 67

1876

A M. MARIETTE-BEY

MEMBRE DE L'INSTITUT

HOMMAGE DE PROFONDE GRATITUDE

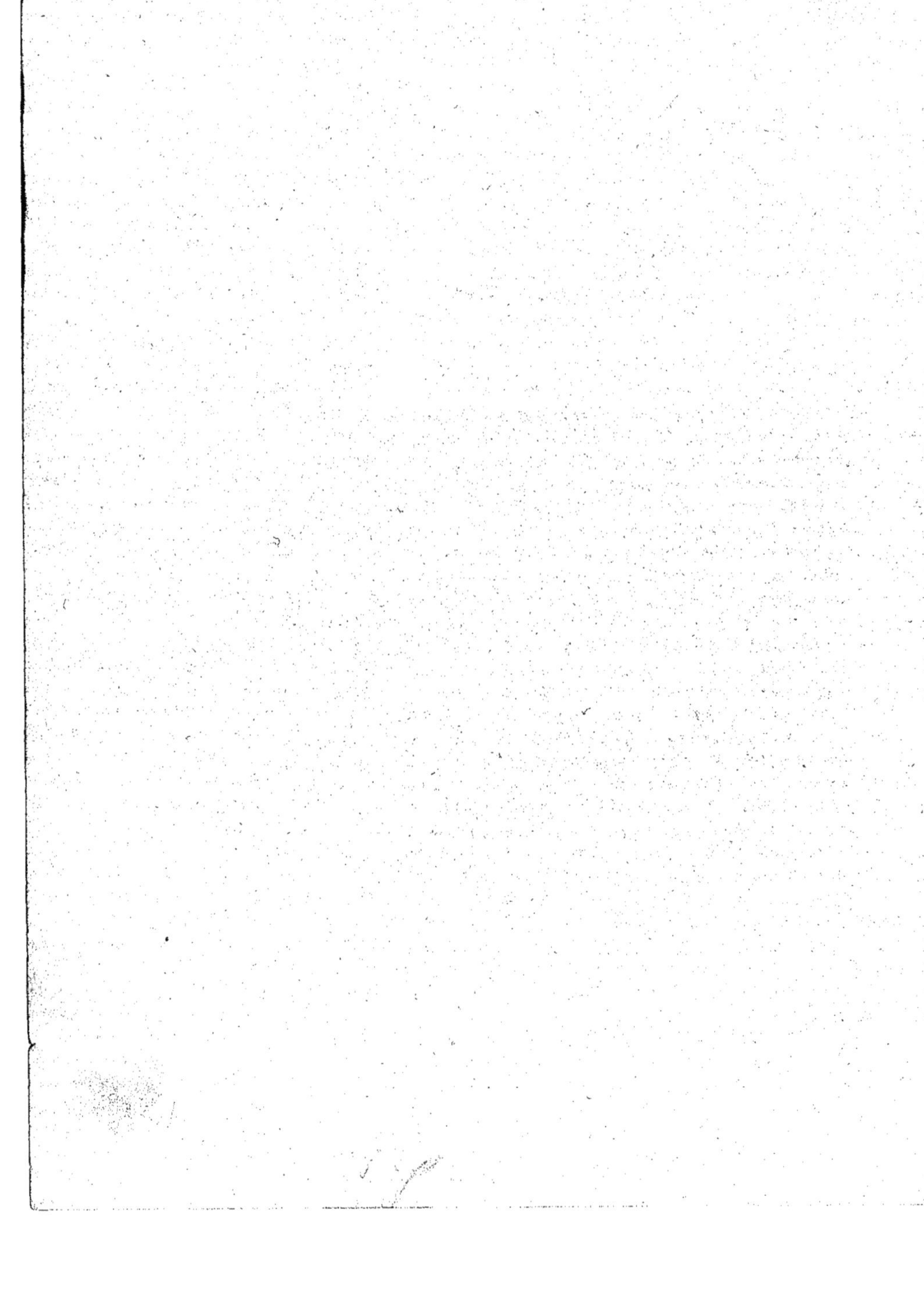

AVERTISSEMENT

Les textes qui suivent comprennent seulement les contrats des collections de Boulaq et du Louvre. Je dois les premiers à M. Mariette-Bey qui a bien voulu m'envoyer à Paris les papyrus originaux, fort intéressants et inédits, conservés dans le musée du vice-roi. Les seconds forment une faible partie des papyrus coptes du Louvre; j'ai choisi seulement les actes provenant des cartulaires de Djême (Memnonia de Thèbes), et de Saint-Jérémie de Memphis. Les autres papyrus de notre Musée Egyptien seront publiés prochainement.

Ainsi que je le montrerai en détail dans le fascicule suivant, les documents que je donne aujourd'hui sont, pour tout ce qui concerne l'économie politique de l'Égypte dans la période chrétienne, du plus vif intérêt. Ils formeront, avec les papyrus de même provenance que j'ai copiés à Londres, le fonds principal où pourront puiser ceux qui veulent étudier la vie intime et la jurisprudence pratique de la vallée du Nil. C'est en quelque sorte une seconde partie de cette histoire dont les actes sur papyrus, commentés par Peyron, nous avaient fourni la première. Comme époque, d'une autre part, il faut les rapprocher des actes latins d'Italie que Marini a rassemblés dans son grand ouvrage intitulé : *Papyri diplomatici*. A l'imitation de ce savant illustre, j'entrerai dans tous les détails qui me paraîtront utiles pour l'intelligence des textes, soit au point de vue philologique, soit aux points de vue juridique et historique.

Le second fascicule, contenant les traductions et les commentaires, ne sera pas autographié, mais imprimé.

Eugène REVILLOUT.

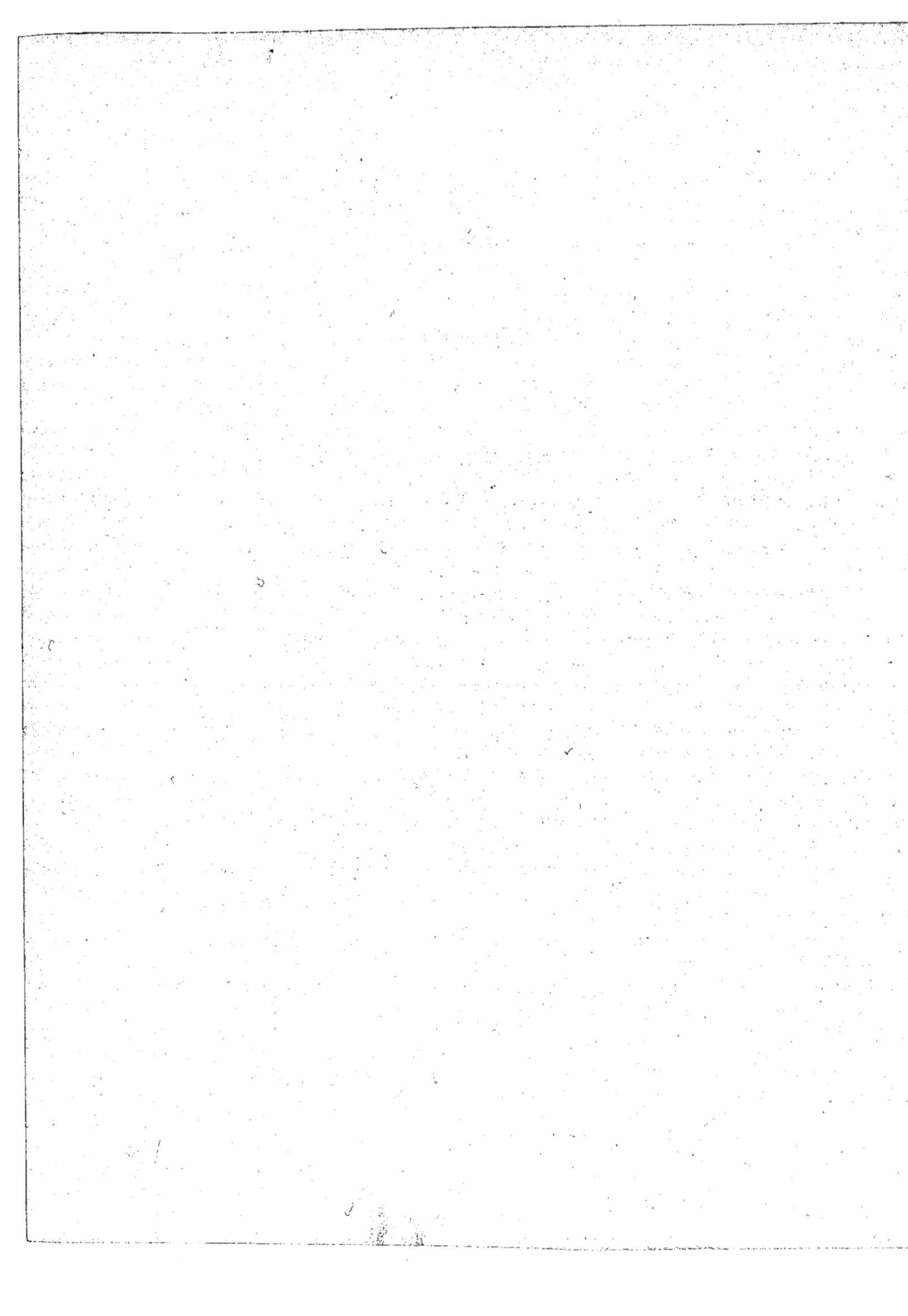

PAPYRUS Nº 1 DE BOULAQ

بسم الله . . . .
قل هو الله احـ . . . .
عبد الله . . . .
هذا ما امر به . . . .

† ΕΝ ΟΝΟΜΑΤΙ ΤΗϹ ΑΓΙΑϹ ΚΑΙ ΖΩΟΠΙΟΥ
ΟΜΟΟΥϹΙΟΥ ΤΡΙΑΔΟϹ ΠΑΤΡΟϹ ΚΑΙ ΤΟΥ ΥΙΟΥ
ΚΑΙ ΤΟΥ ΑΓΙΩ ΠΝΕΥΜΑΤΟϹ
ΕΓΡΑΦΗ ΜΕΝΙ ΠΑΥΝΙ Γ// ΙΝΔ// ΤΡΙΤΗ ΕΠΙ
ΜΑΜΕΤ ΑΜΙΡΑ ΕΥΚΛ ΑΜΙΡΑ ΤΗϹ ΠΑΤΑΡΧΙ
ΑϹ ΕΡΜΟΝΘΕΟϹ ΚΑΙ ΧΑΗΛ ΥΙΟϹ ΨΑΜΟΛΑΜ
ΠΡΟΤΑΤΟΥ ΔΙΟΙΚ ΑΠΟ ΚΑϹΤΡΟΝ ΜΕΜΝΩ
ΝΙΩ ΕΤΟΥϹ ΔΙΟΚΛ ΒΑϹΙΛΕΥϹ ΥΝΑ ΚΑΙ
ΕΤΟΥϹ ϹΑΡΑΚΟΙΝΟΝ ΡΙΔ
ΑΝΟΚ ΑΝΝΑ ΤϢΕΕΡΕ ΜΠΜΑΚΑΡΙΟϹ ΙΩ
ϨΑΝΝΗϹ ΤΕϹ ΜΑΑΥ ΤΕ ΤΜΑΚΑΡΙΑ ΤΑϨΑ
Μ ΝΡΜ ΠΚΑϹΤΡΟΝ ΝϪΗΜΕ ϨΑ ΠΝΟΜΟϹ
ΝΤΠΟΛΙϹ ΕΡΜΟΝΤ ΕΝϮ ΜΝϹΩϹ ΝΤϨΥΠΟ
ΓΡΑΦΗ ϨΙΤΝ ΤϬΙϪ ΜΠΕΝΤΑϤϨΥΠΟΓΡΑ
ΦΗ ϨΑΡΟΙ ΕΝϹϨΑΙ ΜΠ ΘΕΟΤΙΜΙΤΟϹ ΝϹΟΝ
ΕΤΤΑΙΗΥ ΑΒΒΑ ΖΑΧΑΡΙΑϹ ΠΝΟϬ ΜΠΡ

ⲟⲉⲥⲧⲟⲥ ⲙⲛ̄ ⲁⲃⲃⲁ ⲫⲓⲗⲟⲑⲉⲟⲥ ⲙⲛ̄ ⲁⲃⲃⲁ
ⲙⲏⲛⲁ ⲛⲉϥⲥⲩⲛⲕⲁⲑⲉⲇⲣⲟⲥ ⲁⲩⲱ ⲛ̄ⲛⲟϭ ⲙ̄ⲙ
ⲟⲛⲁⲭⲟⲥ ⲙ̄ⲡⲙⲁ ⲉⲧⲟⲩⲁⲁⲃ ⲉⲧⲉ ⲡⲥⲱⲟⲩϩ
ⲉϩⲟⲩⲛ ⲡⲉ ⲛ̄ⲧϩⲁⲅⲓⲁ ϩⲉⲛⲉⲉⲧⲉ ⲉⲧⲟⲩⲁⲁ
ⲃ ⲙ̄ⲫⲁⲅⲓⲟⲥ ⲡⲁⲩⲗⲟⲥ ⲙ̄ⲡⲕⲟⲗⲟⲗ ⲙ̄ⲡⲧⲟⲟ
ⲩ ⲛ̄ϫⲏⲙⲉ ϫⲉ ϯⲣⲁϣⲉ ⲁⲩⲱ ϯϩⲟⲙⲟⲗⲟⲅⲉⲓ
ⲁⲛⲟⲕ ⲧⲉⲛⲟⲩ ⲧⲉⲓⲧⲁⲗⲁⲓⲡⲱⲣⲟⲥ ⲁⲛⲛⲁ
ⲧⲉⲧϣⲣ̄ⲡⲥϩⲁⲓ ϩⲓⲧⲛ̄ ⲡⲉⲓⲇⲱⲣⲓⲁⲥⲧⲓⲕⲟⲛ
ⲛ̄ⲥⲩⲛⲅⲣⲁⲫⲏ ⲛ̄ⲁⲓⲅⲩⲡⲧⲓⲁⲕⲏ ⲛ̄ⲁⲡⲁⲣⲁ
ⲗⲉⲩ̈ⲧⲟⲥ ⲁⲩⲱ ⲛ̄ⲁⲥⲁⲗⲉⲩⲧⲟⲥ ϣⲁⲉⲛⲉϩ
ⲉⲓⲥⲙⲓⲛⲉ ⲙ̄ⲙⲟⲥ ⲛ̄ⲛ̄ⲛⲟⲙⲟⲥ ⲉⲧⲕⲏ ⲉϩⲣⲁ̈ⲓ
ⲉⲙⲛ̄ ⲗⲁⲁⲩ ⲛ̄ⲁⲛⲁⲅⲕⲏ ⲕⲏ ⲉϩⲣⲁⲓ ⲉⲣⲟⲓ
ⲟⲩⲇⲉ ⲗⲁⲁⲩ ⲛ̄ⲕⲣⲟϥ ϩⲓ ϩⲟⲧⲉ ⲟⲩⲇⲉ ϫⲓⲛ
ϭⲟⲛⲥ̄ ϩⲓⲁⲡⲁⲧⲏ· ϩⲓⲥⲩⲛ̄ⲁⲣⲡⲁⲅⲏ· ϩⲓ ⲡⲉ
ⲣⲓⲅⲣⲁⲫⲏ ⲛⲓⲙ: ⲁⲗⲗⲁ ⲉϩⲛⲁⲓ ϩⲛ̄ ⲟⲩⲱϣ
ⲛ̄ⲁⲧⲣ̄ϩⲧⲏϥ ⲙⲛ̄ ⲟⲩ ⲗⲟⲅⲓⲥⲙⲟⲥ ⲛ̄ⲁⲧ
ϣⲓⲃⲉ ⲁϫⲛ ϩⲏⲧ ⲥⲛⲁⲩ ⲙⲛ̄ ⲟⲩⲥⲩⲛⲏⲧⲉ
ⲥⲓⲥ ⲉⲙⲛ̄ ⲕⲣⲟϥ ⲛ̄ϩⲏⲧⲥ̄ ⲙⲛ̄ ⲟⲩϩⲏⲧ ⲉϥ
ⲥⲟⲩⲧⲱⲛ ⲙⲛ̄ ⲟⲩ ⲡⲓⲥⲧⲓⲥ ⲉⲥⲧⲁϫⲣⲏⲩ ⲉⲥ
ϫⲏⲕ ⲉⲃⲟⲗ ⲙ̄ⲙⲛ̄ⲧϫⲟⲉⲓⲥ ⲛⲓⲙ ⲛⲇⲓⲕⲁⲓⲟⲛ
ⲭⲱⲣⲓⲥ ⲃⲓⲁ ⲭⲱⲣⲓⲥ ⲁⲡⲁⲧⲏ ⲭⲱⲣⲓⲥ

ⲥⲩⲛⲁⲣⲡⲁⲅⲏ· ⲭⲱⲣⲓⲥ ⲉⲡⲁⲓⲣⲟⲓⲁ· ⲉⲃⲟⲗ ϩⲛ̄
ϭⲩⲛⲁⲩⲛⲟⲥ ⲛⲓⲙ· ⲉϥⲛⲁⲓ ⲇⲉ ϩⲙ̄ ⲡⲁⲟⲩⲱϣ·
ⲙ̄ⲙⲓⲛ ⲙ̄ⲙⲟⲓ· ϩⲛ̄ ⲟⲩⲥⲕⲟⲡⲟⲥ ⲛ̄ⲁⲧⲡⲱⲛⲉ·
ⲙⲛ̄ ⲟⲩⲛⲟⲩⲥ ⲉϥⲣⲏⲥ ⲉⲓⲟⲛϩ̄ ⲉⲓⲙⲟⲟϣⲉ ⲉϩ
ⲟⲩⲛ ⲉⲃⲟⲗ ⲉⲓϭⲙ̄ϭⲟⲙ ϩⲙ̄ ⲡⲁⲥⲱⲙⲁ ⲉⲣⲉ
ⲧⲁⲇⲓⲁⲛⲟⲓⲁ ⲧⲁϩⲏⲩ ⲉⲣⲁⲧⲥ̄ ⲉⲁⲓ̈ⲁⲓⲧⲉⲓ ⲙ̄ⲡ
ⲥⲩⲛⲅⲣⲁⲫⲉⲩⲥ ⲉⲧⲣⲉϥⲧⲁϫⲣⲟ ⲛⲁⲓ̈ ϩⲓⲧⲙ̄
ⲡⲁⲟⲩⲱϣ ⲙ̄ⲡⲉⲃⲟⲩⲗⲏⲙⲁ ⲛ̄ⲇⲱⲣⲓⲁⲥⲧⲓⲕⲟ
ⲛ ϩⲓⲧⲛ̄ ⲧϭⲓϫ ⲟⲛ ⲛ̄ⲛⲉⲧⲛⲁⲙⲁⲣⲧⲩⲣⲓⲥⲑⲉ
ϩⲁⲣⲁⲧⲥ̄ ⲛ̄ⲧⲉⲓⲡⲣⲁⲥⲓⲥ ⲛ̄ⲇⲱⲣⲓⲁⲥⲧⲓⲕⲟⲛ
ⲛ̄ⲁⲧⲡⲁⲣⲁⲃⲁ ⲙ̄ⲙⲟϥ ⲁⲩⲱ ⲛ̄ⲁⲧⲡⲁⲣⲁ
ⲗⲁⲥⲥⲉ ⲙ̄ⲙⲟϥ ⲉⲃⲟⲗ ϩⲓⲧⲟⲟⲧⲟⲩ ⲛ̄ⲛ̄ⲛⲟ
ⲙⲟⲥ· ⲉⲓⲥϩⲁⲓ ϫⲓⲛ ⲧⲉⲛⲟⲩ ϣⲁ ⲉⲛⲉϩ ⲛ̄ⲟ
ⲩⲟⲉⲓϣ· ⲉⲓⲥϩⲁⲓ ⲧⲉⲛⲟⲩ ⲁⲩⲱ ⲉⲓⲇⲟⲣⲓⲥⲥ
ⲉ ⲉϩⲟⲩⲛ ⲉⲡⲙⲟⲛⲁⲥⲧⲏⲣⲓⲟⲛ ⲉⲧⲟⲩⲁⲁ
ⲃ ⲡⲁⲓ ⲧⲉⲛⲟⲩ ⲉⲧⲉⲣⲟⲩⲟⲉⲓⲛ ⲉⲃⲟⲗ ⲁⲩⲱ
ⲉⲧⲃⲟⲩⲃⲟⲩ ϩⲛ̄ ⲛⲉϥⲁⲕⲧⲓⲛ ⲛ̄ⲟⲩⲟⲉⲓⲛ
ϩⲓⲧⲛ̄ ⲛⲉϥϣⲗⲏⲗ ⲁⲩⲱ ⲛⲉϥⲡⲟⲗⲓⲧⲓⲁ
ⲉⲧⲟⲩⲁⲁⲃ ⲛⲁⲓ ⲛⲧⲁⲩϫⲱⲧⲉ ⲉϩⲣⲁⲓ ⲉⲙ
ⲡⲏⲩⲉ ⲡⲁⲛⲁⲭⲱⲣⲓⲧⲏⲥ ⲁⲩⲱ ⲡⲡⲟⲗⲓⲧⲉ
ⲩⲧⲏⲥ ⲁⲩⲱ ⲡⲁⲥⲕⲏⲧⲏⲥ· ⲉⲧⲥⲙⲁⲙⲁⲁⲧ

ⲡϩⲁⲅⲓⲟⲥ ⲁⲡⲁ ⲡⲁⲩ̄ⲗⲟⲥ· ϩⲓⲧⲟⲟⲧⲥ̄ ⲛ̄ⲧⲉⲧ
ⲛ̄ⲑⲉⲟⲧⲓⲙⲓⲧⲟⲥ ⲛ̄ⲥⲟⲛ ⲁⲃⲃⲁ ⲍⲁⲭⲁⲣⲓⲁ
ⲥ ⲡⲛⲟϭ ⲙ̄ⲡⲣⲟⲉⲥⲧⲟⲥ ⲁⲩⲱ ⲛⲉϥⲕⲉⲥⲛⲏⲩ
ⲛ̄ⲥⲩⲛⲕⲁⲑⲉⲇⲣⲟⲥ ⲉⲧⲛ̄ⲙ̄ⲙⲁⲩ ⲫⲓⲗⲟⲑⲉⲟ
ⲥ· ⲙⲛ̄ ⲙⲏⲛⲁ ⲁⲩⲱ ϩⲓⲧⲟⲟⲧⲥ ⲛ̄ⲛⲉⲧⲛⲁ
ⲉⲓ ⲙ̄ⲛⲛⲥⲱⲟⲩ ⲕⲁⲧⲁ ⲕⲁⲓⲣⲟⲥ ⲉⲫⲉⲥⲉⲟⲥ
ⲧⲏⲥ ⲟⲓⲕⲟⲛⲟⲙⲓⲁⲥ·

ⲈⲠⲉⲓⲇⲏ ϩⲛ̄ ⲛⲉⲓ ⲕⲁⲓⲣⲟⲥ ⲛⲁⲓ ⲧⲉⲛⲟⲩⲛ
ⲧⲁⲛⲉⲓⲉϩⲣⲁⲓ ⲉⲣⲟⲟⲩ ⲁⲡⲛⲟⲩⲧⲉ ⲡⲁⲅⲁⲑⲟ
ⲥ ⲛ̄ⲛⲁⲏⲧ ⲟⲩⲱⲛ ⲉⲡⲁϩⲏⲧ ⲉⲧⲣⲁⲛⲟⲩ
ϫ ⲡⲁⲕⲟⲩⲓ ⲛ̄ⲗⲩⲡⲧⲟⲛ ⲡⲁⲓ ⲉⲧϭⲟϫ̄ⲃ ⲡ
ⲣⲟⲥ ⲡϣⲁϫⲉ ⲙ̄ⲡⲁϫⲟⲉⲓⲥ ⲛ̄ⲧⲁϥϫⲟⲟⲥ
ϩⲛ̄ ⲛⲉⲩⲁⲅⲅⲉⲗⲓⲟⲛ ⲉⲧⲟⲩⲁⲁⲃ ⲉⲧⲃⲉ
ⲡⲗⲩⲡⲧⲟⲛ ⲥⲛⲁⲩ· ⲛⲧⲉⲭⲏⲣⲁ ⲛ̄ⲧⲁⲥⲛ
ⲟϫⲟⲩ ⲉⲡⲕⲁⲍⲱⲫⲩⲗⲁⲕⲓⲟⲛ ⲉⲁⲥϫⲓ
ⲛ̄ⲟⲩϩⲟⲩⲟ̀ ⲁⲩⲱ ⲙ̄ⲡⲉⲥϩⲉ̄ ⲉⲛⲉⲧⲣ̄ϩⲟⲩⲟ
ⲛⲁⲥ ⲛ̄ⲥ̄ⲛⲟⲩϫⲉ ⲉⲙⲏⲧⲉ ⲉⲗⲩⲡⲧⲟⲛ ⲥⲛⲁ
ⲩ ⲁⲗⲗⲁ ⲁⲡϫⲟⲉⲓⲥ ⲣⲁϣⲉ ⲉϫⲱⲟⲩ ⲁⲛ
ⲟⲕ ϩⲱ ⲧⲉⲛⲟⲩ ⲧⲉⲧⲁⲗⲁⲓⲡⲱⲣⲟⲥ ⲧⲁⲓ̈
ⲉⲧϭⲱϣⲧ̄ ⲉⲃⲟⲗ ϩⲏⲧⲥ̄ ⲛ̄ⲧⲉⲥⲟⲩⲛⲟⲩ
ⲁⲓ̈ⲉⲓⲙⲉ ϩⲓⲧⲛ̄ ⲡⲛⲟϭ ⲛ̄ϣⲱⲛⲉ ⲛ̄ⲧⲁⲓϩ

ⲉ̀ⲉ̀ ⲉϩⲣⲁⲓ ⲉⲣⲟϥ ϫⲉ ⲁⲓϩⲱⲛ ⲉϩⲟⲩⲛ ⲉⲧ
ⲁϩⲁⲏ ⲕⲁⲧⲁⲑⲉ ⲛ̄ⲧⲁϥϫⲟⲟⲥ ⲛ̄ϭⲓ ⲡⲉⲡⲣⲟ
ⲫⲏⲧⲏⲥ ⲉⲧⲟⲩⲁⲁⲃ ϫⲉ ⲧⲁⲙⲟⲓ ⲡϫⲟⲉⲓⲥ ⲉ
ⲧⲁϩⲁⲏ ⲡⲣⲟⲥ ⲡⲟⲩⲱϣ ⲟⲩⲛ ⲙ̄ⲡⲁⲅⲁⲑⲟ
ⲥ ⲛ̄ⲛⲟⲩⲧⲉ ϩⲙ̄ ⲡⲧⲣⲁϩⲉ̀ⲉ̀ ⲉϩⲣⲁï ⲉⲡⲉⲓ
ϣⲱⲛⲉ ⲡⲁⲓ ⲧⲉⲛⲟⲩ ⲉⲧⲉⲓⲛⲁⲃⲱⲕ ⲛ̄ϩⲏⲧ
ϥ̄ ⲕⲁⲧⲁⲑⲉ ⲛ̄ⲛⲁⲉⲓⲟⲧⲉ ⲧⲏⲣⲟⲩ ⲉⲁⲓⲣ̄ϩⲟ
ⲧⲉ ⲉⲓϩⲓϫⲙ̄ ⲡⲉϭⲗⲟϭ ⲉⲓϭⲱϣⲧ̄ ⲉⲡⲉⲓⲥⲁ̀
ⲙ̄ⲙⲟⲓ ⲙ̄ⲡⲥⲁ̀ ⲥⲛⲁⲩ ⲙ̄ⲡⲉⲓⲛⲁⲩ ⲉⲡⲉⲧⲉⲓ
ⲛⲁⲣⲉⲕⲧ̄ ⲧⲁϫⲓⲥⲉ ⲉϫⲱϥ ⲉⲧⲣⲁϩⲉ̀ⲉ̀ ⲉ
ⲩⲕⲟⲩï ⲛ̄ⲙⲧⲟⲛ ϩⲙ̄ ⲡⲙⲁ ⲉⲧⲉⲓⲛⲁⲭⲣⲓ
ⲁ̀ ⲙ̄ⲙⲟϥ ⲉⲁⲡⲛⲟⲩⲧⲉ ⲛⲟϫⲥ̄ ⲉⲡⲁϩⲏⲧ
ⲉⲧⲣⲁⲇⲱⲣⲣⲓⲥⲉ ⲙ̄ⲡⲉⲓⲕⲟⲩï ⲛ̄ⲉⲣⲡⲙⲉ
ⲉⲩⲉ ⲉϩⲟⲩⲛ ⲉⲡⲙⲟⲛⲁⲥⲧⲏⲣⲓⲟⲛ ⲉⲧⲟ
ⲩⲁⲁⲃ ⲡⲁⲓ ⲧⲉⲛⲟⲩ ⲛ̄ⲧⲁⲓϣⲣ̄ⲡ ⲟⲛⲟⲙ
ⲁⲍⲉ ⲛ̄ⲧⲉϥⲥⲧⲩⲗⲓⲧⲉⲩⲥⲓⲥ ⲉⲧⲟⲩⲁⲁⲃ
ⲛ̄ⲥⲁⲧⲡⲉ ⲙ̄ⲡⲉⲓⲇⲱⲣⲓⲁⲥⲧⲓⲕⲟⲛ ⲫⲁⲅⲓⲟⲥ
ⲁⲡⲁ ⲡⲁ̀ⲩⲗⲟⲥ ⲙ̄ⲡⲕⲟⲗⲟⲗ ⲡⲛⲟϭ ⲛ̄ⲁⲛ
ⲁⲭⲱⲣⲓⲧⲏⲥ· ⲡⲣⲱⲧⲟⲛ ⲙⲉⲛ ϫⲉ ϣⲁⲣⲉ
ⲛⲉϥⲥⲟⲡⲥ̄ ⲁⲩⲱ ⲛⲉϥⲡⲣⲉⲥⲃⲉⲓⲁ ⲉⲧ
ⲟⲩⲁⲁⲃ ϫⲓ ϩⲙⲟⲧ ⲉϫⲱï ⲛ̄ⲛⲁϩⲣⲙ̄

ⲡⲉⲕⲣⲓ̈ⲧⲏⲥ ⲙ̄ⲙⲉ̀ⲉ̀ ⲁⲩⲱ ϫⲉ ϣⲁⲣⲉⲡⲁ
ⲕⲟⲛⲓ̈ ⲛ̄ⲉⲣⲡ̄ⲙⲉⲉⲩⲉ ϣⲱⲡⲉ ⲉⲩⲙⲏⲛⲉⲃⲟ
ⲗ ⲉⲧⲃⲉ ⲧⲛⲟϭ ⲛ̄ⲁⲅⲁⲡⲏ ⲉⲧϣⲟⲟⲡ ⲧⲉⲛⲟ
ⲩ ⲉϩⲟⲩⲛ ⲉⲛⲉⲛϩⲏⲕⲉ ⲉⲧⲡⲁⲣⲁⲅⲉ ⲙ̄ⲡⲙⲟ
ⲛⲁⲥⲧⲏⲣⲓⲟⲛ ⲉⲧⲟⲩⲁⲁⲃ ⲁⲩⲱ ⲉⲧⲃⲉⲛⲉ
ⲧⲉⲣⲉ ⲛ̄ⲥⲛⲏⲩ ϫⲟ ⲙ̄ⲙⲟⲟⲩ ⲉⲃⲟⲗ ⲉⲛϩ
ⲏⲕⲉ ⲙⲛ̄ ⲛⲉⲧϣⲁⲁⲧ ⲕⲁⲧⲁ ⲑⲉ ⲛ̄ⲧⲁⲡ
ⲗⲁⲥ ⲙ̄ⲡⲉⲥϯⲛⲟⲩϥⲉ ⲡϩⲁⲅⲓⲟⲥ ⲡⲁⲩⲗ
ⲟⲥ ⲡⲁⲡⲟⲥⲧⲟⲗⲟⲥ ϫⲟⲟⲥ ϫⲉ ⲧⲁⲅⲁⲡⲏ
ⲙⲉⲥϩⲉ̂ ⲉⲛⲉϩ ⲁⲩⲱ ϫⲉ ⲡⲛⲁ̂ ϣⲁϥϣⲟ
ⲩϣⲟⲩ ⲙ̄ⲙⲟϥ ⲉϫⲛ̄ ⲧⲉⲕⲣⲓⲥⲓⲥ ϩⲙ̄ ⲡⲧ
ⲣⲁⲙⲟⲩϣⲧ̄ ⲟⲩⲛ ⲉⲡⲁⲓ̈ ⲁⲓⲣ̄ⲡⲙⲉⲉⲩⲉ
ⲟⲛ ⲙ̄ⲡⲉⲛⲧⲁⲛⲉⲛⲉⲓⲟⲧⲉ ⲛ̄ⲁⲡⲟⲥⲧⲟⲗⲟⲥ
ϫⲟⲟⲥ ϩⲛ̄ ⲛ̄ⲕⲁⲑⲟⲗⲓ̈ⲕⲟⲛ ⲉⲧⲟⲩⲁⲁⲃ
ϫⲉ ⲡⲥⲟⲡⲥ̄ ⲙ̄ⲡⲇⲓⲕⲁⲓⲟⲥ ϭⲙ̄ϭⲟⲙ ⲉ
ⲙⲁⲧⲉ̀ ⲁⲩⲱ ϥⲉⲛⲉⲣⲅⲉⲓ̀ ⲁⲩⲱ ϩⲟⲙⲟⲓⲟⲥ
ⲑⲟⲛ ⲧⲁⲣⲉ ⲡⲁⲕⲟⲛⲓ̈ ⲛ̄ⲉⲣⲡⲙⲉⲉⲩⲉ̀ ⲛⲁ
ϣⲱⲡⲉ ⲙ̄ⲡⲣⲟⲥⲫⲟⲣⲁ ϩⲁ ⲧⲁⲙⲛ̄ⲧⲧⲁ
ⲗⲁⲓⲡⲱⲣⲟⲥ ϫⲉ ⲙⲛ̄ⲧⲏⲓ̈ ⲣⲱⲙⲉ ⲙ̄ⲙⲁⲁ
ⲩ ⲁⲩⲱ ϫⲉ ϯⲥⲟⲟⲩⲛ ⲛ̄ⲛⲁⲛⲟⲃⲉ ⲉⲧⲟϣ
ⲁⲓⲙⲟⲩϣⲧ̄ ⲅⲁⲣ ⲛ̄ⲛⲁⲗⲟⲅⲓⲥⲙⲟⲥ ⲉⲧⲃ

ⲉⲛⲁⲛⲟⲃⲉ ϫⲉ ⲙⲛ̄ ⲣⲱⲙⲉ ⲅⲁⲣ ϣⲟⲟⲡ ⲡⲁⲓⲉ
ⲛⲁⲱⲛϩ̄ ⲛϥ̄ⲧⲙ̄ⲣ̄ⲛⲟⲃⲉ ⲉⲣⲟⲕ ⲅⲁⲛ ⲟⲩϩⲟ
ⲟⲩ ⲛ̄ⲟⲩⲱⲧ ⲡⲉ ⲡⲉϥⲁϩⲉ̀ ϩⲓϫⲙ̄ ⲡⲕⲁϩ ⲛϥ̄
ⲛⲁⲣ̄ⲃⲟⲗ ⲁⲛ ⲉⲛⲟⲃⲉ ⲕⲁⲧⲁ ⲧⲉⲫⲱⲛⲏ
ⲛ̄ⲧⲁ ⲡⲉⲛϫⲟⲉⲓⲥ ϫⲟⲟⲥ ⲙ̄ⲡⲉⲛⲉⲓⲱⲧ ⲁⲇⲁ
ⲙ ϫⲉ ⲁⲇⲁⲙ ⲛ̄ⲧⲕ̄ ⲟⲩⲕⲁϩ ⲉⲕⲛⲁⲕⲟⲧⲕ̄
ⲉⲡⲕⲁϩ· ⲛ̄ⲧⲉⲣⲉⲓⲥⲱⲧⲙ ⲇⲉ ⲉⲛⲉⲓⲫⲱⲛⲟⲟ
ⲩⲉ ⲛ̄ⲧⲉⲓⲙⲓⲛⲉ̀ ⲁⲓⲣ̄ϩⲟⲧⲉ ϩⲓϫⲙ̄ ⲡⲁϭⲗⲟ
ϭ ϩⲓⲧⲛ̄ ⲡϣⲱⲛⲉ ⲉⲧϩⲟⲣϣ̄ ⲉϫⲱⲓ̈ ⲁⲩⲱ
ⲁⲓⲣ̄ⲡⲙⲉⲉⲩⲉ ⲛ̄ⲧϩⲟⲧⲉ ⲙ̄ⲡⲛⲟⲩⲧⲉ ⲙⲛ̄ ⲡⲉ
ⲕⲣⲓⲙⲁ ⲉⲧⲉ ⲙⲛ̄ ϫⲓϩⲟ ⲛ̄ϩⲏⲧϥ̄ ⲉⲧⲃⲉ ⲧⲁ
ⲯⲩⲭⲏ ⲛ̄ⲧⲁⲧⲁⲗⲁⲓⲡⲱⲣⲟⲥ ϫⲉ ⲧⲁⲓ ⲧⲉ ⲧⲙ
ⲉⲣⲓⲥ ⲙⲡⲣⲱⲙⲉ ϩⲙ̄ ⲡⲉϥⲱⲛϩ̄ ⲧⲏⲣϥ ⲕⲁⲧⲁ
ⲑⲉ ⲉⲧⲉⲣⲉ ⲡⲥⲟⲫⲟⲥ ⲛ̄ⲉⲕⲕⲗⲏⲥⲓⲁⲥⲧⲏⲥ
ϫⲱⲙ̄ⲙⲟⲥ ϫⲉ ⲙⲛ̄ ⲁⲅⲁⲑⲟⲛ ⲛⲥⲁ ⲡⲉⲧⲉⲣ
ⲉⲛⲁⲧⲁⲁϥ ⲛ̄ϣ̄ⲃⲃⲓⲱ ⲛ̄ⲧⲉϥⲯⲩⲭⲏ ⲕⲁⲧ
ⲁ ⲑⲉ ⲟⲛ ⲛ̄ⲧⲁ ⲡⲉⲛϫⲟⲉⲓⲥ ϫⲟⲟⲥ ϩⲛ̄ ⲛ̄ⲉⲩⲁ
ⲅⲅⲉⲗⲓⲟⲛ ⲉⲧⲟⲩⲁⲁⲃ ϫⲉ ⲣⲟⲉⲓⲥ ϫⲉ ⲛ̄ⲧⲉⲧⲛ̄
ⲥⲟⲟⲩⲛ ⲁⲛ ⲙ̄ⲡⲉϩⲟⲟⲩ ⲟⲩⲇⲉ ⲧⲉⲟⲩⲛⲟⲩ
ϫⲉ ⲧⲉⲧⲛ̄ⲥⲟⲟⲩⲛ ⲁⲛ ϫⲉ ⲉⲣⲉ ⲡϫⲟⲉⲓⲥ ⲙ̄ⲡⲏⲓ
ⲛⲏⲩ ⲛ̄ⲁϣ ⲛ̄ⲟⲩⲛⲟⲩ· ϩⲙ̄ ⲡⲧⲣⲁⲣ̄ⲡⲙⲉⲉ

ⲩⲉⲛ̄ⲛⲁⲓ ⲉⲥⲑⲁⲛⲉ ⲉⲛⲁⲛⲟⲃⲉ ⲁⲓϯⲡⲁⲟⲩⲟⲉⲓ
ϩⲛⲟⲩⲛⲟⲩⲥ ⲉϥⲥⲙⲟⲛⲧ ⲉⲓϩ̄ⲙⲟⲟⲥ ⲉϫⲙ̄
ⲡⲁϭⲗⲟϭ ⲉⲧⲣⲁⲟⲩⲱⲛ̄ϩ ⲡⲁϩⲱⲃ ⲉⲃⲟⲗ
ϫⲉⲛ̄ⲛⲉⲓⲕⲁⲁϥ ⲉϥⲥⲏⲥ ⲉⲧⲃⲉ ⲡϩⲱⲃⲥ
ⲙ̄ⲡⲁⲥⲱⲙⲁ ⲛ̄ⲁⲥⲑⲉⲛⲏⲥ ⲁⲩⲱ ⲧⲁⲡⲣⲟⲥ
ⲫⲱⲣⲁ̄: ⲇⲓⲇⲟⲣⲣⲓⲍⲉ ⲇⲉ ⲧⲉⲛⲟⲩ ⲁⲩⲱ ϯⲁ
ⲡⲟⲧⲁⲥⲥⲉ ⲉϩⲟⲩⲛ ⲉⲡⲙⲟⲛⲁⲥⲧⲏⲣⲓⲟⲛ ⲉ
ⲧⲟⲩⲁⲁⲃ ⲫⲁⲅⲓⲟⲥ ⲁⲡⲁ ⲡⲁⲩⲗⲟⲥ ⲡⲁⲛⲁ
ⲭⲱⲣⲓⲧⲏⲥ ⲁⲩⲱ ⲡⲁⲣⲭⲏⲙⲁⲧⲣⲓⲧⲏⲥ ⲉⲧ
ⲟⲩⲁⲁⲃ` ⲡⲁⲓ ⲛ̄ⲧⲁϥϣⲡ̄ϩⲓⲥⲉ ϩⲛ̄ ⲛ̄ϥⲱ
ⲧⲉ ⲛ̄ⲁⲡⲟⲥⲧⲟⲗⲓⲕⲟⲛ ϩⲓⲧⲟⲟⲧⲏⲩⲧⲛ̄
ⲁⲃⲃⲁ ⲍⲁⲭⲁⲣⲓⲁⲥ ⲙⲛ̄ ⲁⲃⲃⲁ ⲫⲓⲗⲟ·
ⲑⲉⲟⲥ ⲙⲛ̄ ⲁⲃⲃⲁ ⲙⲏⲛⲁ̄ ⲛⲉⲡⲣⲟⲉⲥⲧ
ⲟⲥ̀ ⲁⲩⲱ ⲛⲉϥⲟⲓⲕⲟⲛⲟⲙⲟⲥ ⲕⲁⲧⲁ ⲕⲁⲓⲣ
ⲟⲥ ϫⲓⲛ ⲙ̄ⲡⲟⲟⲩ ⲛ̄ϩⲟⲩ ⲛ̄ⲥⲁⲑⲉ ⲁⲩⲱ ϣ
ⲁⲉⲛⲉϩ ⲛ̄ⲟⲩⲟⲉⲓϣ ⲙ̄ⲡⲕⲟⲩⲓ̈ ⲛ̄ⲟⲓⲕⲟⲩ
ⲉⲧϣⲟⲟⲡ ⲛⲁⲓ ⲉⲧⲉ ⲡⲁⲕⲟⲩⲓ̈ ⲛ̄ⲏⲓ ⲡⲉ ⲡ
ⲁⲓ ⲛ̄ⲧⲁϥⲉⲓ ⲉϩⲟⲩⲛ ⲉϫⲱⲓ ϩⲁⲡⲁⲙⲁⲕ
ⲁⲣ̊ⲥ ⲛⲉⲓⲱⲧ ⲓ̈ⲱϩⲁⲛⲛⲏⲥ ⲡⲉⲓⲏⲓ̈ⲟⲩⲛ
ⲛ̄ⲧⲉⲓⲙⲓⲛⲉ ϯⲗⲟⲣⲣⲓⲍⲉ ⲙ̄ⲙⲟϥ ⲉϩⲟⲩⲛ·
ⲉⲧϩⲉⲛⲉⲉⲧⲉ ⲉⲧⲟⲩⲁⲁⲃ ⲙⲛ̄ ⲛⲉϥⲭⲣⲏ

ⲥⲧⲏⲣⲓⲟⲛ ⲧⲏⲣⲟⲩ ⲉⲧⲏⲡ ⲉⲣⲟϥ ⲙⲛ̄ ⲛⲉϥⲣⲟ̄ ⲙⲛ̄
ⲛⲉϥϣⲟⲩϣⲧ̄ ⲙⲛ̄ ⲛⲉϥⲙⲁ ⲛ̄ⲧⲡⲉ̄ ⲙⲛ̄ ⲛⲉϥ
ⲥⲟï ⲁⲡⲗⲱⲥ ϫⲓⲛ ⲟⲩⲕⲟⲩï ⲛ̄ⲓⲇⲟⲥ ϣⲁ ⲟ
ⲩⲉⲗⲁⲭⲓⲥⲧⲟⲛ ⲧⲁⲣⲉϥϣⲱⲡⲉ ⲉϩⲟⲩⲛ ⲉ
ⲡⲙⲟⲛⲁⲥⲧⲏⲣⲓⲟⲛ ⲉⲧⲟⲩⲁⲁⲃ ⲙ̄ⲡⲣⲟⲥ
ⲫⲱⲣⲁ ϩⲁⲧⲁⲧⲁⲗⲁⲓⲡⲱⲣⲓⲁ ⲙⲯⲩⲭⲏ̀
ϩⲁⲧⲙ̄ ⲡϫⲟⲉⲓⲥ ⲡⲛⲟⲩⲧⲉ̂ ⲡⲁⲓ ⲉⲧⲟⲩⲁ
ⲧⲃⲉⲟⲩⲟⲛ ⲛⲓⲙ. Ⲡⲉⲓⲏⲓ ⲟⲩⲛ ⲛ̄ⲧⲉⲓ
ⲙⲓⲛⲉ ϯϯ ⲁⲩⲱ ϯⲁⲡⲟⲧⲁⲥⲥⲉ ⲙ̄ⲙⲟϥ
ϫⲓⲛ ⲧⲉⲛⲟⲩ ϣⲁ ⲉⲛⲉϩ ⲡⲁⲓ ⲟⲩⲛ ⲉϥ
ⲕⲏ ⲉϩⲣⲁⲓ ϩⲙ̄ ⲡⲉⲓⲕⲁⲥⲧⲣⲟⲛ ⲛⲟⲩⲱ
ⲧ ⲙⲉⲙⲛⲱⲛⲓⲱ̄ ϩⲙ̄ ⲡϩⲓⲣ ⲡⲁⲓ ⲉⲧⲟⲩ
ⲙⲟⲩⲧⲉ ⲉⲣⲟϥ ϫⲉ ⲡϩⲓⲣ ⲙ̄ⲙⲁⲑⲟⲩⲥⲁ
ⲗⲉ̂ ⲁⲩⲱ ⲛⲁⲓ ⲛⲉϥ
ⲧⲉⲡⲩⲁ ⲉⲩⲕⲱⲧⲉ ⲙ̄ⲡⲉϥⲓ ⲥⲁⲉⲕⲧⲉⲧⲣ
ⲁⲅⲱⲛⲟⲛ ⲡⲣⲟⲥ ⲛⲉϥⲧⲟϣ ⲛ̄ⲁⲣⲭⲁ
ⲅⲟⲛ ⲉⲧⲉ ⲛⲁⲓ ⲛⲉ· ⲙⲡⲉⲓⲏⲃⲧ ⲙ̄ⲙⲟϥ
ⲡϩⲓⲣ ⲙ̄ⲡⲉⲥⲧⲁⲩⲣⲟⲥ ⲡⲉ· ⲙ̄ⲡⲣⲏⲥ ⲡϩⲓⲣ ⲟⲛ
ⲡⲉ. ⲙ̄ⲡϩⲏⲧ ⲙ̄ⲙⲟϥ ⲃⲓⲕⲧⲱⲣ ⲛ̄ⲥⲧⲁⲫⲱ
ⲣⲁ ⲡⲉ. ⲙ̄ⲡⲉⲙⲛ̄ⲧ ⲙ̄ⲙⲟϥ ⲡϩⲓⲣ ⲛ̄ⲁⲩ
ⲑⲉⲛⲧⲏⲥ ⲡⲉ ⲉⲣⲉ ⲡⲉϥⲣⲟ̄ ⲛ̄ⲃⲟⲗ ⲟⲩⲏⲛ̄

ⲉⲣⲟ̄ⲩ ⲛⲁⲓ ⲛⲉⲛⲧⲟϣ ⲙ̄ⲡⲉⲏⲓ̈ ⲛ̄ⲧⲉⲓⲙⲓⲛⲉ
ⲉⲕⲧⲉⲧⲣⲁⲅⲱⲛⲟⲛ ⲉⲧⲉ ⲡⲏⲓ ⲡⲉ ⲙ̄ⲡⲁ
ⲙⲁⲕⲁⲣ̊ⲥ ⲛ̄ⲉⲓⲱⲧ ⲓ̈ⲱϩⲁⲛⲛⲏⲥ̂: ϩ
ⲱⲙⲟⲓⲱⲥ ⲇⲉ ⲟⲛ ϯⲇⲱⲣⲣⲓⲍⲉ ⲉϩⲟⲩ
ⲛ ⲉⲡⲙⲁ ⲉⲧⲟⲩⲁⲁⲃ ⲙ̄ ⲡⲁⲕⲉⲙⲉⲣⲟ
ⲥ ϩⲙ̄ ⲡⲏⲓ̈ ⲛ̄ⲧⲁⲙⲁⲕⲁⲣⲓⲁ ⲙ̄ⲙⲁⲁ
ⲩ ⲧⲁϩⲁⲙ ⲉⲧⲉ ⲧⲡⲁϣⲉⲧⲉ ⲙ̄ⲡⲏⲓ̈ⲉ
ⲧⲙⲙⲁⲁⲩ ⲧⲉ ⲡⲁⲓ ⲟⲩⲛ ⲉϥⲕⲏ ⲉϩⲣⲁⲓ̈
ϩⲙ̄ ⲡϩⲓⲣ ⲙ̄ⲫⲁⲅⲓⲟⲥ ⲁⲡⲁ ⲁⲛⲁⲛⲓⲁⲥ
ⲁⲩⲱ ⲟⲛ ⲡⲁⲕⲉⲙⲉⲣⲟⲥ ϩⲛ̄ ⲛ̄ⲕⲁϩⲉ
ⲧⲉⲓⲁⲙⲁϩⲉ ⲉⲣⲟⲟⲩ ⲙⲛ̄ ⲁⲃⲣⲁϩⲁⲙ ⲛ
ⲁⲑⲁⲛⲁⲥⲓⲟⲥ ⲁⲩⲱ ⲟⲛ ⲡⲣⲁϥⲧⲟⲟⲩ
ⲙ̄ⲡⲙⲁⲛⲧⲱⲕ ⲡⲁⲓ ⲉⲧⲕⲏ ⲉϩⲣⲁⲓ
·ⲛⲁⲓ ⲇⲉ ⲧⲏⲣⲟⲩ ⲛⲧⲁ
ⲓⲥⲁⲫⲩⲛⲓⲍⲉ ⲙ̄ⲙⲟ̇ⲟⲩ ϩⲛ̄ ⲧⲉⲓ ⲇⲱⲣⲉ
ⲁⲥⲧⲓⲕⲏ ⲥⲩⲛⲅⲣⲁⲫⲏ ϯⲇⲱⲣⲣⲓⲍⲉ ⲇ
ⲉ ⲧⲉⲛⲟⲩ ⲙ̄ⲙⲟⲟⲩ ϣⲁ ⲉⲛⲉϩ ⲛ̄ ⲟⲩⲟ
ⲉⲓϣ ⲛⲓⲙ ⲉϥⲛⲁϣⲱⲡⲉ ⲉϩⲟⲩⲛ
ⲉⲡⲙⲟⲛⲁⲥⲧⲏⲣⲓⲟⲛ ⲉⲧⲟⲩⲁⲁⲃ ⲫⲁ
ⲅⲓⲟⲥ ⲡⲁⲩⲗⲟⲥ ⲛ̄ⲥⲉϣⲱⲡⲉ ⲉⲩⲁⲛ
ϩⲩⲕⲓⲥⲑⲁⲓ̈ ⲉϩⲟⲩⲛ ⲉⲧϩⲉⲛⲉⲉⲧⲉⲉ

ⲧⲟⲩⲁⲁⲃ ⲁⲩⲱ ⲛ̄ⲥⲉϣⲱⲡⲉ ϩⲁⲧϩⲩ
ⲡⲟⲧⲁⲅⲏ ⲙ̄ⲡⲙⲁ̄ ⲉⲧⲟⲩⲁⲁⲃ ϣⲁ ϫⲱⲙ
ⲛⲓⲙ ⲛ̄ϫⲱⲙ ⲛ̄ⲧⲱⲧⲛ ⲇⲉ ⲛⲉⲡⲣⲟⲉⲥ
ⲧⲟⲥ ⲛ̄ ⲑⲉⲛⲉⲉⲧⲉ ⲉⲧⲟⲩⲁⲁⲃ ⲥⲡ. ⲧⲟ̀
ⲉⲣⲱⲧⲛ̄ ⲉⲧⲣⲉⲧⲛ̄ⲣϫⲟⲉⲓⲥ ⲉⲛⲉⲓⲉⲕ
ⲟϫⲟⲙⲏ ⲛⲧⲉⲓⲙⲉⲓⲛⲉ ⲛ̄ⲧⲁⲛϣⲣ̄ⲡⲥ
ⲁⲫⲩⲛⲓⲍⲉ ⲙ̄ⲙⲟⲟⲩ ϫⲓⲛ ⲛⲉⲩⲥⲩⲛ
ⲧⲉ ϣⲁ ⲡⲁϩⲣ ⲁⲩⲱ ⲛⲉⲩⲭⲣⲩⲥⲓⲥ
ⲧⲏⲣⲟⲩ ⲉⲧϩⲏⲡ ⲉⲣⲟⲟⲩ ϫⲓⲛ ⲟⲩⲛⲟϭ
ⲛ̄ⲓⲇⲟⲥ ϣⲁ ⲟⲩⲉⲗⲁⲭⲥ ⲁⲩⲱ ϫⲓⲛ ⲙ̄
ⲡⲉⲧⲧⲁⲉⲓⲏⲩ ϣⲁ ⲡⲉⲧϭⲟϫⲃ ⲉⲓⲧⲉⲣ
ⲟ̄ ⲉⲓⲧⲉ ϣⲟⲩϣⲧ̄ ⲉⲓⲧⲉ ⲥⲟⲓ ⲉⲓⲧⲉ ⲟⲩⲉⲓ
ⲇⲟⲥ ⲛϣⲉ ⲉⲓⲧⲉ ⲟⲩⲥⲕⲉⲩⲟⲥ ⲛ̄ⲃⲗϫⲉ
ⲉⲓⲧⲉ ⲟⲩⲉⲓⲇⲟⲥ ⲙ̄ⲡⲉⲛⲓⲡⲉ ⲉⲓⲧⲉ ⲟⲩⲉ
ⲓⲇⲟⲥ ⲛ̄ⲱⲛⲉ ⲁⲡⲗⲱⲥ ⲡⲉⲧⲕⲓⲙ ⲙⲛ̄ⲡ
ⲡⲉⲧⲕⲓⲙ ⲁⲛ ⲙⲛ̄ ⲡⲉⲧⲉ ϣⲁⲩⲕⲓⲙ
ⲉⲣⲟϥ ⲁⲩⲱ ⲛ̄ⲧⲉⲧⲛ̄ ϣⲱⲡⲉ ⲉⲩⲛ̄ⲧ
ⲏⲧⲛ̄ ⲙ̄ⲙⲁⲁⲩ ⲛ̄ⲧⲉⲝⲟⲩⲥⲓⲁ ⲉϩⲟⲩⲛ
ⲉⲧⲉⲓⲟⲓⲕⲟⲇⲟⲙⲏ ⲛ̄ⲧⲉⲓⲙⲉⲓⲛⲉ ⲛ̄ⲧⲱ
ⲧⲛ̄ ⲡⲑⲉⲟⲧⲓⲙⲓⲧⲟⲥ ⲛ̄ⲥⲟⲛ ⲁⲃⲃⲁ ⲍⲁ
ⲭⲁⲣⲓⲁⲥ ⲡⲉⲡⲣⲟⲉⲥⲧ ⲙⲛ̄ ⲁⲃⲃⲁ ⲫⲓ

ⲗⲟⲑⲉⲟⲥ ⲙⲛ̄ ⲁⲃⲃⲁ ⲙⲏⲛⲁ ⲁⲩⲱ ⲛⲉⲛⲕ
ⲉⲉⲓⲟⲧⲉ ⲙ̄ⲡⲣⲟⲉⲥⲧⲥ ⲉⲧⲛⲏⲩ ⲙⲛ̄ⲛⲥⲱ
ⲧⲛ̄ ⲕⲁⲧⲁ ⲕⲁⲓⲣⲟⲥ ⲛ̄ⲧⲉⲧⲛ̄ⲣϫⲟⲉⲓⲥ
ⲉⲣⲟⲟⲩ ϩⲙ̄ ⲙⲛⲧϫⲟⲉⲓⲥ ⲛⲓⲙ ⲛⲇⲓⲕⲁⲓ
ⲟⲛ ⲉⲕⲁⲁⲩ ⲛⲏⲧⲛ̄ ⲉⲧⲁⲁⲩ ⲉⲃⲟⲗ ⲛ̄
ⲧⲉⲧⲛ̄ϫⲓ ⲧⲉⲩⲧⲓⲙⲏ ⲉⲡϫⲱ ⲉⲃⲟⲗ ⲙ̄
ⲡⲙⲟⲛⲁⲥⲧⲥ ⲉⲧⲟⲩⲁⲁⲃ ⲙⲛ̄ ⲧⲁⲅⲁⲡ
ⲏ ⲛ̄ϩⲏⲕⲉ ⲉⲇⲱⲣⲣⲓⲥⲉ ⲙ̄ⲙⲟⲟⲩ ⲉⲭ
ⲁⲣⲓⲍⲉ ⲙ̄ⲙⲟⲟⲩ ⲉⲁⲗⲗⲁⲍⲉ ⲙ̄ⲙⲟⲟⲩ
ⲉⲁⲁⲩ ⲉⲣⲅⲁⲥⲧⲥ ⲉϣⲁⲕⲧⲟⲩ ⲉⲡⲉⲥⲏⲧ
ⲉⲕⲱⲧⲉ ϫⲱⲟⲩ ⲉⲡϫⲓⲥⲉ ⲉⲟⲩⲁϩⲟⲩ
ⲛ̄ⲉⲛⲉⲭⲉⲣⲟⲛ ⲁⲡⲗⲱⲥ ⲛⲉⲧⲛ̄ⲛⲛⲟⲓ
ⲙ̄ⲙⲟⲟⲩ ⲙⲛ̄ ⲛⲉⲧⲛ̄ⲛⲟⲓ ⲙⲙⲟⲟⲩ ⲁⲛ
ⲉⲁⲁⲩ ⲛ̄ⲧⲣⲟⲡⲟⲥ ⲛⲓⲙ ⲉⲕⲛⲁⲟⲩⲁϣ
ϥ̄ ⲁϫⲛ̄ ϭⲱⲗⲩ ⲙ̄ⲙⲱⲧⲛ̄ ⲁⲩⲱ ⲉϫⲛ̄
ⲙ̄ⲡⲟⲧⲓⲍⲉ ⲙⲙⲱⲧⲛ̄ ⲕⲁⲑⲁⲅⲟⲛ ⲧⲩⲡⲟ
ⲧⲉⲧⲣⲟⲡⲟⲛ ⲉⲧⲃⲉ ϫⲉ ⲧⲁⲓ ⲧⲉ ⲧⲉⲛⲧⲁ
ⲥⲣ̄ⲁⲛⲁϥ ⲛⲛⲁⲙⲉⲉⲩⲉ//////////////////////
ⲡⲁⲓ ϣⲱⲡⲉ ⲛⲁⲓ ⲉⲩⲣ̄ⲡⲙⲉⲩⲉ ⲙⲡⲉⲛⲧ
ⲉⲃⲟⲗ ⲙ̄ⲡⲛⲟⲩⲧⲉ ⲁⲩⲱ ⲉⲩⲁⲛⲁⲡⲁ
ⲩⲥⲓⲥ ⲛ̄ⲧⲁⲯⲩⲭⲏ ⲛ̄ⲧⲁⲗⲁⲓⲡⲱⲣⲟⲥ

ϩⲙ̄ ⲡⲉϩⲟⲟⲩ ⲙ̄ⲡϩⲁⲡ. ⦿ ⲟⲡⲉⲣ ⲙⲉⲅⲉ
ⲛⲉⲧⲟ ⲡⲁⲓ ϫⲉ ⲛ̄ⲛⲉϥϣⲱⲡⲉ ⲛ̄ⲉϥϣ
ⲁⲛϣⲱⲡⲉ ⲛ̄ⲧⲉⲟⲩⲁ ϫⲟⲟⲥ ϩⲛ ⲟⲩ
ⲕⲁⲓⲣⲟⲥ ϩⲛ̄ ⲛⲁⲕⲗⲏⲣⲟⲛⲟⲙⲟⲥ ⲡ̄
ϩⲛ̄ ⲛⲁϫⲱϩ ⲏ̄ ϩⲛ ⲛⲁϫⲱϩ ⲛ̄ϫⲱϩ
ⲏ̄ ⲟⲩⲁ̄ ϩⲙ̄ ⲡⲁⲅⲉⲛⲟⲥ ⲏ̄ ⲟⲩϣⲙ̄ⲙⲟ̄
ⲙ̄ⲡⲃⲟⲗ ⲙ̄ⲡⲁⲅⲉⲛⲟⲥ ⲏ̄ ⲗⲁⲁⲩ ⲛⲣⲱ
ⲙⲉ ⲙ̄ⲡⲁⲡⲣⲟⲥⲟⲡⲱⲛ ⲉϥⲛⲁⲟⲩⲱϣ
ⲉⲧⲁⲩⲟ̂ ⲗⲁⲁⲩ ⲛ̄ ϣⲁϫⲉ ϩⲟⲗⲟⲥ ⲛ̄ϥ
ⲁⲛϯⲟⲩⲃⲉ ⲡⲉⲓⲇⲱⲣⲓⲁⲥⲧⲓⲕⲟⲛ ⲗⲁ
ⲁⲩ ⲑⲟⲩⲟⲛ ϩⲛ̄ ⲗⲁⲁⲩ ⲛ̄ⲕⲁⲓⲣⲟⲥ ⲉϥ
ⲛⲁⲟⲩⲱϣ ⲉⲉⲅⲕⲁⲗⲉⲓ ⲛⲏⲧⲛ̄ ⲛ̄ϥⲁⲛ
ϯⲡⲟⲓⲏⲥⲉⲑⲥ ⲟⲩⲃⲉ ⲡⲉⲓⲇⲱⲣⲓⲁⲥⲧⲓⲕⲟ
ⲛⲏ̄ ⲛ̄ϥϫⲟⲟⲥ ϫⲉ ⲛ̄ⲧⲁⲓⲣ̄ ⲟⲩϩⲱⲃ ⲉ
ⲙⲉϣϣⲉ ⲛϥⲟⲩⲱϣ ⲉⲟⲩⲱϫⲡ̄ ⲗⲁⲁ
ⲩ ⲏ̄ ⲛ̄ϥⲧⲁⲕⲟ ⲗⲁⲁⲩ ⲉⲃⲟⲗ ϩⲙ̄ ⲡⲁ
ϣⲁϫⲉ ⲛ̄ⲧⲁϥⲣ̄ ⲁⲛⲁⲓ ⲉⲧⲃⲉ ϫⲉ ⲧⲁⲓ
ⲧⲉ ⲧⲁⲡⲣⲟⲥⲫⲟⲣⲁ ⲁⲩⲱ ϫⲉ ⲛ̄ⲧⲁⲓ
ⲛⲟⲩϫ ⲡⲣⲟⲟⲩϣ ⲛⲧⲁϩⲁⲣⲓⲁ ⲡⲣⲟⲥ
ⲫⲟⲣⲁ̂ ⲉⲣⲱⲧⲛ ⲙⲛ̄ ⲡⲛⲟⲩⲧⲉ̂ ⲉⲓ
ϣⲁϫⲉ ⲉⲣⲱⲧⲛ ⲛ̄ⲧⲱⲧⲛ̄ ⲛⲉⲡⲣⲟ

ⲉⲥ̄ⲧ̄ⲥ̄ ⲛⲁⲓ ⲛⲧⲁⲓⲟⲩⲱⲛ̄ϩ̄ ⲛⲉⲩⲣⲁⲛⲉ
ⲃⲟⲗ ϩⲱⲥⲟⲩⲛ ⲉⲓⲥⲟⲟⲩⲛ ⲛ̄ⲧⲁⲅⲁⲡ
ⲏ ⲁⲩⲱ ⲡⲛ̄ⲁ̄ ⲉⲧⲛϩⲏⲧⲧⲏⲩⲧⲛ ⲉϩ
ⲟⲩⲛ ⲉⲛϩⲏⲕⲉ ⲁⲓⲧⲉⲓ ⲉⲓϩⲙ̄ ⲡⲁⲥⲱ
ⲙⲁ̄ ⲉⲓⲛⲁⲩ ϩⲛ̄ ⲛⲁⲃⲁⲗ ⲁⲩⲱ ⲟⲛ
ϫⲉ ⲛⲧⲉⲧⲛ̄ ϩⲉⲛⲙⲟ̄ⲛⲟⲭⲟⲥ ⲛ̄ⲧⲉⲗⲉ
ⲓⲟⲥ ⲛ̄ⲧⲉⲡⲛⲟⲩⲧⲉ ⲉⲁⲓϩⲓⲧⲟⲟⲧⲉⲧⲁ
ϩⲟ ⲛⲏⲧⲛ̄ ⲉⲣⲁⲧϥ̄ ⲙ̄ⲡⲁϣⲁϫⲉ ⲛ̄ⲉ
ⲗⲁⲭⲥ ϯⲧⲁⲣⲕⲟ ⲇⲉ ⲙ̄ⲙⲱⲧⲛ̄ ⲙⲡⲛ
ⲟⲩⲧⲉ ⲁⲩⲱ ϯⲱⲣ̄ⲕ ⲉϫⲱⲧⲛ̄ ϫⲉ
ⲛ̄ⲛⲉⲧⲛ̄ⲉⲃϣⲧⲏⲩⲧⲛ̄ ⲛ̄ⲥⲉⲧⲁⲕⲟⲗⲁ
ⲁⲩ ⲉⲃⲟⲗϩⲙ̄ ⲡⲁϣⲁϫⲉ ⲉⲧⲃⲉⲧⲁ
ⲡⲣⲟⲥⲫⲟⲣⲁ̄ ⲡⲉⲧⲛⲁⲟⲩⲱϣ ϩⲟⲗⲟ
ⲥ ⲉⲧⲁⲕⲟ̄ ⲗⲁⲁⲩ ⲉⲃⲟⲗϩⲙ̄ ⲡⲉⲓⲇⲱⲣ
ⲉⲁⲥⲧⲓⲕⲟⲛ ϩⲛ̄ ⲛⲉⲧⲟⲛϩ̄ ⲉⲓⲧⲉ ϩⲓⲧⲛ̄
ⲛⲉⲝⲟⲩⲥⲓⲁ̀ ⲛ̄ⲁⲩⲧⲟⲕⲣⲁⲧⲱⲣ ⲛ̄ⲧⲉⲡ
ⲕⲟⲥⲙⲟⲥ ⲉⲓⲧⲉ ⲟⲩⲏⲏⲃ ⲉⲓⲧⲉ ⲗⲁⲉⲓⲕ
ⲟⲥ ⲉⲓⲧⲉ ⲙⲟⲛⲟⲭⲟⲥ ⲗⲁⲁⲩ ⲛ̄ⲟⲩⲟⲛ
ϩⲟⲗⲟⲥ ⲉϥⲛⲁⲉⲅⲕⲁⲗⲉⲓ ⲙⲡⲉⲓⲇⲱⲣ
ⲉⲁⲥⲧⲓⲕⲟⲛ ⲡⲣⲱⲧⲟⲛ ⲙⲉⲛ ⲉⲣⲉⲡⲁ
ⲉⲓⲱⲧ ⲉⲧⲟⲩⲁⲁⲃ ⲫⲁⲅⲓⲟⲥ ⲡⲁⲩⲗⲟⲥ

ⲛⲁⲣ̅ⲕⲃⲁ ⲛ̅ⲙⲙⲁⲩ ⲁⲩⲱ ⲛ̅ⲧⲁϫⲓ ϩⲁⲡ
ⲛ̅ⲙⲙⲁⲩ ϩⲓ ⲡⲃⲏⲙⲁ̅ ⲙ̅ⲡⲛⲟⲩⲧⲉ ⲉⲧ
ⲃⲉ ⲧⲁⲡⲣⲟⲥⲫⲟⲣⲁ̅ ⲁⲩⲱ ϫⲉ ⲟⲩⲉⲟⲧⲉ
ⲛ̅ⲧⲁⲯⲩⲭⲏ ⲡⲉ ⲡⲁⲓ ⲁⲗⲗⲁ ⲉⲣⲉ ⲡⲁ·
ⲁⲓⲧⲉⲓⲙⲁ ϫⲱⲕ ⲉⲃⲟⲗ ⲛ̅ⲧⲉⲧⲛ̅ ϣ
ⲱⲡⲉ ⲛ̅ϫⲟⲉⲓⲥ ⲉⲛⲉⲭⲣⲩⲥⲧⲏⲣⲓⲟⲛ
ⲉⲧⲉ ⲛⲉⲓⲉⲓⲕⲟⲇⲟⲙⲏ ⲛ̅ⲧⲉⲓⲙⲉⲓⲛⲉ ⲛ̅ⲧ
ⲱⲧⲛ̅ ⲛⲉⲡⲣⲟⲉⲥⲧⲟⲥ ⲛⲁⲓ ⲛⲧⲁⲓⲇ
ⲱⲣⲣⲓⲥⲉ ⲙ̅ⲙⲟⲟⲩ ⲛ̅ⲧⲉⲧⲛ̅ ⲟⲓⲕⲟⲛⲟ
ⲙⲉⲓ ⲙ̅ⲙⲟⲟⲩ ⲉⲡⲁⲣⲁⲭⲱⲣⲉⲓ ⲙⲙⲟ
ⲟⲩ ⲉⲧⲁⲁⲩ ⲉⲃⲟⲗ ⲉⲧⲁⲁⲩ ⲉⲡⲉϣ
ⲕⲁⲣ ⲉⲭⲣⲱ ⲙ̅ⲙⲟⲟⲩ ⲁⲡⲗⲱⲥ ⲉⲁ
ⲁⲩ ⲛ̅ⲧⲣⲟⲡⲟⲥ ⲛⲓⲙ ⲉⲩⲛⲁⲣⲁⲛⲁ
ⲧⲛ ϫⲉ ⲛⲛⲉ ⲗⲁⲁⲩ ⲛ̅ⲣⲱⲙⲉ ⲉϣ
ϭⲙ̅ϭⲟⲙ ⲟⲩⲇⲉ ⲥⲟⲛ ⲟⲩⲇⲉ ⲥⲱⲛ
ⲉ ⲟⲩⲇⲉ ϣⲛ̅ ⲟⲩⲁ ⲏ̅ ϣⲛ̅ ⲥⲛⲁⲩ·
ⲏ ϣⲙⲙⲟ ⲟⲩⲇⲉ ϫⲱϩ (ⲟⲩⲇⲉ ϫⲱϩ
ⲛ̅ϫⲱ)ϩ ⲟⲩⲇⲉ ⲗⲁⲁⲩ ⲛ̅ⲟⲩⲟⲛ ⲕⲁⲧ
ⲁ ⲗⲁⲁⲩ ⲛ̅ⲥⲙⲟⲧ ⲛϥϯ ⲟⲩⲃⲉ ⲡⲉⲓ
ⲇⲱⲣⲓⲁⲥⲧⲓⲕⲟⲛ ⲏ̅ ϩⲛ̅ ⲛ̅ⲇⲓⲕⲁ
ⲥⲧⲏⲣⲓⲟⲛ ⲏ̅ ⲙ̅ⲡⲃⲟⲗ ⲛ̅ⲇⲓⲕⲁⲥⲧⲏⲣ

ⲓⲟⲛ ⲏ̄ ⲗⲁⲁⲩ ⲙ̄ⲡⲣⲱⲧⲟⲣⲓⲟⲛ ⲏ̄ ⲗⲁ
ⲁⲩ ⲛ̄ⲧⲩⲡⲟⲥ ⲉϥϩⲁⲉⲟⲟⲩ ⲉⲩⲟⲩ
ⲱϣⲧ̄ ⲛⲁϥ ϩⲓⲧⲛ̄ ⲛ̄ⲛⲟϭ ⲛ̄ⲇⲓⲁⲧ
ⲁⲝⲓⲥ ⲉⲧⲟⲩⲁⲁⲃ ⲏ̄ ⲛ̄ⲧⲁⲝⲓⲥ ⲉⲥϭⲙ̄
ϭⲟⲙ ⲁⲩⲱ ⲉⲥⲭⲱⲣⲉⲩⲉ ⲁⲡⲁⲝ ⲁⲡⲗ
ⲱⲥ. ⲉⲣϣⲁⲛ ⲟⲩⲁ ⲇⲉ ⲧⲟⲗⲙⲁ ⲅⲁⲛ
ⲧⲉⲛⲟⲩ ⲅⲁⲛ ϣⲁ ⲟⲩⲟⲉⲓϣ ⲡⲣⲱⲧⲟⲛ
ⲙⲉⲛ. ϫⲉ ⲛ̄ⲛⲉⲡⲉⲧⲙ̄ⲙⲁⲩ ⲟⲫⲉⲗⲉⲓ ⲛ̄ⲗ
ⲁⲁⲩ ⲁⲗⲗⲁ ⲉⲣⲉⲡⲥⲁϩⲟⲩ ⲛ̄ⲛⲉⲅⲣⲁ
ⲫⲏ ⲛⲁⲉⲓ ⲉϫⲱϥ ⲛⲥⲉⲟϫⲛⲉϥ ⲙⲛ̄ ⲛⲉ
ⲧϣⲟⲟⲡ ⲛⲁϥ ⲧⲏⲣⲟⲩ ⲁⲩⲱ ⲛ̄ϥϣⲱ
ⲡⲉ ϩⲁⲧϩⲟⲧⲉ ⲛ̄ⲧⲉⲥⲙⲏ ⲧⲁⲓ ⲉⲧϫⲱ
ⲙ̄ⲙⲟⲥ ϩⲙ̄ ⲡⲉⲩⲁⲅⲅⲉⲗⲓⲟⲛ ⲉⲧⲟⲩ
ⲁⲁⲃ ⲉⲧϫⲱ ⲙ̄ⲙⲟⲥ ϫⲉ ⲛⲁⲓ ⲛⲉⲥⲉ
ⲛⲁⲃⲱⲕ ⲉⲩⲕⲟⲗⲁⲥⲓⲥ ⲛ̄ϣⲁⲉⲛⲉ
ϩ. ⲇⲉⲩⲧⲉⲣⲟⲛ ⲇⲉ ⲉϥⲛⲁϣⲱⲡⲉ ⲛ̄
ϣⲙ̄ⲙⲟ ⲉⲡⲉⲓⲱⲧ ⲙⲛ̄ ⲡϣⲏⲣⲉ ⲙⲛ̄ ⲡⲉ
ⲡ̅ⲛ̅ⲁ̅ ⲉⲧⲟⲩⲁⲁⲃ ⲁⲩⲱ ⲛ̄ϥϫⲓ ⲛ̄ⲧⲙⲟⲓ
ⲣⲓⲥ ⲛ̄ⲓⲟⲩⲇⲁⲥ ⲡⲉⲥⲕⲁⲣⲓⲱⲧⲏⲥ ⲡⲉⲛ
ⲧⲁϥⲡⲁⲣⲁⲇⲓⲇⲟⲩ ⲙ̄ⲡϫⲟⲉⲓⲥ ⲁⲩⲱ
ⲧⲙⲟⲓⲣⲓⲥ ⲛⲁⲛⲁⲛⲓⲁⲥ ⲙⲛ̄ ⲥⲁⲡⲡⲓⲣⲁ

ⲧⲉϥⲥϩⲓⲙⲉ. ⲙⲛ̄ⲛ̄ⲥⲱⲥ ⲟⲛ ⲛ̄ϥⲁⲡⲟⲗⲟⲅⲓ
ⲍⲉ ⲉⲡⲗⲟⲅⲟ̊ⲥ ⲛ̄ⲟⲩⲡⲣⲟⲥⲧⲓⲙⲟⲛ ⲛ̄ⲛ̄ⲛⲟⲙ
ⲟⲥ ⲁⲩⲱ ⲛⲉⲝⲟⲩⲥⲓⲁ ⲉⲧⲁⲣⲭⲉⲓ ⲙ̄ⲡⲕ
ⲁⲓⲣⲟⲥ ⲉⲧⲙ̄ⲙⲁⲩ ⲛⲟⲩⲗⲓⲧⲣⲁ ⲛⲛⲟ
ⲩⲃ ⲙ̄ⲡⲣⲟⲥⲧⲓⲙⲟⲛ ~~ϯ~~ χρυσου ζα μιαρω
ⲁⲩⲱ ⲙⲛ̄ⲛ̄ⲥⲁ ⲧⲕⲁⲧⲁⲃⲁⲗⲉⲥⲓⲥ ⲙ̄ⲡⲉ
ⲓⲡⲣⲟⲥⲧⲓⲙⲟⲛ ⲛ̄ⲧⲉ ⲡⲉⲓⲇⲱⲣⲓⲁⲥ
ⲧⲓⲕⲟⲛ ϣⲱⲡⲉ ⲉⲩⲛ̄ⲧⲁϥ ⲙ̄ⲙⲁⲁⲩ
ⲛⲟⲩⲧⲁϫⲣⲟ ϣⲁ ⲉⲛⲉϩ ⲁⲩⲱ ϣⲁ
ⲛ̄ϫⲱⲙ ⲛ̄ϫⲱⲙ. ϯⲧⲁⲣⲕⲟ ⲇⲉ ⲙ̄ⲙⲱ
ⲧⲛ̄ ⲙ̄ⲡⲛⲟⲩⲧⲉ ⲡⲡⲁⲛⲧⲱⲕⲣⲁⲧⲱⲣ
ⲛ̄ⲧⲱⲧⲛ̄ ⲛⲉⲝⲟⲩⲥⲓⲁ ⲛⲓⲙ ⲉⲧⲉⲣⲉ ⲡⲉⲓ
ⲇⲱⲣⲓⲁⲥⲧⲓⲕⲟⲛ ⲛⲁⲃⲱⲕ ⲉϩⲣⲁⲓ ⲉⲧ
ⲟⲟⲧⲟⲩ ϫⲉ ⲛ̄ⲛⲉⲧⲛ̄ⲥⲩⲛⲭⲱⲣⲉⲓ ⲛⲥ
ⲉⲧⲁⲕⲟⲗⲁⲁⲩ ⲉⲃⲟⲗ ⲛ̄ϩⲏⲧϥ.
Ⲉⲩⲱⲣϫ̈ ⲛⲏⲧⲛ̄ ⲛ̄ⲧⲱⲧⲛ̄ ⲛⲉⲡⲣ
ⲟⲉⲥⲧⲟⲥ ⲙ̄ⲡⲙⲟⲛⲁⲥⲧⲥ ⲉⲧⲟⲩⲁⲁⲃ
ⲫⲁⲅⲓⲟⲥ ⲁⲡⲁ ⲡⲁⲩⲗⲟⲥ ⲛ̄ⲧϩⲉⲛⲉⲉⲧ
ⲉ ⲙ̄ⲡⲕⲟⲗⲟⲗ ⲙ̄ⲡⲧⲟⲟⲩ ⲛ̄ϫⲏⲙⲉ
ⲁⲩⲱ ⲛⲉⲥⲟⲓⲕⲟⲛⲟⲙⲟⲥ ⲕⲁⲧⲁ ⲕⲁ
ⲓⲣⲟⲥ ⲉⲫⲉⲥⲉⲟⲥ ⲁⲓⲥⲙⲓⲛⲉ ⲛⲏⲧⲛ̄

ⲙ̄ⲡⲉⲓⲇⲱⲣⲓⲁⲥⲧⲓⲕⲟⲛ ⲥⲩⲛⲅⲣⲁⲫⲏ ⲉϥ
ⲟⲣϫ̄ ϥⲟⲩⲛϫⲟⲉⲓⲥ ϩⲙ ⲙⲁⲛⲓⲙⲉⲩⲛ
ⲁⲉⲙⲫⲁⲛⲓⲍⲉ ⲙⲙⲟϥ ⲛ̄ϩⲏⲧϥ ⲉⲓⲧⲉⲛ
ⲟⲙⲟⲥ ⲉⲓⲧⲉ ⲙⲡⲃⲟⲗ ⲛ̄ⲛⲟⲙⲟⲥ ⲉⲁⲓⲡ
ⲁⲣⲁⲕⲁⲗⲉⲓ ⲙ̄ⲡⲥⲩⲛⲅⲣⲁⲫⲉⲩⲥ ⲁϥ
ⲥϩⲁⲓ ⲙⲛ̄ ϩⲉⲛⲕⲉⲣⲱⲙⲉ ⲛ̄ⲁⲝⲓⲟⲡ
ⲓⲥⲧⲟⲥ ⲉⲁⲩⲙⲁⲣⲧⲩⲣⲓⲥⲑ̄ ⲉⲣⲟϥ ⲡ
ⲣⲟⲥ ⲧⲁⲡⲁⲣⲁⲕⲗⲏⲥⲓⲥ ⲉⲁⲓⲉⲡⲓⲧ
ⲣⲉⲡⲉ ⲁⲩⲥⲁϩϥ ⲛ̄ⲧⲁⲥⲡⲉ ⲛ̄ⲛⲣⲙ̄
ⲛⲕⲏⲙⲉ ⲁⲩⲱϣ̄ϥ ⲉⲣⲟⲓ ⲁⲓⲥⲧⲟⲓⲭⲉ
ⲉⲣⲟϥ ⲁⲓⲕⲁⲁϥ ⲉⲃⲟⲗ ϯϯϯ
ϯ ⲁⲛⲟⲕ ⲁⲛⲛⲁ ⲧϣⲉⲉⲣⲉ ⲙ̄ⲡⲙⲁ
ⲕⲁⲣ/ ⲓⲱϩⲁⲛⲛⲏⲥ ⲧⲉⲥⲙⲁⲁⲩ ⲧⲉ
ⲧⲙⲁⲕⲁⲣ/ ⲧⲁϩⲁⲙ ⲧⲣⲙ̄ⲡⲕⲁⲥⲧⲣⲟ
ⲛ ϫⲏⲙⲉ ⲧⲉⲛⲧⲁⲥϣⲣ̄ⲡ̄ⲥϩⲁⲓ ϯⲥⲧⲟ
ⲓⲭⲉⲓ ⲉⲡⲉⲓⲇⲱⲣⲓⲁⲥⲧⲓⲕⲟⲛ ⲛ̄ⲑⲉⲉ
ⲧⲁⲓ ⲥⲏϩ ⲉⲣⲟϥ ⲁⲩⲱ ϩⲱⲃ ⲛⲓⲙ
ⲛ̄ⲧⲁⲓⲕⲁⲁϥ ⲉϩⲣⲁⲓ ⲛ̄ϩⲏⲧϥ̄ ϯⲁ
ⲛⲟⲕ ϣⲉⲙⲛ̄ⲧ ⲥⲛⲏⲩ. ⲡⲉⲓⲉⲗⲁⲭ/ⲙ
ⲡⲣⲉⲥⲃ/ ⲁⲩⲱ ⲡϩⲩⲅⲟⲩⲙⲉⲛⲟⲥ ⲙ̄
ⲡⲕⲁⲥⲧⲣⲟⲛ ⲛ̄ⲟⲩⲱⲧ ϫⲏⲙⲉ ⲁⲥⲁⲓ

τει μ̄μοι ν̄ϭι ιωαννα αιϩυπο
γραφε ϩαρος ϫε μασνοι προς
τες αιτεσις ϯ
ϯανοκ νωϩε πϣηρε νιερεμ
ιας πεπρεσβυτερος αυω πϩ
ητουμενος ν̄τεκκλησια ετο
υααβ νϫημε ϯο μ̄μ̄ν̄τ̄ρε ϯ
ϯανοκ φοιμαμμων πϣηρ
ε μπμακ γεωργιος ϯο μ̄μντρε ϯ
ϯανοκ σταφωρε πϣηρε μπμ
μακ βικτωρ ϯω μ̄μντρε ϯφ
οιβαμων πϣηρε μπμακ γεωρ
γιος αυαιτει μ̄μοι αισϩαι ϩα
ρου ϫε μαυνοι ϯ
ϯανοκ σαμουηλ πϣηρε μμ
ακαριενωχ ϯο μμντρε προ
σθε ν̄ταισωτμ ϩατν νετϩμ
ος ϩαϩτε αννα μπναυντας
ταυο πεσϣαϫε προς τϭομ
μ̄πειδωριαστικον ϯ
ϯανοκ ισαακ πϣηρε μ̄πμα

ⲕ̄

ⲕⲁⲣⲝ ⲍⲁⲭⲁⲣⲓⲁⲥ ⲡⲣⲙⲡⲉⲓⲕⲁⲥⲧⲣⲟⲛ ⲛⲟⲩ
ⲱⲧ ϫⲏⲙⲉ ϯⲟⲙ̄ⲙⲛ̄ⲧⲣⲉ ⲡⲣⲟⲥⲑⲉⲛⲧⲁⲓⲥ
ⲱⲧⲙ ϩⲓⲧⲛ ⲛⲉⲧϩⲙⲟⲟⲥ ϩⲁϩⲧⲛ ⲁⲛⲛⲁ
ⲙⲡⲛⲁⲩ ⲛⲧⲁⲥⲙⲧⲟⲛ ⲙⲙⲟⲥ ϯ

ϯⲁⲛⲟⲕ ⲭⲉⲙ̄ⲛ̄ⲧⲥⲛⲏⲩ ⲡⲉⲓⲉⲗⲁⲭϛ ⲙⲡ
ⲣⲉⲥⲃϛ ⲁⲩⲱ ⲡϩⲩⲅⲟⲩⲙⲉⲛⲟⲥ ⲡϣⲏⲣ
ⲉⲛ̄ϣⲉⲛⲟⲩⲧⲉ ⲛ̄ⲧⲉⲕ̈ⲕⲗⲏⲥⲓⲁ ⲉⲧⲟⲩⲁ
ⲁⲃ ⲛ̄ϫⲏⲙⲉ ⲁⲓⲥϩⲁⲓ ⲡⲉⲓⲇⲱⲣⲓⲁⲥⲧⲓⲕⲟ
ⲛ ⲥⲩⲛⲅⲣⲁⲫⲏ ⲛ̄ⲧⲁⲃⲓϫ ⲡⲣⲟⲥⲑⲉⲛⲧⲁ
ⲁⲛⲛⲁ ⲧϣⲉⲉⲣⲉ ⲛⲓⲱϩⲁⲛⲛⲏⲥ ⲉⲡⲓⲧⲣⲉ
ⲡⲉ ⲛⲁⲓ ⲁⲩⲱ ⲁⲓⲍⲱⲙⲁⲧⲓⲍⲉ ⲙⲙⲟⲟⲩ ϯ

[illegible]

////////////////////////////////////// ⲧⲣⲓⲁⲥ ⲛ̄ϩⲟ
ⲟⲩⲥⲓⲟⲥ //////////////////////////////////////
////////// ⲙⲏⲛⲓ ⲁⲑⲏⲣ ⲉ̄ ⲛⲧⲣⲟⲙⲡⲉ ⲛ̄ⲛⲛⲁⲧ
ⲁⲃⲓⲛ //////////////////////////////////////
//////////////// ⲙⲟⲛⲟⲭⲟⲥ ⲡϣⲏⲣⲉ ⲛ̄ⲛⲉⲡⲓⲫⲁⲛⲓⲟ
ⲥ //////////////////////////////////////
//ⲛⲓⲟⲥ ⲡⲁⲓ ⲉⲧϣⲟⲟⲡ ϩⲁ ⲡⲛⲟⲙⲟⲥ ⲛⲧⲡⲟⲗⲓⲥ ⲕⲉⲃ
ⲧ̄ ////////////////////////////// ϩⲙ̄ ⲡⲁϩⲏⲧ /////
//////////////// ⲧⲏⲣⲟⲩ ⲙⲛ̄ ⲡⲁⲟⲩⲱϣ ⲧⲏⲣϥ̄ ⲛ̄ⲛⲁⲧ
////////////////////// ⲛ̄ⲗⲁⲁⲩ ⲛ̄ⲁⲅⲕⲏ ⲕⲏ ⲛⲁⲓ ⲉϩ
ⲣⲁⲓ ⲟⲩⲇⲉ ϫⲓⲛϭⲟⲛⲥ̄ . ⲟⲩⲇⲉ ⲥⲩⲛⲁⲣⲡⲁ //////
//////////////// ⲩⲱϣ ⲙ̄ⲙⲓⲛ ⲙ̄ⲙⲟⲓ ⲙⲛ̄ ⲧⲁⲡⲣⲟ
ϩⲁⲓⲣⲉⲥⲓⲥ ⲛ̄ⲛⲁⲧⲣ̄ϩⲧⲏϥ ⲙⲛ̄ ⲟⲩϣⲟϫⲛ /// ⲉⲛⲁ
ⲛⲟⲩϥ //// ⲛⲁⲧϣⲧⲟⲣⲧⲣ̄ ⲉⲣⲉ ⲡⲁⲛⲟⲩⲥ ⲙ̄ⲙⲟⲓ ⲉⲡ
ⲉⲡⲁⲗⲟⲅⲓⲥⲙⲟⲥ ⲧⲁϫⲣⲏⲩ ⲉⲣⲉ ⲡⲁϩⲏⲧ ⲥⲙⲟⲛⲧ ⲁ
ⲩ ////////////// ϩⲙ̄ ⲡⲁϩⲏⲧ ⲧⲏⲣϥ̄ ⲙⲛ̄ ⲧⲁⲡⲣⲟϩⲁⲓ
ⲣⲓⲥⲓⲥ ⲛ̄ⲛⲁⲧⲣ̄ϩⲧⲏⲥ ⲉⲧⲣⲁⲥϩⲁⲓ ⲛⲁⲕ ⲛⲧⲟⲕ
ⲡⲁϣ ////////// ⲕⲱⲃ ⲡⲁⲙⲉⲣⲓⲧ ⲉⲧⲣⲁⲥϩⲁⲓ ⲛⲁ
ⲕ ⲛ̄ⲛⲟⲩⲥϩⲁⲓ ⲉⲩⲧⲁϫⲣⲏⲩ ⲁⲩⲱ ⲛ̄ⲛⲁⲧⲃⲟⲗ
ϥ ⲉⲃⲟⲗ ⲉⲛⲇⲓⲁ ////////// ⲛϣⲁⲉⲛⲉϩ ⲛⲁⲕ ⲙⲛ̄ ⲛⲉⲕ

ϣⲏⲣⲉ ⲙⲛ̄ ⲛ̄ϣⲏⲣⲉ ⲛ̄ⲛⲉⲕϣⲏⲣⲉ ⲙⲛ̄ ⲛⲉⲕⲟⲩⲱ
ϣⲛ̄ϩⲏⲧ ⲧⲏⲣⲟⲩ ⲉⲧⲛⲁⲥⲱⲧⲙ////// ⲕⲁⲧⲁ ⲡⲉⲕϣ
ⲁϫⲉ: ⲁⲛⲟⲕ ⲡⲁϩⲁⲙ ⲁⲓⲥϩⲁⲓ ⲛ̄ⲧⲉⲓⲇⲓⲁⲑⲏⲕⲏ ϩⲛ̄
ⲧⲁϭⲓϫ ⲙ̄ⲙⲓⲛ ⲙ̄ⲙⲟⲓ ⲉⲓⲟⲩⲏϩ ϩⲓ ⲡⲧⲟⲟⲩ ϫⲏⲙ
ⲉⲉⲓⲟ ⲙ̄ⲙⲟⲛⲟⲭⲟⲥ ⲁⲩⲛⲁⲩ ϫⲉ ⲙⲛ̄ⲗⲁⲁⲩ ⲛⲕⲁ
ⲧⲁⲥⲁⲣⲝ̄ ⲛ̄ⲧⲁⲓ̈ ϩⲁϩⲧⲏⲓ̈ ⲙ̄ⲡⲙⲁ ⲉⲧⲙ̄ⲙⲁⲩ ⲁⲓ̈ⲙⲉ
ⲉⲛⲉ ⲉⲃⲟⲗ ϫⲉ ⲡⲣⲱⲙⲉ ⲥⲟⲟⲩⲛ ⲁⲛ ⲛ̄ⲧⲉϥϩⲓⲏ ⲁⲓ
ϫⲟⲟⲩ ϫⲉ ⲙⲏⲡⲟⲧⲉ ⲛⲧⲉ ⲟⲩϣⲱⲛⲉ ⲉⲓ ⲉϫⲱⲓ ⲛ̄
ⲧⲁⲙⲟⲩⲉⲝ///ⲡⲉⲓⲛⲁ ⲉⲙⲛ̄ ⲣⲱⲙⲉ ⲟⲩⲃⲏⲓ̈ ⲛⲧⲁⲧ
ⲁⲩⲱ ⲙ̄ⲡⲁϣⲁϫⲉ ⲛⲁⲩ ⲉⲧⲃⲉ ⲛ̄ⲕⲟⲩⲓ̈ ⲛ̄ⲛⲉⲗⲁⲭ
ⲓⲥⲧⲟ///ⲉⲧϣⲟⲟⲡ ⲛⲁⲓ ϩⲁ ⲡⲁⲉⲓⲱⲧ ⲙⲛ̄ ⲧⲁⲙⲁⲁⲩ ⲙ
ⲛ̄ ⲛⲉⲩⲙⲁ ⲛ̄ϣⲱⲡⲉ ⲉⲡⲉ//////////////////////////
ⲧⲛ̄ϣⲏⲣⲉ ⲁⲓⲃⲱⲕ ⲁⲓⲣ̄ⲙⲟⲛⲟⲭⲟⲥ ⲁⲓⲕⲁⲁⲩ ⲉⲩⲟⲛ
ϩ̄ ⲁⲩϭⲟⲓⲗⲉ ⲉⲡⲕⲟⲥⲙⲟⲥ ⲙ̄ⲡϣⲟⲙⲛ̄ⲧ ⲉⲧⲃⲉ ⲡⲛⲟϭ
ⲇⲉ ⲛ̄ϣⲏⲣⲉ ⲉⲡⲁⲡⲛⲟⲩⲧⲉ ⲁϥϫⲓⲟⲩⲉ ϩⲓⲙⲉ ⲙ̄ⲡⲃⲟⲗ
ⲙ̄ⲡⲁⲟⲩⲱϣ ⲁⲓⲗⲩⲡⲉⲓ ⲉⲙⲁⲧⲉ ⲉⲙⲁⲧⲉ ⲁⲗⲗⲁ
ⲙⲡⲉ   ⲧⲉϥϩⲓⲏ ⲥⲟⲩⲧⲛ̄ ϫⲓⲛ ⲧⲉⲛⲟⲩ ⲛⲧⲁⲩϫⲓⲧ̄ⲥ ⲉⲁ
ϩⲉⲛⲙⲓϣⲉ ϣⲱⲡⲉ ⲙⲛ̄ ϩⲉⲛϣⲧⲟⲣⲧⲣ̄ ϩⲙ ⲡⲉϥϩ
ⲱⲃ ⲁⲩⲉⲓ ⲉⲣⲏⲥ ϣⲁⲣⲟⲓ ⲁⲩⲧⲁⲩⲉ ⲧⲓⲧⲓⲁ ⲉⲣⲟⲓ
ϫⲉ ⲧⲉⲥⲡⲁⲣⲑⲉⲛⲓⲁ ⲟⲩⲟϫ` ⲁⲛ` ⲁⲓϫⲟⲟⲩ ϫⲉ ⲙⲛ̄
ⲧⲁⲓϩⲱⲃ ⲛ̄ⲙ̄ⲙⲁⲩ ⲉⲃⲟⲗ ϫⲉ ⲁⲩⲣ̄ⲁⲧⲥⲱⲧⲙ̄ ⲛⲥ

ⲱⲓⲁⲓⲕⲁⲡⲙⲁ ⲙ̄ⲡⲛⲟⲩⲧⲉ ⲡⲉⲕⲣⲓⲧⲏⲥ ⲙ̄ⲙⲉⲓ
ⲙⲛ̄ ⲛⲉϣⲗⲏⲗ ⲙ̄ⲡⲁⲉⲓⲱⲧ ⲉⲧⲟⲩⲁⲁⲃ ⲙⲛ̄ⲥⲁⲧ
ⲣⲉϥⲃⲱⲕ: ϩⲓⲧⲟⲟⲧ ⲁⲩⲁⲡⲁⲧⲁ ⲛ̄ⲛⲉϥⲙⲉⲉⲩⲉ
ϩⲓⲧⲛ̄ ϩⲉⲛϣⲁϫⲉ ⲛ̄ⲕⲟⲗⲁⲕⲓⲁ ⲁϥⲕⲁⲁⲥ ⲛⲁϥ
ⲁϥϫⲡⲟ ⲛ̄ϩⲉⲛϣⲏⲣⲉ ⲛ̄ⲙⲙⲁⲥ ⲉⲣⲉⲡⲉϥϩⲏⲧ ⲙ
ⲟⲕϩ̄ ⲉⲣⲟϥ ⲁⲩⲱ ϣⲁϥⲉⲓ ⲛ̄ϥⲧⲁⲩⲉ ⲡⲉϥⲙ̄ⲕ
ⲁϩ ⲛ̄ϩⲏⲧ ⲛ̄ϩⲁϩ ⲛ̄ⲥⲟⲡ ⲛ̄ϥⲧⲣⲉ ⲡⲁϩⲏⲧ ⲛ̄ⲙⲕ
ⲁϩ ⲛ̄ϩⲟⲩⲟ ⲁⲗⲗⲁ ⲙ̄ⲡⲉⲓⲟⲩⲱϣ ⲉⲛⲟϫϥ ⲉⲃⲟ
ⲗ ⲉⲧⲃⲉ ⲡⲛⲟⲩⲧⲉ ϫⲉ ⲛⲁⲥⲡⲗⲁⲭⲛⲟⲛ ⲛⲉ ⲁⲓϯ ⲟⲩⲕ
ⲟⲩⲓ̈ ⲙ̄ⲙⲁ ⲛⲁϥ ⲉⲧⲣⲉϥⲟⲩⲱϩ ⲛ̄ϩⲏⲧϥ̄ ϩⲙ̄ ⲡⲁ
ⲏⲓ ⲙⲛ̄ ⲛⲉϥⲥⲕⲉⲩⲏ ⲉⲓⲧⲉ ϩⲁⲧ ⲉⲓⲧⲉ ⲛⲟⲩⲃ ⲉ
ⲓⲧⲉ ⲃⲁⲣⲱⲧ ⲉⲓⲧⲉ ϩⲟⲓⲧⲉ ⲁⲡⲗⲱⲥ ⲡⲉⲛⲧⲁⲓ
ⲧⲁⲁϥ ⲥⲉⲛⲁϩⲉ ⲉϥⲥⲏϩ ϩⲛ̄ ⲕⲉⲙⲁ ⲙⲛ̄
ⲛⲥⲱⲥ ⲁ ⲡⲛⲟⲩⲧⲉ ϭⲙ̄ ⲡⲉϥϣⲓⲛⲉ ⲛ̄ⲑⲉ ⲛⲣⲱ
ⲙⲉ ⲛⲓⲙ ⲁϥⲙⲟⲩ ⲙⲛ̄ ⲛⲉϥϣⲏⲣⲉ ϩⲓ ⲟⲩⲥⲟ
ⲡ ⲙ̄ⲡϥ̄ ⲕⲁ ⲗⲁⲁⲩ ⲛ̄ⲥⲡⲉⲣⲙⲁ ⲉϥⲟⲛϩ̄ ⲛⲁϥ ⲧ
ⲉⲛⲟⲩ ⲛ̄ⲑⲉ ⲛ̄ⲧⲁ ⲡⲛⲟⲩⲧⲉ ⲁⲁϥ ⲛ̄ϣⲙⲙⲟ ⲉⲡⲉ
ⲓⲕⲟⲥⲙⲟⲥ ⲙⲛ̄ ⲛⲉϥϣⲏⲣⲉ ⲁⲛⲟⲕ ϩⲱ ⲉⲧⲉⲓ
ⲣⲉ ⲙ̄ⲙⲟϥ ⲛ̄ϣⲙⲙⲟ ⲉⲛⲁⲙⲁⲛϣⲱⲡⲉ ⲧⲏ
ⲣⲟⲩ ⲛ̄ⲧⲁⲩⲉⲓ ⲉϫⲱⲓ ϩⲁ ⲛⲁⲉⲓⲟⲧⲉ ⲙⲛ̄ⲧⲉ
ϥⲥϩⲓⲙⲉ ⲁⲩⲱ ⲧⲁⲕⲗⲏⲣⲟⲛⲟⲙⲓⲁ ⲉⲧϣⲟ

οπναι τενου ν̄νελααυ ν̄ρωμε εϥει
ρε μ̄πεϥπροϲοπον ναϫι εβολ ν̄ϩ
ητου ετβε πηι δε ν̄ταϊτααϥ ναϥ εα
ϥουωϩ ν̄ϩητϥ̄ ϣαντϥ̄μου ννετεϥ
ϲϩιμε εϣκληρονομει μ̄μοϥ ν̄ϲου
ωϩ ν̄ϩητϥ̄ ϩωϲ εϲο̂ ν̄ϫοειϲ εροϥο
υδε ρωμε εϥειρε μ̄πεϲπρωϲοπον
αλλα ερεϊακωβ ναϫιτϥ̄ ν̄τοοτϲ̄ ν̄ϥ
κληρονομει μ̄μοϥ μν̄ νεϥϣηρε ϣα
ενεϩ ν̄ενεϩ: ετβε ν̄ϲκευη δε ν̄ταϊτα
αυ ναϥ εϥονϩ̄ ν̄τοϥ παπνουτε ν̄
τερεϥμου αιϣινε ν̄ϲωου αιϩε ερ
οϲ μ̄πεϥτακε λααυ εβολ ν̄ϩητου ϣ
αϩραι ειδοϲ εϥονϩ̄ αλλα αιϩε εροϥ
ουνϲναυ ν̄ϩολοκ ερου μν̄ ουπαϣε
ειϲ ϩηητε τενου τεϯ να κ ν̄τεκξου
ϲια ν̄τοκ ιακωβ παϣηρε ν̄ταιου
αϣϥ̄ παμεριτ αυω κω ν̄ϫοειϲ ετ
ρεκϣινε ν̄ϲα ειδοϲ νιμ ν̄ταιταα ϥ
μπαπνουτε μν̄ πενταϥϫποϥ ϩω
ωϥ ϣαϩραι ενειδοϲ ν̄ουωτ εϥτα

ⲓⲏⲩ̅ ⲏ̅ ⲉϥϭⲟϫⲃ ⲙⲛ̅ⲛ̅ⲥⲱⲥ ϩⲱⲱⲕ ⲛ̅ⲅ̅ⲙⲟ
ⲩϩ ⲡⲉϥⲇⲁⲛⲓⲥⲧⲏⲥ ⲉⲧⲉⲥⲛⲁⲩⲟⲩϭⲁⲥⲛ̅
ϩⲟⲗⲟⲕ̣ ⲁⲩⲱ ⲕⲟ̅ ⲛ̅ϫⲟⲉⲓⲥ ⲉⲧⲣⲉⲕϫⲛⲟⲩⲧ
ⲉϥⲥϩⲓⲙⲉ ⲉⲡⲁⲛⲁϣ ⲙ̅ⲙⲁⲛⲓⲙ ⲉⲕⲟⲩⲁϣϥ̅
ⲉϫⲛ̅ ⲟⲩⲉⲓⲇⲟⲥ ⲛ̅ⲃ̅ⲗϫⲉ ⲉⲃⲟⲗϫⲉ ⲁⲛⲟⲕ ⲡⲉⲧ
·ⲕⲉⲗⲉⲩⲉ ⲛ̅ϩⲟⲥⲟⲛ ⲉⲓⲟⲛ̅ϩ ⲙⲛ̅ⲛ̅ⲥⲱⲥ ⲟⲛⲁ
ϥ ϯ ⲧⲉⲝⲟⲩⲥⲓⲁ ⲛⲁⲓ ϩⲓⲧⲛ̅ ⲛⲉⲧϩⲙⲟⲟⲥ ϩⲁ
ϩⲧⲁϥ ⲙ̅ⲡⲛⲁⲩ ⲉϥⲛⲁⲙⲟⲩ ⲧⲉϥⲥϩⲓⲙⲉ ϩ
ⲱⲥ ⲛ̅ⲥⲱⲣⲕ̅ ⲉϫⲛ̅ ⲡⲉⲛⲧⲁⲥ ⲛ̅ⲧϥ̅ ⲉϩⲟⲩⲛ
ⲉϫⲱϥ ⲛ̅ⲥϥⲓⲧϥ ⲡⲁⲣⲁⲙⲉⲣⲟⲩⲥ ⲛ̅ⲧⲟⲕ
ϩⲱⲱⲕ ⲓ̈ⲁⲕⲱⲃ ⲛ̅ⲅ̅ ⲉⲓⲣⲉ ⲛⲁⲥ ⲛ̅ⲑⲉ ⲛ̅
ⲛ̅ⲭⲏⲣⲁ ⲉⲧϩⲓⲧⲟⲩⲱⲕ ϩⲙ̅ ⲡⲉⲕϯⲙⲉ ⲉⲧ
ⲟ ⲛ̅ⲛⲁⲧϣⲏⲣⲉ ⲛ̅ⲅ̅ ⲕⲁⲁⲥ ⲛ̅ⲥ̅ ⲃⲱⲕ ⲉⲡⲉⲥ
ⲏⲓ̈ ⲙⲉⲧⲁ̇ϭⲁⲗⲟⲩ ⲁⲩⲱ ⲉⲡⲉⲥϯⲙⲉ ⲛ̅ⲧⲁⲥ
ⲉⲓ ⲛ̅ϩⲏⲧϥ̅: ⲉⲧⲃⲉ ⲧϩⲁⲧⲣⲉ ⲇⲉ ⲧⲁ̣ϣⲉⲉⲣ
ⲉ ⲁⲓⲡⲟⲗϭⲥ̅ ⲉⲃⲟⲗ ⲙ̅ⲡⲉⲥⲙⲑⲟⲣⲟⲩⲥ ϩⲛ̅ϩ
ⲱⲃ ⲛⲓⲙ ⲉⲓⲟ ⲛ̅ϫⲟⲉⲓⲥ ⲉⲣⲟϥ ⲕⲁⲧⲁ ⲡⲉⲛⲧⲁ ⲡ̅
ⲛⲟⲩⲧⲉ ⲛⲟϫϥ̅ ⲉⲡⲁϩⲏⲧ ⲉⲓⲧⲉ ϩⲁ ⲡⲉⲧⲉⲡⲱⲓ
ⲡⲉ ⲉⲓⲧⲉ ϩⲁⲛⲁⲉⲓⲟⲧⲉ ⲉⲓⲧⲉ ϩⲁ ⲧⲉⲥⲙⲁⲁⲩ
ϩⲱⲥ· ⲙⲛ̅ⲧⲥ̅ ⲗⲁⲁⲩ ⲛ̅ⲛ̅ ⲕⲗⲏⲙⲁ ⲙⲛ̅ ⲓ̈ⲁⲕⲱⲃ
ⲡⲉⲥⲥⲟⲛ ϩⲁⲗⲁⲁⲩ ⲛ̅ⲉⲓⲇⲟⲥ ϫⲓⲛ ⲡⲟⲟⲩⲉ

ⲃⲟⲗ ϩⲁⲣⲟⲓ ⲁⲛⲟⲕ ⲡⲁϩⲁⲙ ⲡⲉⲥⲉⲓⲱⲧ ⲁⲗ
ⲗⲁ ⲉⲣϣⲁⲛ ⲟⲩⲟⲛ ⲉⲓ ⲉϩⲟⲩⲛ ⲉϫⲱⲟⲩ ϩⲁ
ⲧⲉⲩⲙⲁⲁⲩ ⲓⲁⲕⲱⲃ ⲙⲛ̅ ⲑⲁⲧⲣⲉ ⲉⲩⲛⲁⲡ
ⲁϣϥ ⲉϫⲱⲟⲩ ⲙ̅ⲡⲣⲁ ϣⲟⲙⲛ̅ⲧ ⲟⲩⲧⲟ̅ ⲉⲓ̈
ⲁⲕⲱⲃ ⲟⲩⲧⲟ̅ ⲉⲑⲁⲧⲣⲉ ⲡⲕⲉⲣⲁ ϣⲟⲙⲛ̅ⲧ
ⲛ̅ⲥⲉⲧⲁⲁⲩ ⲛ̅ⲛⲁⲅⲁⲡⲏ ϩⲁ ⲧⲉⲯⲩⲭⲏ ⲛ̅ⲛ
ⲧⲁⲩ ⲛ̅ⲕⲟⲧⲕ ⲉⲧⲉ ⲡⲁⲡⲛⲟⲩⲧⲉ ⲡⲉ ⲙⲛ̅ ⲥ
ⲟⲩⲥⲁⲛⲛⲁ ⲧⲉϥⲙⲁⲁⲩ ⲙⲛ̅ ⲙⲁⲣⲧⲩⲣⲓⲁ ⲧⲙ
ⲁⲁⲩ ⲛ̅ⲥⲟⲩⲥⲁⲛⲛⲁ ⲉϣⲱⲡⲉ ⲇⲉ ⲙⲛ̅ⲥⲁⲡ
ⲁⲙⲟⲩ ⲛⲧⲟⲕ ⲓⲁⲕⲱⲃ ⲙⲛ̅ ⲑⲁⲧⲣⲉ ⲛ̅ⲧⲉⲧⲛ̅
ϣⲁⲛϩⲉ ⲉⲡⲕⲁⲓⲣⲟⲥ ⲛ̅ⲛⲉⲅⲉ ⲙⲛ̅ ⲛⲉⲥⲛⲏⲩ
ⲛ̅ⲧⲉⲧⲛ̅ⲙⲁⲁⲩ ⲥⲟⲩⲥⲁⲛⲛⲁ ⲉⲧⲉ ⲓ̈ⲱϩⲁⲛⲛ
ⲏⲥ ⲡⲉ ⲙⲛ̅ ⲛⲉⲡⲣⲟⲥⲟⲡⲟⲛ ⲙ̅ⲡⲉⲥⲩⲛⲑⲓⲟⲥ
ⲛ̅ⲧⲁϥ ⲛ̅ⲕⲟⲧⲕ ⲛ̅ⲥⲉϫⲟⲟϥ ϫⲉ ⲁⲧⲉⲧⲛ̅ⲙⲁ
ⲁⲩ ⲙⲛ̅ ⲡⲉⲧⲛ̅ⲉⲓⲱⲧ ϫⲓ ⲧⲉⲩⲧⲟ̅ ⲁⲛ ⲡⲱⲗ.
ⲕ̅ ⲛ̅ⲙⲙⲁⲩ ⲉⲩⲟⲛϩ̅: ⲉⲓⲥ ϩⲏⲏⲧⲉ ϯⲕⲱ ⲉ
ϩⲣⲁⲓ ⲙ̅ⲡⲉⲓⲙⲁ ⲙ̅ⲡⲁⲛⲁϣ ⲉⲧⲟⲩⲁⲁⲃ ⲉ
ⲓⲱⲣⲕ̅ ⲙ̅ⲡⲛⲟⲩⲧⲉ ⲡⲡⲁⲛⲧⲟⲕⲣⲁⲧⲱⲣ
ⲡⲁⲛⲉⲓⲛⲟⲃ ⲛ̅ϣⲡⲏⲣⲉ ϫⲉ ⲛ̅ⲧⲉⲣⲉⲥⲟⲩⲥⲁⲛ
ⲛⲁ ⲧⲉⲧⲛ̅ⲥⲱⲛⲉ ⲉⲓ ⲉϩⲟⲩⲛ ⲉⲣⲟⲓ ⲁⲛⲟⲕ ⲡ
ⲁϩⲁⲙ ⲙ̅ⲡⲉⲥⲉⲛⲗⲁⲁⲩ ⲉϩⲟⲩⲛ ⲉϫⲱⲓ ⲉⲛ

ⲉϥ· ϩⲛ̄ ⲟⲩⲱⲛϩ̄ ⲉⲃⲟⲗ ⲟⲩⲛ ϣⲁⲧ̄ⲉⲣⲟⲩϥϩⲛ
ⲛⲁⲙⲉⲉⲩⲉ ⲉⲓⲧⲉ ⲛⲧⲉⲛⲉⲥⲉⲓⲟⲧⲉ ⲧⲁⲁϥⲛ
ⲁⲥ ⲉⲡⲉⲥⲛⲟⲩϩⲣⲉ ⲉⲃⲟⲗ ⲏ̄ ⲛⲥ̄ ϥⲓⲧϥ̄ ⲛ̄ⲇⲓⲟⲩ
ⲉⲛ̄ⲥⲧϥ̄ ⲉϩⲟⲩⲛ ⲉϫⲱⲓ ⲉⲧⲃⲉ ⲛⲉⲓⲇⲟⲥ ⲛ̇ⲧⲁ
ⲛⲡⲟϣⲟⲩ ⲉϫⲱⲛ ⲁⲛⲟⲕ ⲡⲁϩⲁⲙ ⲙⲛ̄ ⲅⲏ
ⲣⲁ ⲙⲛ̄ ⲓ̈ⲱϩⲁⲛⲛⲏⲥ ⲙⲛ̄ ⲡⲉⲥⲩⲛⲑⲉ ⲁⲛⲕ
ⲁϩⲉⲛ ⲕⲟⲟⲩⲉ ⲉⲡⲁϩⲟⲩ ⲙⲛ̄ ⲡⲁϣⲟⲩ
ⲙⲡⲛⲁⲩ ⲛ̄ⲧⲁⲛⲡⲟϣⲟⲩ ⲁⲗⲗⲁ ⲁⲛⲥⲧⲟⲓⲭⲉⲓ
ⲁⲛⲟⲕ ⲡⲁϩⲁⲙ ⲙⲛ̄ ⲅⲏⲣⲁ ⲉⲧⲣⲉⲧⲥⲓⲃⲗⲉ
ⲟⲩⲱⲣⲕ ⲁⲛⲁϣ ⲛⲁⲛ ⲉⲧⲃⲉ ⲡⲕⲉⲉⲥⲉⲡⲉ ⲛⲉ
ⲓⲇⲟⲥ ⲉⲧⲃⲉ ⲛ̄ⲛⲟⲩⲃ ⲇⲉ ⲛⲧⲁⲩⲩⲇⲓⲕⲁⲍⲉ ⲉϫ
ⲱⲟⲩ ⲙ̄ⲡⲟⲩϯ ⲛ̇ⲁⲛ ⲛ̄ϩⲏⲧⲟⲩ ϩⲟⲗⲱⲥ ⲁⲛ
ⲟⲕ ⲡⲁϩⲁⲙ ⲙⲛ̄ ⲅⲏⲣⲁ ⲁⲗⲗⲁ ⲓ̈ⲱϩⲁⲛⲛⲏ
ⲥ ⲙⲛ̄ ⲧⲥⲓⲃⲗⲁ ⲛⲛ̄ⲧⲁⲩϥⲓⲧⲟⲩ· ⲙⲛ̄ⲛ̄ⲥⲱⲥ:
ⲛⲁⲩ ⲛⲓⲙ ⲉⲧⲉⲧⲛ̄ⲟⲩⲉϣ ⲉⲛⲉⲅⲉ ⲛ̄ⲙⲙⲁⲩ ⲉ
ⲧⲃⲉ ⲛ̄ⲛⲟⲩⲃ ⲙⲛ̄ ⲡⲕⲉⲥⲉⲡⲉ ⲛ̄ⲉⲓⲇⲟⲥ ⲛ̄ⲧ
·ⲱⲧⲛ̄ ⲉⲧⲕⲉⲗⲉⲩⲉ ⲕⲁⲧⲁ ⲡⲉⲧⲛ̄ⲟⲩⲱϣ ⲉⲓ
ⲥϩⲏⲏⲧⲉ ⲁⲛⲟⲕ ⲁⲓⲡⲗⲏⲣⲟⲫⲟⲣⲉⲓ ⲙ̄ⲙⲟ
ⲟⲩ ⲙ̄ⲡⲁⲛⲁϣ ⲙ̄ⲡϫⲟⲉⲓⲥ ⲙⲏⲡⲟⲧⲉ ⲛ̄ⲥⲉ
ⲧⲁⲩⲟ ϩⲉⲛ ⲗⲟⲓϭⲉ ϫⲉ ⲁⲛⲡⲱⲗⲕ ⲙⲛ̄ ⲡⲉ
ⲧⲛ̄ⲉⲓⲱⲧ ⲉϥⲟⲛϩ̄ ⲁⲛⲟⲕ ⲡⲁ

ϩⲁⲙ ⲡⲉⲛⲧⲁϥϣⲣ̄ⲡ ⲥϩⲁⲓ ⲛ̄ⲧⲡⲉ̄ ϩⲛ̄ⲧⲁ
ϭⲓϫ ⲙ̄ⲙⲓⲛ ⲙ̄ⲙⲟⲓ̈ ⲉⲁⲓⲥϩⲁⲓ ⲧⲉⲇⲓⲁⲑⲏⲕⲏ ϩ
ⲛ̄ⲧⲁϭⲓϫ ⲙⲁⲩⲁⲁⲧ ⲉⲓⲥϩⲁⲓ ⲛ̄ⲓⲁⲕⲱⲃ ⲡ
ⲁϣⲏⲣⲉ ϫⲉ ϩⲁⲡⲙⲁ ⲙ̄ⲡⲏⲓ̈ ⲛ̄ⲧⲁϥⲉⲓ ⲉϫ
ⲛ̄ⲉⲡⲓⲫⲁⲛⲓⲟⲥ ⲡⲣⲉⲃⲥ̄ ϩⲁ ⲡⲉϥⲉⲓⲱⲧ ⲡⲁ
ϩⲁⲙ ⲉⲃⲟⲗ ϫⲉ ⲛ̄ⲧⲟϥ ⲡⲉⲛⲧⲁϥⲕⲟⲧϥ̄ ⲉⲁϥ
ⲉⲓ ⲉϫⲱⲓ̈ ϩⲱⲱⲧ ⲁⲛⲟⲕ ⲡϣⲏⲣⲉ ⲛ̄ⲛⲉⲡⲓⲫ
ⲁⲛⲓⲟⲥ ⲡⲡⲣⲉⲥⲃⲥ̄ ⲉⲓⲥϩⲏⲏⲧⲉ ϩⲱ ⲛ̄ⲧⲉϯⲙ
ⲙⲟⲩⲛⲁⲕ ⲙⲁⲩⲁⲁⲕ ⲙⲛ̄ ⲛⲉⲕϣⲏⲣⲉ ⲉⲧ
ⲣⲉⲕⲕⲗⲏⲣⲟⲛⲟⲙⲉⲓ ⲙ̄ⲙⲟⲟⲩ ⲙⲛ̄ ⲛⲉⲧⲛⲏⲩ
ⲙⲛ̄ ⲛ̄ⲥⲱⲕ ⲉⲩⲥⲱⲧⲙ̄ ⲛ̄ⲥⲱⲕ ⲛ̄ⲛⲉⲗⲁⲁⲩ ⲛ̄
ⲣⲱⲙⲉ ⲉϣⲉⲓ ⲉⲃⲟⲗ ⲉⲣⲟⲕ ⲉⲛⲉϩ ⲉⲓⲧⲉ ϣ
ⲏⲣⲉ ⲉⲓⲧⲉ ϣⲉⲉⲣⲉ ⲉⲓⲧⲉ ϣⲛ̄ ϣⲏⲣⲉ ϩⲁ ⲡⲏⲓ̈
ⲉⲧⲙ̄ⲙⲁⲩ ⲉⲧⲕⲏ· ⲉϩⲣⲁⲓ̈ ⲙ̄ⲡⲉⲙⲛ̄ⲧ ⲙ̄ⲡϩⲁ
ⲅⲓⲟⲥ ⲕⲟⲗⲗⲟⲩⲑⲟⲥ ⲧⲉⲩⲟⲩⲉⲓ̈ ⲛ̄ϫⲟⲉ̄ ϩⲙ̄
ⲡϩⲓⲣ ⲛ̄ⲛⲁⲡⲁ ⲕⲟⲗⲗⲟⲩⲑⲟⲥ ⲧⲕⲉⲟⲩⲉⲓ̈
ⲉⲧⲁⲕⲁⲙⲁⲣⲉⲧⲉ ⲉⲥϫⲓ ⲧⲟϣ ⲉⲡⲏⲓ̈ ⲙ̄ⲡ
ⲃⲗⲗⲉ· ⲧⲕⲉϫⲟⲉ ⲉϩⲣⲁⲓ ⲧϩⲓⲣⲁⲓⲣⲉ ⲉⲡⲣⲟ
ⲉϩⲟⲩⲛ ⲉϩⲟⲩⲛ ⲧⲉ ⲉⲧⲃⲉ ⲧⲕⲉϫⲟⲉ ⲉⲣⲏⲥ
ⲡⲏⲓ̈ ⲙ̄ⲡⲃⲟⲉⲓⲧ ⲉⲧⲉ ⲥⲁⲙⲟⲩⲏⲗ ⲙⲛ̄ ⲡⲏⲓ̈ ⲛ̄
ⲛⲁⲃⲣⲁϩⲁⲙ ⲛ̄ⲧⲟⲩⲃⲁ̄ ⲛ̄ⲧⲁⲓ ⲟⲛⲟⲙⲁⲍ

ⲉⲛ̄ⲛ̄ⲣⲁⲛ ⲛ̄ⲛ̄ⲁⲣⲭⲁⲓⲟⲛ ⲉⲧϣⲟⲟⲡ ϩⲛ̄ ⲛⲏ
ϊⲉⲧⲙ̄ⲙⲁⲩ ϩⲁⲑⲏ ⲙ̄ⲡⲟⲟⲩ ⲉⲧⲃⲉ ϫⲟⲉ ⲛ̄ⲧ
ⲁϊⲥⲁⲁⲕ ⲕⲟⲧⲥ̄ ϩⲛ̄ ⲟⲩϫⲓⲛϭⲟⲛⲥ̄ ⲉⲃⲟⲗ ϫ
ⲉ ⲙⲛ̄ⲧⲁⲛ ⲡⲁⲣⲏⲥⲓⲁ ϩⲙ̄ ⲡⲟⲩⲟⲉⲓϣ ⲉⲧ
ⲙ̄ⲙⲁⲩ ⲉⲛϩⲓ ⲡϣⲙ̄ⲙⲟ· ⲙⲏⲡⲱⲥ ⲉⲣϣⲁⲛ
ⲡⲛⲟⲩⲧⲉ ϯ ⲑⲉ ⲛⲁⲕ ⲛ̄ⲅ ⲕⲱⲧ ⲛ̄ⲥⲉⲉⲛⲉⲅ
ⲉ ϫⲉ ⲙⲁⲩⲕⲁⲁⲕ ⲉⲟⲩⲉϩⲥⲟⲓ ⲉⲣⲟⲥ ϣⲓⲛ
ⲉⲛ̄ⲥⲁϩⲉⲛ ⲉⲕⲱⲧ ⲥⲉⲛⲁⲧⲁⲙⲟⲕ ϫⲉ ⲧⲁ
ⲛⲓⲙⲉⲧⲁϫⲟⲉ ⲙⲡⲉⲧⲛ ⲁⲩⲱ ⲙ̄ⲡⲉⲛⲁⲉⲓ
ⲟⲧⲉ ⲕⲁⲁⲩ ⲉⲟⲩⲉϩⲥⲟⲓ ⲉⲣⲟⲥ ⲉⲛⲉϩ ⲙⲟⲛⲟ
ⲛ ϫⲉ ϯϫⲟⲉ ⲧⲁⲓ ⲙⲁⲩⲁⲥ ⲁⲗⲗⲁ ⲛ̄ⲕⲟⲟⲩⲉ
ⲧⲏⲣⲟⲩ ⲉⲩⲕⲱⲧⲉ ⲛⲁⲡⲏⲓ ⲛⲉ: ⲉⲧⲃⲉ ⲡⲁⲛϩ̄
ⲇⲉ ⲉⲧⲛϩⲟⲩⲛ ⲙⲁⲛ̄ ⲡⲕⲟⲧ ⲛ̄ⲡϩⲁϊ ⲉϥⲛⲁ
ϣⲱⲡⲉ ⲛⲁⲕ ⲧⲏⲣϥ̄ ϣⲁⲛⲉϥⲧⲟⲩϣ ⲕⲟⲩⲱϣ
ⲉⲕⲟⲧϥ̄ ⲛ̄ⲧⲟⲕ ⲉⲧⲟ ⲛ̄ϫⲟⲉⲓⲥ ⲉϩⲱⲃ ⲛⲓⲙⲉ
ⲡⲉⲧⲉϩⲛⲁⲕ: ⲉⲧⲃⲉ ⲡⲣⲁϣⲟⲙⲛ̄ⲧ ⲟⲩⲛ ⲛ̄ⲛ̄
ⲏⲓ ⲛ̄ⲧⲁⲓ ⲧⲁϩⲟⲩϥ ϩⲁ ⲧⲁⲙⲁⲁⲩ ϩⲁⲣⲏⲥ
ϩⲙ̄ ⲡⲧⲓⲙⲉ ⲉⲧⲁⲑⲩⲣⲉ ⲧⲉ ⲙⲛ̄ ⲡⲣⲁϣⲟ
ⲙⲛ̄ⲧ ⲙ̄ⲡⲁⲛⲁϩ ⲉⲧⲙ̄ⲡⲙⲁ ⲉⲧⲙ̄ⲙⲁⲩ ⲛ̄ⲧ
ⲁⲩⲉⲓ ⲉϫⲛ̄ ⲑⲁⲧⲣⲉ ⲧⲁⲙⲁⲁⲩ ϩⲁⲥⲁ
ⲣⲁⲧⲉⲥ ⲙⲁⲁⲩ ⲉⲓⲥ ϩⲏⲏⲧⲉ ⲁⲛⲟⲕ ⲡⲁ

ϩⲁⲙ ⲧⲉϯ ⲙ̄ⲙⲟⲟⲩ ⲛⲁⲕ ⲛ̄ⲧⲟⲕ ⲓ̈ⲁⲕⲱ
ⲃ ⲡⲁϣⲏⲣⲉ ⲛ̄ⲛⲉⲗⲁⲁⲩ ⲛ̄ⲣⲱⲙⲉ ⲉϣⲉ
ⲛⲉⲧⲉⲛⲁⲕ ϩⲁⲣⲟⲟⲩ ϣⲁⲉⲛⲉϩ ⲉⲧⲃⲉ
ⲑⲁⲧⲣⲉⲇⲉ ⲧⲁϣⲉⲉⲣⲉ ⲧⲉ ⲁⲩⲱ ⲧⲉⲕⲥⲱ
ⲛⲉ ϩⲱⲱⲕ ⲛ̄ⲛⲉⲕⲉϣⲛⲟϫⲥ ⲉⲃⲟⲗ ϩⲙ̄
ⲡⲙⲁ ⲉⲛⲉⲥⲛ̄ϩⲏⲧϥ̄ ⲉⲥⲟⲛ̄ϩ ⲛ̄ⲛⲉⲥϩⲟⲟⲩ ⲙ
ⲏⲡⲟⲧⲉ ⲛ̄ⲧⲉ ⲡⲉⲥϣⲏⲣⲉ ϫⲓ ⲥϩⲓⲙⲉ ⲙⲛ̄ⲧ
ⲉⲡⲉⲥϩⲏⲧ ⲙ̄ⲧⲟⲛ ⲛ̄ⲙ̄ⲙⲁⲥ ⲛ̄ⲥⲉⲓ ⲛ̄ⲥ̄ⲟⲩ
ⲱϩ ⲛ̄ϩⲏⲧϥ̄ ⲉⲃⲟⲗ ϫⲉ ⲡⲣⲱⲙⲉ ⲥⲟⲟⲩⲛ
ⲁⲛ ϫⲉ ⲟⲩ ⲡⲉⲧⲛⲁⲧⲱⲙⲛ̄ⲧ ⲉⲣⲟϥ: ⲉⲥϣ
ⲁⲛⲙⲟⲩ ⲇⲉ ⲉⲓⲧⲉ ⲕⲟⲛ̄ϩ ⲛ̄ⲧⲟⲕ ⲉⲓⲧⲉ ⲉ
ⲕⲙⲟⲟⲩⲧ ⲛ̄ⲛⲉⲥⲉϣ ⲕⲉⲗⲉⲩⲉ ⲛ̄ϫⲟⲟϥ
ϫⲉ ϣⲁⲓⲧⲁⲁϥ ⲙ̄ⲡⲁϣⲏⲣⲉ ⲏ̄ ⲡⲉⲧⲉⲓⲟⲩ
ϣϥ̄ ⲉⲥϣⲁⲛϫⲟⲟϥ ⲥⲟ̇ ⲛ̄ϣⲙ̄ⲙⲟ ⲉⲡⲛⲟⲩ
ⲧⲉ ⲁⲩⲱ ⲡⲉⲧ ⲟ̄ ⲛ̄ⲛⲟϭ ⲙ̄ⲡⲉⲟⲩⲟⲉⲓϣ ⲉⲧⲙ̄
ⲙⲁⲩ ⲉϥϣⲁⲛ ⲁⲛⲉⲭⲉ ⲛⲁⲥ ⲉ̄ⲣ ⲡⲁⲓ ϥⲟ̂
ϩⲱⲱϥ ⲟⲛ ⲛ̄ϣⲙ̄ⲙⲟ ⲉⲡⲛⲟⲩⲧⲉ' ⲉⲃⲟⲗ
ϫⲉ ⲛ̄ⲧⲁⲓⲛⲁⲩ ⲉⲡⲁⲉⲓⲱⲧ ⲉⲁϥⲣ̄ ⲧⲉϥ
ⲥⲱⲛⲉ ⲛ̄ⲧⲉⲓϩⲉ ϣⲁⲛⲧϥ̄ⲙⲟⲩ ⲁⲩⲱ ⲛ̄ⲛ
ⲉⲥⲟⲩⲛ ϩⲗⲁⲁⲩ ⲛ̄ϩⲏⲧϥ ⲛ̄ⲛϣⲙ̄ⲙⲟ̈ⲉⲓ
ⲙⲁⲧⲓ ⲉⲡⲉⲥϩⲏⲧⲓⲕⲟⲛ ϫⲉ ⲛⲛⲉⲟⲩϫⲣⲟⲡ:

ϣⲱⲡⲉ ⲛⲧⲟⲕ ⲛⲛⲉⲥ ⲕⲱⲗⲩ ⲙ̄ⲙⲟⲕ ⲉⲟⲩⲏϩ
ⲡⲉⲧⲉⲡⲱⲕ ⲡⲉ ⲙⲁⲩⲁⲁⲕ ⲁⲗⲗⲁ ϫⲉ ⲛ̄ⲛⲉⲕⲟⲩ·
ⲏϩ ⲗⲁⲁⲩ ⲛϣⲙⲙⲟ ⲛ̄ϩⲏⲧⲟⲩ ⲛ̄ⲧⲁⲓⲣ̄ⲡⲁⲓ ϫⲉ ⲙ
ⲛⲗⲁⲁⲩ ϣⲟⲕⲉ ⲛ̄ⲧⲡⲉϣⲁ ⲡⲙⲁ ⲉⲧⲙⲙⲁⲩ: ⲁⲛ
ⲟⲕ ⲡⲁϩⲁⲙ ⲉⲧⲥϩⲁⲓ ⲛ̄ⲓⲁⲕⲱⲃ ϫⲉ ϩⲛ ϩⲱⲃ
ⲛⲓⲙ ⲛ̄ⲧⲁⲩⲉⲓ ⲉϫⲱⲓ ϩⲁ ⲛⲁⲉⲓⲟⲧⲉ ⲉⲓⲧⲉ
ⲏⲓ ⲉⲓⲧⲉ ⲁⲛ̄ϩ ⲉⲓⲧⲉ ⲥⲕⲉⲩⲟⲥ ⲛⲓⲙ ϫⲓⲛ ⲡⲉ
ⲧⲧⲁⲓⲏⲩ ϣⲁ ⲡⲉⲧⲥⲟϣ̄ϥ ⲉⲩⲛⲁϣⲱⲡⲉ ⲛ
ⲁⲕ ⲧⲏⲣⲟⲩ ⲙⲛ̄ ⲛⲉⲕϣⲏⲣⲉ ⲙⲛ̄ ⲛⲉⲧⲛⲏⲩ
ⲙⲛ̄ⲛ̄ⲥⲱⲕ ϣⲁϩⲣⲁⲓ ⲉⲩⲛⲟⲙⲟⲩⲥ ⲛ̄ⲟⲩⲱⲧ
ⲛ̄ⲛⲉⲗⲁ̈ⲁⲩ ⲛ̄ⲣⲱⲙⲉ ⲉϣⲉⲛⲉⲕⲉⲛⲁⲕ ϩⲁⲗⲁ
ⲁⲩ ⲛϩⲱⲃ ////////////// ⲡⲉⲧⲉⲙⲡ
////ⲥϩⲁⲓ ⲏ̄ ⲡⲉⲧⲉ ⲙ̄ⲡⲓⲛⲟⲓ: ⲙⲙⲟϥ ⲉⲧⲣⲁⲥϩ
ⲁⲓϥ ⲏ̄ ⲡⲉⲧⲉ ⲙ̄ⲡⲓⲣ ⲡⲉϥⲙⲉⲉⲩⲉ ⲉⲥϩⲁⲓϥ: ⲁⲗ
ⲗⲁ ⲛⲁⲓ ⲧⲏⲣⲟⲩ ϯⲟ ⲛ̄ϫⲟⲉⲓⲥ ⲉⲣⲟⲟⲩ ⲁⲛⲟⲕ
ϩⲟⲥⲟⲛ ⲉⲓⲟⲛ̄ϩ ⲁⲛⲟⲕ ⲡⲁϩⲁⲙ ⲡⲓⲉⲗⲁⲭϛ
ⲁⲓϫⲟⲟϥ ϫⲉ ⲙⲏⲡⲟⲧⲉ ϩⲟⲥⲟⲛ ⲉⲓⲟⲛ̄ϩ ⲛ̄ⲧ
ⲁϣⲱⲡⲉ ϩⲛ̄ ⲟⲩϣⲱⲛⲉ ⲉⲛ̄ⲧ̄ ⲟⲃϣ ⲕⲉⲣⲟ
ⲓ ⲉⲕϣⲁⲛⲣ̄ ⲡⲁⲟⲩⲱϣ ϩⲙ̄ ⲡⲁⲱⲛ̄ϩ ⲉⲕⲛ
ⲁⲕⲗⲏⲣⲟⲛⲟⲙⲉⲓ ⲛ̄ϩⲱⲃ ⲛⲓⲙ ⲉⲡⲱⲓ ⲡⲉⲙ
ⲛ̄ⲥⲁ ⲡⲁⲙⲟⲩ ⲉⲓⲥ ϩⲏⲏⲧⲉ ⲟⲩⲛ ⲁ̈ⲓⲥⲙⲛ̄ⲧⲉ ⲇⲓ

ⲁⲑⲏⲕⲏ ⲛ̄ⲧⲁϭⲓϫⲉ ⲩⲧⲁϫⲣⲟ ⲛⲁⲕ ⲙⲛ ⲛⲉ
ⲧⲛⲏⲩ ⲙⲛ̄ⲛ̄ⲥⲱⲕ ⲁⲩⲱ ⲗⲁⲁⲩ ⲛⲣⲱⲙⲉ ⲉϥ
ⲛⲏⲩ ⲉⲃⲟⲗ ⲉⲣⲟⲕ ϩⲁⲧⲉⲇⲓⲁⲑⲏⲕⲏ ⲉϥⲟⲩⲱ
ϣⲉ ⲛⲉⲕⲉ ⲛⲁⲕ ⲉⲓⲧⲉ ϫⲱϩ ⲉⲓⲧⲉ ϫⲱϩⲛ
ϫⲱϩ ⲉⲓⲧⲉ ⲣⲱⲙⲉ ⲙ̄ⲡⲛ̄ⲣ̄ⲡⲉϥⲙⲉⲩⲉ ⲡⲉⲧ
ⲛⲁⲉⲓ ⲉⲃⲟⲗ ⲉⲣⲟⲕ ⲉϥⲛⲁϣⲱⲡⲉ ⲛ̄ϣⲙ̄
ⲙⲟ ⲉⲡⲉⲓⲱⲧ ⲙⲛ̄ ⲡϣⲏⲣⲉ ⲙⲛ̄ ⲡⲉⲡⲛⲁ ⲉⲧ
ⲟⲩⲁⲁⲃ ⲙⲛ̄ ⲧⲉⲧⲣⲓⲁⲥ ⲉⲧϫⲏⲕ ⲉⲃⲟⲗ ⲧⲁⲓ
ⲉⲧⲛ ⲡⲣⲟⲥⲕⲩⲛⲉⲓ ⲛⲁⲥ ⲛ̄ⲛⲟⲩⲟⲉⲓϣ ⲛⲓⲙ
ⲧⲉⲧⲉⲓⲁⲑⲏⲕⲏ ⲉⲥⲛⲁϣⲱⲡⲉ ⲉⲥⲧⲁϫⲣⲏⲩ ⲁ
ⲩⲱ ⲛ̄ⲛⲁⲧϣⲟⲗⲥ̄ ⲉⲃⲟⲗ ϫⲉ ⲧⲁⲓ ⲧⲉ ⲑⲉ ⲛⲧ
ⲁⲥⲣ̄ⲛⲁⲓ ⲁⲩⲱ ⲁⲓⲟⲩⲱϣ ⲁⲓⲥⲙ̄ⲛ̄ⲧ̄ⲥ̄ ⲕⲁ
ⲧⲁ ⲡⲉⲛⲧⲁⲡⲛⲟⲩⲧⲉ ⲛⲟϫϥ̄ ⲉⲡⲁϩⲏⲧ ϩⲛ̄ⲧ
ⲁϭⲓϫ ⲙ̄ⲙⲓⲛ ⲙ̄ⲙⲟⲓ̂ ⲉⲓⲟⲩⲏϩ ϩⲓ ⲡⲧⲟⲟⲩ ⲛ̄
ϫⲏⲙⲉ ⲙ̄ⲡⲉⲟⲩⲟⲉⲓϣ ⲛ̄ⲧⲁⲓⲥⲙ̄ⲛ̄ ⲧⲉⲇⲓⲁⲑ
ⲏⲕⲏ ⲉϣⲱⲡⲉ ⲇⲉ ⲉⲉⲓⲟⲛ̄ϩ ⲉⲓⲧⲉ ⲙⲛ̄ⲥⲁ ⲧⲣ
ⲁⲕⲱ̂ ⲥⲱⲙⲁ ⲉϩⲣⲁⲓ ⲕⲁⲧⲁ ⲡⲧⲱϣ ⲛ̄
ⲣⲱⲙⲉ ⲛⲓⲙ ⲡⲉⲧⲛⲁⲏⲛⲏⲕⲉ ⲛⲁⲕ ⲛⲧⲟⲕ
ⲓ̈ⲁⲕⲱⲃ ϩⲁⲧⲉⲇⲓⲁⲑⲏⲕⲏ ⲉϥⲟⲩⲱϣ ⲉϣ
ⲟⲗⲥ̄ ⲉⲃⲟⲗ ⲉⲓⲧⲉ ⲥⲟⲛ ⲉⲓⲧⲉ ⲥⲱⲛⲉ ⲉⲓⲧⲉ
ϩⲓⲙⲉ ⲛ̄ⲥⲟⲛ ⲉⲓⲧⲉ ⲕⲗⲏⲣⲟⲛⲟⲙⲟⲥ ⲉⲓⲧⲉ

ⲣⲱⲙⲉ ϩⲟⲗⲱⲥ ⲉϥⲛⲁϣⲱⲡⲉ ⲉϥⲟ ⲛϣⲙ̅ⲙⲟ ⲉ
ⲡⲉⲓⲱⲧ ⲙⲛ̅ ⲡϣⲏⲣⲉ ⲙⲉⲡⲉⲡⲛ̅ⲁ̅ ⲉⲧⲟⲩⲁⲁⲃ ⲙⲛ̅
ⲕⲟⲓⲛⲱⲛⲓⲁ ⲛⲓⲙ ⲛ̅ ⲭⲣⲓⲥⲧⲓⲁⲛⲟⲥ ⲙⲛ̅ⲛⲥⲱⲥ ⲛϥ̅
ϯⲟⲩⲛⲟϭ ⲛ̅ⲛⲟⲥⲉ ⲙ̅ⲡⲁⲣⲭⲱⲛ ⲉⲧⲁⲣⲭⲉⲓ ⲙⲡⲉ
ⲟⲩⲟⲉⲓϣ ⲉⲧⲙ̅ⲙⲁⲩ ⲕⲁⲧⲁ ⲡⲉⲧⲉⲣⲉ ⲡⲛⲟⲩⲧⲉ ⲛ
ⲟϫϥ̅ ⲉⲡϩⲏⲧ ⲙ̅ⲡⲁⲣⲭⲱⲛ ⲉⲧⲙ̅ⲙⲁⲩ ϫⲉ ⲁⲩⲟⲩ
ⲱϣ ϩⲟⲗⲱⲥ ⲉϣⲟϫⲛⲉ ϩⲙ ⲡⲉⲩϩⲏⲧ ⲉⲃⲱ
ⲗ ⲉⲃⲟⲗ ⲛ̅ⲧⲉⲇⲓⲁⲑⲏⲕⲏ ⲧⲁⲓ ⲉⲧⲉⲣⲉ ⲡⲣⲁⲛ ⲙ̅
ⲡⲛⲟⲩⲧⲉ ⲥⲏϩ ⲉⲣⲟⲥ ⲙⲛ̅ ⲡⲁⲛⲁϣ ⲉⲧϩⲁϩⲟⲧ
ⲉⲛ̅ⲧⲁⲛⲕⲁⲁⲩ ⲉϩⲣⲁⲓ ϩⲓⲱⲱⲥ ⲁⲩⲱ ⲡⲉⲡⲓⲥ
ⲕⲟⲡⲟⲥ ⲉⲧⲧⲏϣ ⲙ̅ⲡⲉⲟⲩⲟⲉⲓϣ ⲉϥϣⲁⲛⲟⲩⲱ
ϣ ⲛ̅ϥⲁⲙⲉⲗⲉⲓ ⲛϥⲧⲁ////// ⲛⲧⲉⲇⲓⲁⲑⲏⲕⲏ
ⲏ ⲛϥ̅ϫⲟⲟⲩ ϩⲟⲗⲱⲥ ϫⲉ ⲛ̅ⲥ ⲧⲁϫⲣⲏⲩ ⲁⲛ ⲉϥ
ⲟⲩⲱϣ ⲉϣⲟⲗⲥ̅ ⲉⲃⲟⲗ ⲕⲁⲛ ϩⲓⲧⲛ̅ ϣⲁϫⲉ
ⲛ̅ⲕⲟⲗⲁⲕⲓⲁ/// ϩⲓⲧⲛ̅ ϩⲉⲛⲣⲱⲙⲉ ⲛ̅ⲛⲁϯⲏ
ⲧⲏ̅ ϩⲓⲧⲛ̅ ϩⲉⲛ ⲥⲡⲥⲛⲧⲓⲗⲟⲛ ⲏ̅ ⲗⲁⲁⲩ ⲛ̅
ⲣⲱⲙⲉ ⲛⲓⲙ ⲉϥϩⲛ̅ ⲧⲧⲁⲝⲓⲥ ⲛ̅ⲧⲙⲛ̅ⲧⲟⲩⲏⲏ
ⲃ ⲉⲓⲧⲉ ⲉⲡⲓⲥⲕⲟⲡⲟⲥ ⲉⲓⲧⲉ ⲡⲣⲉⲥⲃⲩⲧⲉⲣⲟⲥ
ⲉⲓⲧⲉ ⲇⲓⲁⲕⲱⲛ ⲉⲓⲧⲉ ⲁⲛⲁⲅⲛⲱⲥⲧⲏⲥ ⲉⲓⲧ
ⲉ ⲗⲁⲓⲕⲟⲥ ⲡⲉⲧⲛⲁⲟⲩⲱϣ ⲉϣⲱⲗ ⲉⲃⲟⲗ ⲛ̅
ⲧⲉⲇⲓⲁⲑⲏⲕⲏ ϥⲟ̂ ⲛϣⲙⲙⲟ ⲉⲡⲉⲓⲱⲧ ⲙⲛ̅

ⲡϣⲏⲣⲉ ⲙⲛ̄ ⲡⲉⲡ̄ⲛ̄ⲁ ⲉⲧⲟⲩⲁⲁⲃ ⲛ̄ϥⲉ̈ⲓ ⲉϩⲟ
ⲩⲛ̄ ⲛ̄ⲧⲁϫⲓϩⲁⲡ ⲛ̄ⲙ̄ⲙⲁⲩ ϩⲓ ⲡⲃⲏⲙⲁ ⲙ̄ⲡ
ⲛⲟⲩⲧⲉ ⲉⲧϩⲁϩⲟⲧⲉ ⲙⲛ̄ ⲛ̄ⲥⲱⲥⲟⲛ ⲡⲁⲣⲭ
ⲱⲛ ⲉⲧⲁⲣⲭⲉⲓ ⲙ̄ⲡⲉⲟⲩⲟⲉⲓϣ ⲉⲓⲧⲉ ⲡⲣⲟ
ⲛⲟⲏⲧⲏⲥ ⲉⲓⲧⲉ ⲗⲁϣⲁⲛⲉ ⲛ̄ⲧⲓⲙⲉ ⲉⲓⲧⲉ
ⲣⲱⲙⲉ ϩⲟⲗⲱⲥ ⲉϥⲛⲁⲁⲭⲉ ⲛ̄ⲣⲱⲙⲉ ⲉϥ
ϣⲱⲗ ⲉⲃⲟⲗ ⲛ̄ⲧⲉⲇⲓⲁⲑⲏⲕⲏ ϥⲟ̂ ⲛ̄ϣⲙ̄
ⲙⲟ̂ ⲉⲡⲉⲓⲱⲧ ⲙⲛ̄ ⲡϣⲏⲣⲉ ⲙⲛ̄ ⲡⲉⲡ̄ⲛ̄ⲁ ⲉⲧ
ⲟⲩⲁⲁⲃ ⲛ̄ϩⲟⲙⲱⲟⲩⲥⲓⲟⲛ ⲁⲩⲱ ⲛ̄ⲣⲉϥⲧⲁ
ⲛϩⲟ· ⲁⲛⲟⲕ ⲡⲁϩⲁⲙ ⲁⲓⲥⲙⲛ̄ ⲧⲓⲇⲓⲁⲑⲏⲕⲏ
ϩⲛ̄ ⲧⲁϭⲓϫ ⲙ̄ⲙⲓⲛ ⲙ̄ⲙⲟⲓ ⲥⲟⲣϫ ⲁⲩⲱ ⲉⲥⲟ̇
ⲛ̄ϫⲟⲉⲓⲥ ϩⲙ̄ ⲙⲁⲛⲓⲙ ⲉⲩⲛⲁⲛ̄ⲧⲥ ⲉⲃⲟⲗ ⲙ̄
ⲙⲁⲩ + + +
+ ⲁⲛⲟⲕ ⲑⲉⲟⲫⲁⲛⲏ ⲡϣⲏⲣⲉ ⲛ̄ⲓ·ⲙⲁⲕ
ⲁⲣϛ ⲓ̈ⲱⲁⲛⲛⲁ ⲕⲉ ⲡⲣⲙ̄ ⲧⲡⲟⲗⲓⲥ ⲕⲱⲥⲁ
ⲡⲁϊ ⲧⲡⲁϩⲁⲙ ⲉⲡⲓⲧⲣⲉⲡⲉ ⲛⲁⲓ ⲁϊⲣ̄ ⲙⲛ̄ⲧ
ⲣⲉ ⲉⲧⲉⲇⲓⲁⲑⲏⲕⲏ ⲡⲣⲟⲥ ⲧⲉϥⲁⲓⲧⲏⲥⲓⲥ +
+ ⲁⲛⲟⲕ ⲛⲁⲃⲟⲣⲛⲟⲩⲕⲓⲟⲥ ⲡⲓⲉⲗⲁⲭϛ ⲙⲡ
ⲣⲉⲥⲃϛ ⲛ̄ⲧⲕⲁⲑⲟⲗⲓⲕⲏ ⲙ̄ⲡⲓⲥⲓⲛⲁⲓ ϯⲟ̂ⲙ̄
ⲙⲁⲣⲧⲩⲣⲟⲥ ⲉⲧⲉⲓⲇⲓⲁⲑⲏⲕⲏ ⲡⲣⲟⲥ ⲧⲁⲓⲧ
ⲉⲥⲓⲥ ⲛ̄ⲁⲡⲁ ⲡⲁϩⲁⲙ ⲡⲙⲟⲛⲟⲭⲟⲥ +

+ⲁⲛⲟⲕ ⲕⲩⲣⲓⲗⲗⲟⲥ ⲡϣⲏⲣⲉ ⲙⲡⲙⲁⲕⲁ
ⲣⲓⲟⲥ ⲫⲟⲓⲃⲁⲙⲱⲛ ⲡϩⲩⲅⲟⲩⲙⲉⲛⲟⲥ +ⲟ̄
ⲙ̄ⲙⲁⲣⲧⲩⲣⲟⲥ +++
+ⲁⲛⲟⲕ ⲓⲥⲁⲁⲕ ⲡϣⲏⲣⲉ ⲙ̄ⲡⲙⲁⲕⲁⲣs
ⲫⲟⲓⲃⲁⲙⲙⲱⲛ ϩⲙ̄ ⲡⲓⲥⲓⲛⲁⲓ +ⲟ ⲙ̄ⲙⲁⲣ
ⲧⲩⲣⲟⲥ +
+ⲁⲛⲟⲕ ⲫⲓⲗⲟⲑⲉⲟⲥ ⲙ̄ⲙⲉⲩⲥ ϩⲛ̄ ⲡⲓϣ
ⲏⲛⲁⲓ̈ +ⲟ̄ ⲙ̄ⲙⲁⲣⲧⲩⲣⲟⲥ ⲉⲧⲉⲧⲓⲁⲑⲏ ⲡⲣ
ⲟⲥ ⲑⲉ ⲉⲧⲥⲏϩ ⲙ̄ⲙⲟⲥ
+ ⲁⲛⲟⲕ ⲡⲁϩⲁⲙ ⲡⲓⲉⲗⲁⲭs ⲙ̄ⲙⲟⲛⲟⲭⲟⲥ
ⲡϣⲏⲣⲉ ⲛ̄ⲛⲉⲡⲓⲫⲁⲛⲓⲟⲥ ⲡⲣⲉⲥⲃs ⲙ̄ⲫⲁ
ⲅⲓⲟⲥ ⲕⲟⲗⲗⲟⲩⲑⲟⲥ ⲛ̄ⲯⲉ ⲛⲁⲛⲧⲱⲛⲓⲟ
ⲥ ⲁⲛⲟⲕ ⲡⲁϩⲁⲙ ⲁⲓⲥϩⲁⲓ ⲧⲉⲇⲓⲁⲑⲏⲕⲏ
ϩⲛ̄ ⲧⲁϭⲓϫ ⲙ̄ⲙⲓⲛ ⲙ̄ⲙⲟⲓ ⲁⲩⲱ +ⲥⲧⲟⲓ
ⲭⲉⲓ ⲉϩⲱⲃ ⲛⲓⲙ ⲉⲧⲥⲏϩ ⲉⲣⲟⲥ ⲁⲩⲱ ⲙ̄ⲛ̄ⲛ̄
ⲥⲱⲥ ⲁⲓⲡⲁⲣⲁⲕⲁⲗⲉⲓ ⲛ̄ϩⲉⲛ ⲕⲉⲣⲱⲙⲉ
ⲙ̄ⲡⲓⲥⲧⲟⲥ ⲁⲩⲙⲁⲣⲧⲩⲣⲓⲥⲉ ⲉⲣⲟⲥ ⲁⲩⲱ ⲡⲉⲧ
ⲛⲁϣⲟⲗⲥ̄ ⲉⲃⲟⲗ ⲉϫⲛ̄ ⲡⲁⲟⲩⲛϩⲥⲁϩⲛⲉ ϥⲟ̄
ⲛ̄ϣⲙ̄ⲙⲟ ⲉⲕⲟⲓⲛⲱⲛⲉⲓⲁ ⲛ̄ⲛⲓⲙ ⲛ̄ⲭⲣⲓⲥ
ⲧⲓⲁⲛⲟⲥ +++

////////////// ⲧⲉⲛⲟⲩ ⲛⲓⲉⲗⲁⲭⲓⲥⲧⲟⲥ ⲓ̈ⲁⲕⲱⲃ
ⲙⲛ̄ ϩⲏⲗⲓⲁⲥ ////////////// ⲛ̄ⲧⲡⲉⲛⲉⲛϥⲓⲙ̄
ⲡⲣⲟⲟⲩϣ ⲡⲉⲙ̄ⲡⲡⲱⲣϫ̄ ⲉ̄ⲃⲟⲗ ⲛ̄ⲧⲉⲯⲩⲭⲏ ⲉⲃ
ⲟⲗ ϩⲙ̄ ⲡⲥⲱⲙⲁ ϩⲛ̄ⲟⲩⲙⲟⲩⲛ ⲉⲃⲟⲗ ⲉⲓⲥ ⲟⲩⲛⲟϭ
ⲛ̄ⲟⲩⲟⲉⲓϣ ⲁⲛⲟⲩⲱϣ ⲁⲛⲁⲅⲕⲁⲓⲱⲥ ϩⲛ̄ⲟⲩⲛⲟϥ
ⲣⲉ ⲙⲛ̄ ⲟⲩⲱⲫⲉⲗⲉⲓⲁ ⲙ̄ⲯⲩⲭⲏ ⲉⲡⲓⲛⲟⲉⲓⲉⲁⲛ
ⲱⲡ ⲛⲛⲉϩⲃⲏⲩⲉ ⲙ̄ⲡⲓⲱⲛϩ ⲡⲁⲓ̈ ⲉⲧϣⲟⲩⲉⲓⲧ ϫ
ⲉ ⲉⲥⲉϣⲟⲟⲡ ⲉⲩⲛⲏϫ ⲉⲃⲟⲗ ⲁⲩⲱ ϩⲉⲛ ⲣⲁⲥⲟⲩ
ⲛⲉ ϫⲉⲕⲁⲥ ⲉⲛⲉϩⲉ̄ ⲉⲧϭⲓⲛ ⲣⲁⲕⲧⲛ̄ ⲉⲃⲟⲗ ⲛ̄
ⲧⲁⲅⲁⲛⲁⲕⲧⲏⲥⲓⲥ ⲙ̄ⲡⲉⲕⲣⲓⲧⲏⲥ ⲉⲧϩⲟϩⲟ
ⲧⲉ ⲉⲩⲛ̄ⲧⲁⲛ ⲙ̄ⲙⲁⲩ ⲛ̄ⲟⲩϩⲉⲗⲡⲓⲥ ⲉⲧⲣⲉⲛ
ϫⲡⲟ ⲛⲁⲛ ⲛ̄ⲟⲩⲁⲛⲉⲥⲓⲥ ϩⲙ ⲡⲉⲟⲩⲟⲉⲓϣ ⲛ̄ⲧ
ⲁⲛⲁⲅⲕⲏ ⲛ̄ⲁⲧⲡⲁⲣⲁⲓⲧⲉⲓ ⲙ̄ⲙⲟⲥ ⲛ̄ⲣⲱⲙⲉ
ⲛⲓⲙ ⲁⲛⲟⲩⲱϣ ϩⲛ̄ ϩⲉⲛ ⲙⲉⲉⲩⲉ ⲉⲛⲁⲛⲟⲩⲟⲩ
ⲙⲛ̄ ϩⲉⲛ ⲥⲟⲟⲩⲛ ⲉⲧⲃⲉ ⲙ̄ⲙⲁ ⲛ̄ϣⲱⲡⲉ ⲏⲧⲟⲩⲛ
ⲛ̄ⲃⲏⲃ ⲉⲧⲕⲏ ⲛⲁⲓ̈ ⲉϩⲣⲁⲓ̈ ⲁⲛⲟⲕ ⲓ̈ⲁⲕⲱⲃ ⲡⲣⲟ
ⲥⲧⲁⲩⲛⲁⲙⲓⲥ ⲛ̄ⲧⲥⲛ̄ⲧⲉ ⲛ̄ⲇⲓⲁⲑⲏⲕⲏ ⲉⲛⲧⲁⲩⲥ
ⲙⲛ̄ⲧⲟⲩ ⲛⲁⲓ̈ ϩⲓⲧⲙ̄ ⲡⲁⲉⲓⲱⲧ ⲉⲧⲟⲩⲁⲁⲃ ⲁⲡ
ⲁⲯⲁⲛ ⲛ̄ⲧⲟⲩ ϩⲱⲱϥ ⲉⲁϥⲣ̄ ⲡⲉⲩϫⲟⲉⲓⲥ ϩⲓⲧ
ⲛ̄ⲧⲇⲩⲛⲁⲙⲓⲥ ⲛ̄ⲧⲇⲓⲁⲑⲏⲕⲏ ⲉⲛⲧⲁⲩⲥⲙⲛ̄ⲧⲥ̄

ⲛⲁϥ ϩⲓⲧⲙ̄ ⲡ//// ⲱⲧ ⲉⲧⲟⲩⲁⲁⲃ ⲁⲡⲁ ⲉⲡⲓⲫⲁⲛ
ⲓⲟⲥ ⲛⲁï ⲧⲉⲛⲟⲩ ⲉⲛⲧⲁïⲧⲁⲁⲩ ⲛⲁⲕ ⲛ̄ⲧⲟⲕ
ⲥⲧⲉⲫⲁⲛⲟⲥ· ⲁⲩⲱ ⲡⲁⲉⲓⲱⲧ ⲉⲧⲟⲩⲁⲁⲃ ⲁ
ⲡⲁ ⲯⲁⲛʼ ϩ̄ⲁⲑⲏ ⲙⲉⲛ ⲉⲙ̄ⲡⲁⲧⲉ ⲁⲡⲁ ϩⲏⲗⲓⲁ
ⲥ ⲟⲩⲱϩ̄ ⲛ̄ⲙⲙⲁⲛ ⲁϥⲥϩⲁⲓ ⲧϣⲟⲣⲡ̄ ⲛ̄ⲇⲓ
ⲁⲑⲏⲕⲏ ⲛⲁï ⲉϥⲉⲓⲣⲉ ⲙ̄ⲙⲟⲓ ⲛ̄ϫⲟⲉⲓⲥ ⲙ̄ⲙⲁ
ⲛ̄ϣⲱⲡⲉ ⲧⲏⲣⲟⲩʼ ⲏⲧⲟⲩⲛ ⲛ̄ⲃⲏⲃ ⲙⲛ̄ ⲡⲡⲩⲣ
ⲅⲟⲥ ϫⲓⲛ ⲧⲉϩⲓⲏ ⲉⲧⲃⲏⲕ ⲉϩⲟⲩⲛʼ ⲉⲡϩⲁⲅ
ⲓⲟⲥ ⲫⲟⲓⲃⲁⲙⲙⲱⲛʼ ϣⲁ ⲧⲉϩⲓⲏ ⲉⲧⲃⲏⲕ ⲉϩ
ⲟⲩⲛ ⲉⲡⲃⲏⲃ ⲛ̄ⲛⲉⲧⲉⲣⲉ ⲡⲉⲩⲣ̄ⲡⲙⲉⲉⲩⲉ ϩ
ⲛ̄ⲛⲉⲧⲟⲩⲁⲁⲃ ⲁⲡⲁ ⲁⲃⲣⲁϩⲁⲙ ⲙⲛ̄ ⲁⲡⲁ
ⲁⲙⲙⲱⲛⲓⲟⲥ ⲛ̄ⲣⲙ̄ⲥⲛⲏʼ· ⲁⲩⲱ ϣⲁ ⲧⲉϩⲓⲏ
ⲙ̄ⲡⲉⲓⲁ· ⲁⲩⲱ ϣⲁϩⲣⲁï ⲉⲡⲃⲟⲩⲛⲟⲥʼ ⲉⲧϣⲟ
ⲟⲡ ϩⲓϫⲱⲟⲩ ⲛ̄ⲛ̄ⲃⲏⲃ ⲙⲛ̄ ⲡⲡⲩⲣⲅⲟⲥ ⲉⲧⲙ̄
ⲙⲁⲩʼ ⲛ̄ⲧⲉⲣⲉ ⲁⲡⲁ ϩⲏⲗⲓⲁⲥ ⲟⲩⲱϩ ⲛ̄ⲙⲙⲁⲛʼ
ⲁϥⲥⲙⲛ̄ⲧ ⲙⲉϩⲥⲛ̄ⲧⲉ ⲛ̄ⲇⲓⲁⲑⲏⲕⲏ ⲛⲁï ⲟⲛʼ
ⲕⲁⲧⲁ ⲧⲇⲩⲛⲁⲙⲓⲥ ⲛ̄ⲧϣⲟⲣⲡ ϩⲛ̄ ϩⲱⲃ ⲛ
ⲓⲙ ⲉⲁϥϫⲟⲟⲥ ⲇⲉ ⲛ̄ϩⲏⲧⲥ̄ ⲛ̄ⲧⲉⲓϩⲉ ϫⲉ ⲉⲧⲃ
ⲉ ⲁⲡⲁ ϩⲏⲗⲓⲁⲥ ⲇⲉ ⲓⲥ̄ ⲥⲁⲙⲟⲩⲏⲗ ⲡⲁï ⲉⲛ
ⲧⲁϥⲉⲓ ⲉϩⲟⲩⲛʼ ⲉϥⲟⲩⲱϩ ⲛ̄ⲙⲙⲁⲛʼ ⲉⲛⲉⲕ
ⲉϣ ⲛⲟϫϥ̄ ⲉⲃⲟⲗ ϩⲙ̄ ⲡⲧⲟⲡⲟⲥ ⲛ̄ⲧⲟⲕ ⲓⲁⲕ

ⲱⲃ ϩⲙ̄ⲡⲉϥⲟⲩⲟⲉⲓϣ ⲉⲧϥ̄ⲛⲁⲁⲁϥ ⲉϥⲟⲛϩ̄.
ⲉⲥϣⲁⲛϣⲱⲡⲉ ⲇⲉ ⲛ̄ⲧⲉⲡϫⲟⲉⲓⲥ ϭⲙ̄ⲡⲉⲕ
ϣⲓⲛⲉ ⲛ̄ϣⲟⲣⲡ̄ ⲉ ⲁⲡⲁϩⲏⲗⲓⲁⲥ ⲛ̄ϥϯⲡⲙⲁⲉ
ⲧⲟⲟⲧϥ̄ ⲉϥⲛⲁⲟⲩⲱϩ̄ ⲛ̄ϩⲏⲧϥ̄ ϣⲁⲛⲧⲉⲡ
ϫⲟⲉⲓⲥ ϭⲙ̄ⲡⲉϥϣⲓⲛⲉ ϩⲱⲱϥ. ⲉϥϣⲁⲛ
ϫⲱⲕ ⲇⲉ ⲉⲃⲟⲗ ⲉⲛⲉϥϣϭⲙ̄ϭⲟⲙ ⲉⲣ̄ⲛⲉϥ
ⲕⲁⲧⲁⲥⲁⲣⲝ̄ ⲛ̄ϫⲟⲉⲓⲥ ⲉⲡⲓⲧⲟⲡⲟⲥ ⲁⲗⲗ
ⲁ ⲉϥⲛⲁϣⲓⲛⲉ ⲛ̄ⲥⲁⲟⲩⲣⲉϥⲣ̄ϩⲟⲧⲉ ⲙ̄ⲙ
ⲟⲛⲟⲭⲟⲥ ⲛ̄ϥϯⲡⲙⲁ ⲉⲧⲟⲟⲧϥ̄ ⲉⲧⲓ ⲉϥ
ⲟⲛϩ̄ ⲡⲣⲟⲥⲑⲉ ⲉⲛⲧⲁⲓ̈ϣⲣ̄ⲡ̄ⲥϩⲁⲓ̈ ⲁⲩⲱ
ⲕⲁⲧⲁⲡⲟⲩⲉϩⲥⲁϩⲛⲉ ⲛ̄ⲛ̄ⲇⲓⲁⲑⲏⲕⲏ ⲛ̄ⲛ̄
ⲛⲟϭ ⲛ̄ⲣⲱⲙⲉ ⲉⲛⲧⲁⲩⲉⲓ ⲉϩⲣⲁⲓ̈ ϩⲁⲣⲁⲧ
ⲟⲩ ⲉⲛⲟⲩⲏϩ ⲉⲛⲥⲁⲛⲉⲩ ⲁⲛ ⲥⲙ̄ⲙⲉ ϩⲛ̄ϩ
ⲱⲃ ⲛⲓⲙ ⲕⲁⲧⲁⲡⲟⲩⲱϣ ⲙ̄ⲡⲛⲟⲩⲧⲉ ⲡⲣⲟ
ⲥⲑⲉ ⲟⲩⲛ ⲉⲛⲧⲁⲩⲥⲙⲛ̄ ⲛ̄ⲇⲓⲁⲑⲏⲕⲏ ⲛⲁⲓ̈
ⲁⲛⲟⲕ ⲓ̈ⲁⲕⲱⲃ ⲛ̄ϯⲥⲟⲟⲩⲛ ⲁⲛ ϫⲉ ⲁⲛ
ⲟⲕ ⲉⲧⲛⲏⲩ ⲉⲃⲟⲗ ϩⲛ̄ ⲥⲱⲙⲁ ⲛ̄ϣⲟⲣⲡ̄ ⲟⲩ
ⲇⲉ ⲛ̄ϯⲥⲟⲟⲩⲛ ⲁⲛ ϫⲉ ⲁⲡⲁⲏⲗⲓⲁⲥ ⲡⲉⲧⲛⲏⲩ
ⲉⲃⲟⲗ ϩⲛ ⲥⲱⲙⲁ ⲛ̄ϣⲟⲣⲡ̄ ⲉⲃⲟⲗ ϫⲉ ⲡϩ
ⲱⲃ ϩⲏⲡ ⲉⲟⲩⲟⲛ ⲛⲓⲙ· ⲁⲛⲥ ⲛⲟⲩⲛ ⲓ̈ⲁⲕ
ⲱⲃ ⲡⲓⲉⲗⲁⲭⲓⲥⲧⲟⲥ ⲙ̄ⲙⲟⲛⲟⲭⲟⲥ ⲙⲛ̄ϩ

ⲏⲗⲓⲁⲥ ⲡⲓ ⲉⲛⲧⲉⲗⲏⲥ ⲙ̄ⲡⲓⲥⲧⲟⲥ ⲁⲛ ⲉⲓ ⲉⲛ
ⲙⲉⲉⲩⲉ ⲛ̄ⲟⲩⲱⲧ̄ ⲙⲛ̄ ⲛⲉⲛⲉⲣⲏⲩ ⲕⲁⲧⲁ ⲡⲉ
ⲧⲡⲣⲉⲡⲉⲓ ⲛ̄ⲧⲉⲛⲙⲛ̄ⲧⲉⲗⲁⲭⲓⲥⲧⲟⲥ ϫⲉⲕⲁ
ⲥⲉⲛⲉⲛⲟⲩϩⲙ̄ ⲁⲩⲱ ⲛ̄ⲥⲉⲧⲙ̄ⲕⲣⲓⲛⲉ ⲙ̄ⲙ
ⲟⲛ ⲉⲧⲃⲉ ⲡⲉⲓϩⲱⲃ ⲡⲁⲓ̈ ⲉⲛϣⲗⲏⲗ ⲅⲁⲣ
ⲛ̄ⲟⲩⲟⲉⲓϣ ⲛⲓⲙ ⲉⲡⲁⲓ̈ ⲉⲁⲛⲉⲓⲙⲉ ⲉⲧⲉⲕⲉⲩ
ⲗⲁⲃⲉⲓⲁ ϫⲉ ⲥⲣ̄ϩⲟⲧⲉ ϩⲏⲧϥ̄ ⲙ̄ⲡⲛⲟⲩⲧⲉ
ⲁⲩⲱ ⲥⲙⲟⲟϣⲉ ϩⲛ̄ ⲛⲉϥⲉⲛⲧⲟⲗⲏ ⲁⲩⲱ
ⲁⲛⲧⲱⲧ̄ ⲛ̄ϩⲏⲧ ⲉϫⲱⲕ ⲉⲧⲃⲉ ϫⲉ ⲁⲛⲇⲟ
ⲕⲓⲙⲁⲍⲉ ⲙ̄ⲙⲟⲕ ⲛ̄ϩⲁϩ ⲛ̄ⲥⲟⲡ ⲉⲓⲥ ⲟⲩⲛ
ⲟϭ ⲛ̄ⲟⲩⲟⲉⲓϣ ⲉⲧⲃⲉ ⲡⲁⲓ̈ ⲅⲁⲣ ⲁⲛⲧⲱⲕ̄ ⲛ̄
ϩⲏⲧ ⲉϫⲱⲕ ⲁⲩⲱ ⲁⲛⲛⲉϫ ⲡⲣⲟⲟⲩϣ ⲉⲣ
ⲟⲕ ϩⲓⲧⲙ̄ ⲡⲉⲓⲥϩⲁⲓ̈ ⲡⲁⲓ̈ ⲛ̄ⲧⲁⲛ ⲉⲧⲕⲏ ⲉ
ϩⲣⲁⲓ̈ ⲛ̄ⲛ̄ⲃⲏⲃ ⲧⲏⲣⲟⲩ ⲉⲛⲧⲁⲛϣⲣ̄ⲡ ⲧⲁⲩ
ⲟⲩⲟⲟⲩ ⲙⲛ̄ ⲡ̄ⲡⲩⲣⲅⲟⲥ ⲛ̄ⲃⲣ̄ⲣⲉ ⲙⲛ̄ ⲙ̄ⲙⲁ
ⲛ̄ϣⲱⲡⲉ ⲧⲏⲣⲟⲩ ⲁⲩⲱ ⲑⲩⲗⲏ ⲧⲏⲣⲥ̄ ⲉⲧⲕ
ⲏ ⲉϩⲣⲁⲓ̈ ϩⲛ̄ ⲛ̄ⲃⲏⲃ ⲛⲁⲓ̈ ⲉⲛⲧⲁⲩⲧⲁⲁⲩ
ⲉⲧⲟⲟⲧⲛ̄ ϩⲱⲱⲛ ϩⲓⲧⲛ̄ ⲛⲉⲛⲉⲓⲟⲧⲉ ⲉⲧⲟ
ⲩⲁⲁⲃ ⲙⲛ̄ ⲛ̄ⲕⲉⲡⲣⲁⲅⲙⲁ ⲛ̄ⲉⲗⲁⲭⲓⲥⲧⲟ
ⲛ ⲛⲉⲧⲕⲓⲙ ⲙⲛ̄ ⲛⲉⲧⲉ ⲛ̄ⲥⲉⲕⲓⲙ ⲁⲛ ⲙⲛ̄
ⲛⲉⲧⲕⲓⲙ ⲉⲣⲟⲟⲩ ⲙ̄ⲙⲓⲛ ⲙ̄ⲙⲟⲟⲩ: ⲉⲁⲛ

ⲉⲓⲉⲧⲉⲓⲇⲓⲁⲑⲏⲕⲏ ⲉⲧⲕⲏ ⲉϩⲣⲁⲓ̈ ⲛ̄ⲁⲧϫⲣⲟ̄
ⲉⲣⲟⲥ· ⲉⲛⲟⲛϩ̄· ⲉⲛⲛⲟⲓ̈ ⲁⲩⲱ ⲉⲛϥⲓ ⲡⲣⲟⲟⲩ
ϣ̓ ⲉⲟⲩⲛ̄ⲧⲁⲛ̓ ⲙ̄ⲙⲁⲩ ⲙ̄ⲡⲉⲛⲙⲉⲉⲩⲉ ⲉϥ
ⲧⲟⲩϫⲏⲩ ⲁⲩⲱ ⲉⲛⲡⲣⲁⲧⲧⲉⲥⲑⲁⲓ ϩⲛ̄ ⲛⲁ
ⲧⲉⲛⲥⲩⲛⲏⲑⲉⲓⲁ ⲉⲁⲛϩⲩⲡⲁⲅⲟⲣⲉⲩⲉ ⲛ̄ϩ
ⲱⲃ ⲛⲓⲙ ⲉⲩⲥⲏϩ ⲉϯⲇⲓⲁⲑⲏⲕⲏ ⲛ̄ⲁⲧⲣ̄ϩⲧ
ⲏⲥ ⲛ̄ⲧⲁⲥⲡⲉ ⲙ̄ⲙⲛ̄ⲧⲣ̄ⲙ̄ⲛ̄ⲕⲏⲙⲉ ⲉⲁⲛⲟ
ⲩⲉϩⲥⲁϩⲛⲉ ⲉⲥϩⲁⲓ ⲥⲟⲩⲉⲣⲟⲥ· ⲉⲛϭⲱ
ϣⲧ̄ ⲙⲏⲡⲱⲥ ϩⲛ̄ ⲟⲩϣⲥ̄ⲛⲉ ⲛⲉ ⲛ̄ⲧⲛ̄ϣ
ⲓⲃⲉ ϩⲙ̄ ⲡⲉⲓⲱⲛϩ̄ ⲛ̄ⲧⲛ̄ⲕⲁ ⲙ̄ⲡⲣⲁⲅⲙⲁ
ⲧⲁ ⲉⲛⲧⲁⲛϣⲣ̄ⲡ ⲟⲩⲟⲛϩⲟⲩ ⲉⲃⲟⲗ ⲛ̄ⲁ
ⲡⲣⲟⲏⲧⲟⲛ ⲁⲩⲱ ⲛⲁⲧⲉⲡⲓⲙⲉⲗⲉⲓⲁ ⲛ̄ⲥ
ⲉϩⲉⲉⲣⲟⲛ ϩⲱⲥ ⲕⲁⲧⲁⲫⲣⲟⲛⲏⲧⲏⲥ·
ⲛ̄ⲧⲉⲓϩⲉ ϭⲉ ⲛⲉⲛⲧⲁⲩⲇⲟⲕⲉⲓ ⲛⲁⲛ ⲁⲩⲱ
ⲉⲁⲩⲣ̄ⲁⲛⲁⲛ ⲁⲩⲱ ⲉⲛⲙⲟϣⲧ̄ ⲉⲣⲟⲟⲩ ⲉⲓⲥ
ⲟⲩⲛⲟϭ ⲛ̄ⲟⲩⲟⲉⲓϣ̓ ⲁⲛⲉⲓ ⲉⲣⲟⲥ ⲛ̄ⲧⲟⲥ ϯ
ⲉⲓ̈ⲇⲓⲁⲑⲏⲕⲏ ⲛ̄ⲁⲧϫⲣⲟ ⲉⲣⲟⲥ· ⲉⲛⲟⲩⲱ
ϣ̓ ⲉⲧⲣⲉⲥϭⲙ̄ϭⲟⲙ ⲁⲩⲱ ⲛ̄ⲥⲁⲙⲁϩⲧⲉ
ⲁⲩⲱ ⲛ̄ⲥϫⲡⲟ ϭⲟⲙ ⲛⲓⲙ ⲉⲩⲧⲁϫⲣⲏⲩ ϩ
ⲙ̄ⲙⲁ ⲛⲓⲙ ⲉⲩⲛⲁⲉⲙⲫⲁⲛⲓⲍⲉ ⲙ̄ⲙⲟⲥ
ⲛ̄ϩⲏⲧϥ̄ ϩⲛ̄ ⲗⲁⲁⲩ ⲛ̄ⲕⲁⲓⲣⲟⲥ ⲁⲩⲱ ⲛ̄ⲧ

ⲉϩⲱⲃ ⲛⲓⲙ ⲉϥⲥⲏϩ ⲉⲣⲟⲥ ϣⲱⲡⲉ ⲁⲩⲱ ⲛ̄ⲥⲉ
ϫⲓ ⲛ̄ⲟⲩϫⲱⲕ ⲉⲛⲧⲁⲣⲕⲟ ⲙⲁⲗⲗⲟⲛ ⲛⲛⲉⲧ
ⲛⲁϫⲱ ⲛ̄ϥ ⲛ̄ⲥⲉⲱϣ ⲛ̄ⲛⲉⲧⲥⲏϩ ⲉⲡⲓⲭⲁ
ⲣⲧⲏⲥ ⲁⲩⲱ ⲛⲉⲓⲥⲱⲧⲙ̄ ⲉⲣⲟⲟⲩ ⲛ̄ⲧⲉⲧⲣⲓ
ⲁⲥ ⲉⲧⲟⲩⲁⲁⲃ ⲛ̄ϩⲟⲙⲟⲟⲩⲥⲓⲟⲥ ⲙⲛ̄ ⲡⲃⲏ
ⲙⲁ ⲉⲧϩⲁϩⲟⲧⲉ ⲉⲧⲉϣⲁⲩⲧⲁϩⲟⲛ ⲧⲏⲣⲛ̄
ⲉⲣⲁⲧⲛ̄ ⲉⲣⲟϥ ⲉⲧⲣⲉⲩⲣⲟⲉⲓⲥ ⲁⲩⲱ ⲛ̄ⲥⲉ
ϣⲣⲁ ⲙ̄ⲙⲟⲟⲩ ⲙ̄ⲡϣⲁⲃⲟⲗ ⲉϩⲁⲣⲉϩ ⲉⲑ
ⲉⲙⲁ ⲛⲓⲙ ϩⲓ ⲕⲉⲫⲁⲗⲁⲓⲟⲛ ⲛⲓⲙ ϩⲓ ⲙⲉ
ⲣⲟ ////////////////////////// ⲏⲕⲏ ⲛⲁ
ⲧⲕⲓⲙ ⲁⲩⲱ ⲛ̄ⲁⲧⲧⲣⲟⲩ ⲉⲥϣⲁⲛϣ ////////
////////////////// ⲕⲉⲟⲩⲟⲉⲓϣ. ⲛ̄ⲧⲟϥ
ⲛ̄ⲥⲇⲟⲕⲉⲓ ⲙ̄ⲡⲉⲛϫⲟⲉⲓⲥ ⲁⲩⲱ ⲡⲉⲛⲛⲟⲩⲧⲉ
ⲛ̄ⲧⲛ̄ⲡⲁⲑⲉⲓ ⲙ̄ⲡⲁⲛⲑⲣⲱⲡⲓⲛⲟⲛ ⲁⲩⲱ
ⲛ̄ⲧⲛ̄ϣⲓⲃⲉ ⲉⲃⲟⲗ ϩⲛ̄ ⲡⲉⲓⲱⲛϩ ⲉⲧϣⲟⲩⲉ
ⲓⲧ ⲛ̄ⲧⲉⲛⲕⲁϩ. ⲧⲛ̄. ⲟⲩⲱϣ ⲁⲩⲱ ⲧⲛ̄ⲟⲩ
ⲉϩⲥⲁϩⲛⲉ ϩⲱⲥⲧⲉ ⲉⲣⲟⲕ ⲛ̄ⲧⲟⲕ ⲥⲧⲉⲫⲁ
ⲛⲟⲥ ⲫ ⲑⲉⲟⲫⲓⲗⲉⲥⲧⲁⲧⲟⲥ ⲙ̄ⲙⲟⲛⲟⲭⲟⲥ
ϩⲛ̄ ⲧⲉⲩⲛⲟⲩ ⲉⲧⲙ̄ⲙⲁⲩ ⲛ̄ⲅ ϫⲡⲟ ⲁⲩⲱ ⲛ̄
ⲅⲁⲙⲁϩⲧⲉ ⲛ̄ⲧⲛⲟⲙⲏ ⲧⲏⲣⲥ ⲙ̄ⲡϣⲁⲃⲟ
ⲗ ⲛ̄ⲙ̄ⲙⲁ ⲛ̄ⲟⲩⲱϩ ⲧⲏⲣⲟⲩ ⲏⲅⲟⲩⲛ ⲛ̄ⲃ

ⲏⲃ ⲉⲛⲧⲁⲛϣⲣ̄ⲡⲟⲩⲟⲛϩⲟⲩ ⲉⲃⲟⲗ ⲙⲛ̄ ⲡⲡ
ⲩⲣⲅⲟⲥ ⲉⲛⲧⲁⲩⲕⲟⲧϥ̄ ϩⲓⲧⲛ̄ ⲛⲉⲛⲉⲓⲧⲉ ⲉⲧ
ⲟⲩⲁⲁⲃ ⲁⲡⲁ ⲉⲡⲓⲫⲁⲛⲓⲟⲥ ⲙⲛ̄ ⲁⲡⲁ ⲯⲁ
ⲛ ⲛⲁⲓ̈ ⲉⲧⲉⲣⲉ ⲡⲉⲩⲣⲁⲛ ⲣ̄ⲡⲙⲉⲉⲩⲉ ϩⲛ̄ ⲛⲉⲧ
ⲟⲩⲁⲁⲃ ⲁⲩⲱ ⲉⲁⲓ̈ⲣ̄ϩⲩⲡⲟⲩⲣⲅⲉⲓ ⲉⲣⲟϥ ϩⲱ
ⲱⲧ ⲁⲛⲟⲕ ⲓⲁⲕⲱⲃ ϣⲁⲛⲧⲛ̄ⲇⲟⲕϥ̄ ⲉⲃⲟ
ⲗ ⲛⲁⲓ̈ ⲉⲧⲕⲏ ⲉϩⲣⲁⲓ̈ ϩⲙ̄ ⲡⲓⲧⲟⲟⲩ ⲛ̄ⲟⲩⲱⲧ
ⲛ̄ⲧⲉⲇⲏⲙⲉⲭⲓⲛ ⲧⲉϩⲓⲏ ⲉⲧⲃⲏⲕ ⲉϩⲟⲩⲛ̄ ⲉ
ⲡϩⲁⲅⲓⲟⲥ ⲫⲟⲓⲃⲁⲙⲙⲱⲛ ϣⲁ ⲧⲉϩⲓⲏ ⲉⲧⲃ
ⲏⲕ ⲉϩⲟⲩⲛ̄ ⲉⲡⲃⲏⲃ ⲛ̄ⲛⲉⲧⲉⲣⲉ ⲡⲉⲩⲣ̄ⲡⲙ
ⲉⲉⲩⲉ ϩⲛ̄ ⲛⲉⲧⲟⲩⲁⲁⲃ ⲁⲡⲁ ⲁⲃⲣⲁϩⲁⲙ ⲙ
ⲛ̄ ⲁⲡⲁ ⲁⲙⲙⲱⲛⲓⲟⲥ ⲛ̄ⲣⲙ̄ⲥⲛⲏ· ⲁⲩⲱ ϣⲁ
ⲧⲉϩⲓⲏ ⲙ̄ⲡⲉⲓⲁ· ⲁⲩⲱ ϣⲁϩⲣⲁⲓ ⲉⲡⲃⲟⲩⲛ
ⲟⲥ ⲉⲧϣⲟⲟⲡ ϩⲓⲭⲱⲟⲩⲛ̄ ⲛ̄ⲃⲏⲃ ⲙⲛ̄ ⲡⲡ
ⲩⲣⲅⲟⲥ ⲉⲧⲙ̄ⲙⲁⲩ ⲛⲁⲓ̈ ⲉⲛⲧⲁⲩⲉⲓ ⲉⲭⲱ
ⲛ ϩⲓⲧⲙ̄ ⲡⲉⲛⲉⲓⲱⲧ ⲉⲧⲟⲩⲁⲁⲃ ⲁⲡⲁ
ⲯⲁⲛ ⲁⲩⲉⲓ ⲉⲭⲱϥ ϩⲱⲱϥ ϩⲓⲧⲛ̄ ⲁⲡⲁ
ⲉⲡⲓⲫⲁⲛⲓⲟⲥ ⲛⲁⲓ̈ ⲧⲉⲛⲟⲩ ⲉⲧⲉⲣⲉ ⲡⲉⲩⲗⲓ
ⲯⲁⲛⲟⲛ ⲉⲧⲟⲩⲁⲁⲃ ⲕⲏ ϩⲙ̄ ⲡⲧⲟⲡⲟⲥ ⲕⲁⲧⲁ
ⲧⲁⲩⲛⲟⲙⲓⲥ ⲛ̄ⲛ̄ⲇⲓⲁⲑⲏⲕⲏ ⲉⲛⲧⲁϥⲥⲙⲛⲧ
ⲟⲩ ⲛⲁⲛ ⲛ̄ⲧⲟϥ ⲡⲉⲛⲉⲓⲱⲧ ⲉⲧⲟⲩⲁⲁⲃ

ⲡⲁⲩⲁⲛⲉⲧⲓⲉϥϩⲙ̄ ⲡⲥⲱⲙⲁ ⲉⲁϥϫⲟⲟⲥ ϩⲓ
ⲱⲟⲩ ⲛ̄ⲧⲉⲓϩⲉ ϫⲉ ⲕⲁⲧⲁ ⲑⲉ ⲉⲛⲧⲁϥϫⲟⲟⲥ
ⲛ̄ϭⲓ ⲡⲁⲉⲓⲱⲧ ⲙ̄ⲙⲉⲣⲓⲧ ⲁⲡⲁ ⲉⲡⲓⲫⲁⲛⲓⲟⲥ
ϫⲉ ⲉⲛⲧⲁⲩⲥⲓ ⲉϫⲱⲓ ϩⲱ ϩⲓⲧⲛ̄ ϩⲉⲛⲉⲅⲅⲣ
ⲁⲫⲟⲛ ⲛ̄ⲇⲓⲁⲑⲏⲕⲏ ⲉⲁⲛϣⲱⲡⲉ ⲛⲁⲓ ϩⲓⲧⲟⲟ
ⲧⲟⲩ ⲛ̄ⲛⲁⲉⲓⲟⲧⲉ ⲕⲁⲧⲁ ⲡⲛⲟⲩⲧⲉ ⲉⲛⲧⲁⲩϣ
ⲱⲡⲉ ϩⲁⲧⲁϩⲏ· ⲁⲩⲱ ⲁⲛⲟⲛ ϩⲱⲱⲛ ⲧⲉⲛⲟ
ⲛ̄ⲓⲁⲕⲱⲃ ⲙⲛ̄ ⲏⲗⲓⲁⲥ ⲛⲓⲉⲗⲁⲭⲓⲥⲧⲟⲥ ⲉⲛ
ⲧⲁⲩϣⲣ̄ⲡ ⲥϩⲁⲓ ⲛ̄ⲧⲡⲉ ⲉⲁⲛⲁⲛⲁⲇⲓⲇⲟⲩ
ⲙ̄ⲙⲟⲟⲩ ⲛⲁⲕ ⲉⲛⲧⲉⲩⲑⲉⲛ ⲛ̄ⲧⲟⲕ ⲥⲧⲉⲫⲁ
ⲛⲟⲥ ϩⲱⲥⲧⲉ ⲙⲛ̄ⲛ̄ⲥⲁ ⲡⲉⲛⲙ̄ⲕⲟⲧⲕ ⲛ̄ⲅⲉⲡ
ⲉⲣⲉⲓⲇⲉⲥⲑⲁⲓ ⲙ̄ⲙⲟⲟⲩ ⲁⲩⲱ ⲛ̄ⲅⲣ̄ϫⲟⲉⲓⲥ
ⲉⲣⲟⲟⲩ ⲛ̄ⲅⲕⲧⲁⲥⲑⲁⲓ ⲙ̄ⲙⲟⲟⲩ ⲁⲩⲱ ⲛ̄ⲅⲕⲁ
ⲁⲩ ⲛⲁⲕ ⲛ̄ⲅⲇⲓⲟⲓⲕⲉⲓ ⲙ̄ⲙⲟⲟⲩ ⲛ̄ⲅⲟⲓⲕⲟ
ⲛⲟⲙⲉⲓ ⲙ̄ⲙⲟⲟⲩ ⲛ̄ⲅⲕⲟⲧⲟⲩ ⲛ̄ⲅⲟⲩⲱϩ ⲛ̄
ϩⲏⲧⲟⲩ ⲛ̄ⲅⲡⲁⲣⲁⲭⲱⲣⲉⲓ ⲙ̄ⲙⲟⲟⲩ ⲛ̄ϩⲉ
ⲛⲕⲟⲟⲩⲉ ⲙⲛ̄ⲛ̄ⲥⲱⲕ ⲛ̄ⲣⲉϥⲣ̄ϩⲟⲧⲉ ⲙ̄ⲙⲟ
ⲛⲟⲭⲟⲥ ⲉⲩϣⲣ̄ⲡ ϭⲱϣⲧ ϩⲛ̄ ⲛⲉⲩⲃⲁⲗ
ⲉⲑⲟⲧⲉ ⲙ̄ⲡⲉⲛⲛⲟⲩⲧⲉ ⲁⲩⲱ ⲡⲉⲛϫⲟⲉⲓⲥ
ⲙⲉⲛⲧⲟⲓⲅⲉ ⲇⲉ ϫⲉ ⲉⲛⲉⲕⲧⲁⲁⲩ ⲛ̄ⲗⲁⲁ
ⲩ ⲛ̄ⲥⲩⲅⲅⲉⲛⲏⲥ ⲛ̄ⲧⲁⲕ ⲕⲁⲧⲁ ⲥⲁⲣⲝ· ⲏ̄

ⲉϣⲉⲡⲣⲱⲙⲉ ⲉⲣⲟⲕ ⲙ̄ⲡⲉⲥⲏⲧ ⲛ̄ϫⲟⲩⲱⲧ
ⲉⲛ̄ⲣⲟⲙⲡⲉ ⲕⲁⲧⲁ ⲑⲉ ⲉⲛⲧⲁ ⲛⲉⲛⲉⲓⲟⲧⲉ
ⲉⲧⲟⲩⲁⲁⲃ ⲉⲧϩⲁⲧⲉⲛϩⲏ ϯⲉⲛⲧⲟⲗⲏ ⲛ̀ⲁ
ⲛ̀ⲉⲡⲁï ⲉⲧⲙ̄ⲧⲣⲉⲛϯⲡⲙⲁ ⲉⲧⲟⲩⲁⲁⲃ ⲉ
ⲧⲟⲟⲧⲟⲩ ⲛ̄ⲥⲩⲅⲅⲉⲛⲏⲥ ⲉⲡⲱⲛ ⲡⲉ ⲏ ⲉϣ
ⲉⲡⲗⲁⲁⲩ ⲛ̄ⲣⲱⲙⲉ ⲉⲣⲟⲛ ⲙ̄ⲡⲉⲥⲏⲧ ⲛ̄ϫ
ⲟⲩⲱⲧ ⲛ̄ⲣⲟⲙⲡⲉ· ϩⲁⲡⲗⲱⲥ ⲛ̄ⲅⲡⲣⲁⲧ
ⲧⲉⲥⲑⲁⲓ ⲉⲧⲃⲉ ⲛⲁï ⲧⲏⲣⲟⲩ ϩⲛ̄ ϩⲱⲃ ⲛ
ⲓⲙ ⲕⲁⲧⲁⲛⲟⲙⲏ ⲛⲓⲙ ϩⲓ ⲙⲛ̄ϫⲟⲉⲓⲥ ⲛ
ⲓⲙ ϩⲓ ⲕⲁⲧⲟⲭⲏ ⲛ̄ϣⲁⲉⲛⲉϩ ϩⲛ̄ ⲟⲩⲙⲛ̄
ⲧϫⲟⲉⲓⲥ ⲛ̄ⲁⲧⲕⲱⲗⲩ ⲙ̄ⲙⲟⲥ ϩⲛ̄ ⲑⲟⲧⲉ
ⲙⲉⲛⲧⲟⲓ ⲛ̄ⲧⲉⲡⲛⲟⲩⲧⲉ ⲙⲛ̄ ⲧⲁⲕⲟⲗⲟⲩⲑ
ⲓⲁ ⲛ̄ⲧⲙⲛ̄ⲧⲙⲟⲛⲟⲭⲟⲥ ⲁⲩⲱ ϫⲉ ⲉⲛⲛⲉⲟⲩ
ⲟⲛ ϩⲛ̄ ⲗⲁⲁⲩ ⲛ̄ⲕⲁⲓⲣⲟⲥ ⲟⲩⲇⲉ ϩⲛ ⲛⲉ
ⲧϫⲏϩ ⲉϩⲟⲩⲛ ⲉⲡⲁⲅⲉⲛⲟⲥ ⲁⲛⲟⲕ ⲓ̈ⲁⲕ
ⲱⲃ ⲟⲩⲇⲉ ϩⲛ̄ ⲛⲉⲧϫⲏϩ ⲉϩⲟⲩⲛ ⲉⲡⲁⲅⲉ
ⲛⲟⲥ ⲁⲛⲟⲕ ⲏⲗⲓⲁⲥ ⲟⲩⲇⲉ ⲗⲁⲁⲩ ⲛ̄ⲕⲗⲏ
ⲣⲟⲛⲟⲙⲟⲥ ⲉⲡⲱⲛ ⲡⲉ ⲁⲛⲟⲕ ⲓ̈ⲁⲕⲱⲃ ⲙⲛ̄
ⲏⲗⲓⲁⲥ ⲉϣϭⲙ̄ ϭⲟⲙ ⲛ̄ⲉⲓ ⲉⲃⲟⲗ ⲉⲣⲟⲕ ϩⲁ
ⲗⲁⲁⲩ ⲙ̄ⲡⲣⲟⲫⲁⲥⲓⲥ ⲏ ⲉⲩⲇⲓⲁⲫⲉⲣⲉⲥⲑⲁⲓ
ⲉⲣⲟⲛ ⲏ ⲛⲉⲧⲇⲓⲁⲫⲉⲣⲉⲥⲑⲁⲓ ⲉⲛⲉⲛⲉⲓⲟⲧ

ⲉⲉⲧⲟⲩⲁⲁⲃ ⲉⲧϩⲁⲧⲉⲛϩⲏ̓ ⳤ ϣⲙ̄ⲙⲟ̓ ⳤ
ⲁⲣⲭⲱⲛ̓ ⳤ ⲣⲉϥϯϩⲁⲡ ⳤ ⲣⲱⲙⲉ ϩⲟⲗⲱⲥ
ϩⲁⲡⲗⲱⲥ ⲉⲛⲉϥⲉϣϭⲙ ϭⲟⲙ ⲉⲉⲓ ⲉⲃⲟⲗ
ⲉⲣⲟⲕ ⲛ̄ⲧⲟⲕ ⲥⲧⲉⲫⲁⲛⲟⲥ ⲡⲉⲛⲧⲁⲛⲧⲁ
ⲛⲟⲩϥ ⲛ̄ϩⲁϩ ⲛ̄ⲥⲟⲡ· ⳤ ⲕⲓⲙ ⲉⲧⲉⲕⲉⲩⲗⲁ
ⲃⲉⲓⲁ̓ ⲉⲧⲃⲉⲛⲁ̈ⲓ̈ ⲧⲏⲣⲟⲩ̓ ⳤ ⲛⲉⲧⲕ̄ⲛⲁⲁ
ⲡⲟⲇⲓⲇⲟⲩ ⲙ̄ⲙⲟⲟⲩ ⲛⲁⲩ̓ ⲙⲛ̄ⲛ̄ⲥⲱⲕ ⲉⲧⲉ
ⲙ̄ⲙⲁⲛ̄ⲟⲩⲱϩ ⲛⲉ ⲉⲛⲧⲁⲛⲧⲁⲩⲟⲟⲩ ⲙⲛ̄
ⲛ̄ϩⲩⲗⲏ̓ ⲁⲩⲱ ⲟⲛ ⲛ̄ϫⲱⲱⲙⲉ ⲉⲛⲧⲁⲡ
ⲁⲉⲓⲱⲧ ⲧⲁⲁⲩ ⲉⲧⲟⲟⲧ ⲛⲁⲓ̈ ⲉϯⲛⲁϯ
ⲛⲁⲕ ϩⲱⲱⲕ ⲛ̄ⲧⲟⲕ ⲥⲧⲉⲫⲁⲛⲟⲥ ⲡⲉⲧ
ⲛⲁⲁⲛⲧⲓⲗⲉⲅⲉ ⲇⲉ. ⳤ ⲛ̄ϥ ⲁϩⲉⲣⲁⲧϥ̄ ⲟⲩ
ⲃⲉⲛⲉⲓ̈ ⲟⲩⲱϣⲉ̀ ⲛ̄ⲧⲁⲛⲉⲧⲕⲏ ⲉϩⲣⲁ̈ⲓ̈ϩ
ⲛ̄ⲗⲁⲁⲩ ⲛ̄ⲕⲁⲓⲣⲟⲥ ⳤ ⲭⲣⲟⲛⲟⲥ ⳤ ⲛ̄ϥ
ⲣ̄ⲗⲁⲁⲩ ⲛ̄ⲕⲓⲛⲏⲥⲓⲥ ⲛⲁⲕ ⳤ ⲛⲉⲧⲛⲏⲩ
ⲙⲛ̄ⲛ̄ⲥⲱⲕ ⲛⲁⲓ̈ ⲉⲧⲕ̄ⲛⲁⲥⲟⲧⲡⲟⲩ ϩⲱⲱ
ⲕ ⲛ̄ⲅ̄ϯ ⲡⲙⲁ ⲉⲧⲟⲟⲧⲟⲩ ⲙⲉⲛⲧⲟⲓⲅⲉ ⲇⲉ
ϫⲉ ⲉⲛⲉⲕⲉϣ ⲧⲁⲁⲩ ⲛ̄ⲥⲩⲅⲅⲉⲛⲏⲥ ⲛ̄ⲧⲁⲕ
ⲕⲁⲧⲁ ⲥⲁⲣⲝ ϫⲉ ⲙ̄ⲡⲛ̄ⲉϣϭⲙ̄ϭⲟⲙ ϩⲱ
ⲱⲛ ⲉⲧⲁⲁⲩ ⲛ̄ⲥⲩⲅⲅⲉⲛⲏⲥ ⲛ̄ⲧⲁⲛ ⲕⲁⲧⲁ
ⲑⲉ ⲉⲛⲧⲁⲩϯ ⲛⲟⲙⲟⲥ ⲛⲁⲛ ϩⲓⲧⲛ̄ ⲛⲉⲛⲉ

ⲓⲟⲧⲉ ⲉⲧⲟⲩⲁⲁⲃ ϩⲛ̄ ⲛⲉⲩⲇⲓⲁⲑⲏⲕⲏ ⲉⲧⲙ̄ϯ ⲡⲙⲁ ⲛ̄
ⲛⲉⲛⲕⲁⲧⲁ ⲥⲁⲣⲝ: ⲡⲉⲧⲛⲁⲧⲟⲗⲙⲁ ⲟⲩⲛ ⲛ̀ⲉⲉⲓⲉ
ⲃⲟⲗ ⲉⲣⲟⲕ ⲡⲟⲧⲉ ⲕⲁⲓ ⲡⲱ ⲏ̄ ⲛ̄ⲧⲟⲕ ⲏ̄ ⲛⲉⲧⲕ̄
ⲛⲁϯ ⲡⲙⲁ ⲉⲧⲟⲟⲧⲟⲩ ϩⲱⲱⲕ ⲙⲛ̄ ⲛ̄ⲥⲱⲕ ⲕⲁⲛ
ⲉⲃⲟⲗ ϩⲛ̄ ⲛⲉⲛⲥⲩⲅⲅⲉⲛⲏⲥ ⲏ̄ ⲉⲃⲟⲗ ϩⲛ̄ ϣⲙ̄ⲙⲟ
ⲏ̄ ⲗⲁⲁⲩ ⲛ̄ⲣⲱⲙⲉ ϩⲟⲗⲱⲥ ⲏ̄ ⲛ̄ϥⲕⲓⲙ ⲉⲣⲟⲕ ⲏ̄
ⲛⲉⲧⲛⲏⲩ ⲙⲛ̄ ⲛ̄ⲥⲱⲕ ⲕⲁⲧⲁ ⲧⲉⲛⲧⲟⲗⲏ ⲛ̄ⲛⲉⲛ
ⲉⲓⲟⲧⲉ ⲉⲧⲟⲩⲁⲁⲃ ⲉⲛⲧⲁⲩⲧⲁⲁⲥ ⲉⲧⲟⲧⲛ̄//////////
///////////////ⲁⲛⲧⲁⲁⲥ ⲉⲧⲟⲟⲧⲕ̄ ⲛ̄ⲧⲟⲕ ⲉⲧ·ϥⲁ
ⲛⲟⲥ ⲉⲅⲅⲣⲁⲫⲱ̈ⲥ ϩⲓ ⲡⲓⲉⲅⲅⲣⲁⲫⲟⲛ ⲛ̄ⲇⲓⲁⲑⲏ
ⲕⲏ̇ ⲟⲩⲇⲉ ⲗⲁⲁⲩ ⲛ̄ⲑⲉⲙⲁ ϩⲓ ⲕⲉⲫⲁⲗⲁⲓⲟⲛ
ⲉϥϩⲓ ⲧⲉⲓⲇⲓⲁⲑⲏⲕⲏ ⲛ̄ⲁⲧϫⲣⲟ̀ ⲉⲣⲟⲥ ⲡⲉⲧⲉϥ
ϣⲉ ⲡⲉ ⲉⲡⲉⲧⲙ̄ⲙⲁⲩ ⲡⲣⲱⲧⲟⲛ ⲙⲉⲛ ⲛ̄ⲛⲉϥⲱ
ⲫⲉⲗⲉⲓ ⲛ̄ ⲗⲁⲁ̀ⲩ ⲉⲃⲟⲗ ϩⲛ̄ ⲧⲧⲟⲗⲙⲏⲥⲓⲥ ⲉⲛ
ⲧⲁϥⲁⲁⲥ ⲉϥⲉϣⲱⲡⲉ ⲇⲉ ϩⲁ ⲡⲉⲕⲣⲓⲙⲁ̀ ⲙ̄ⲡ
ⲁⲛⲁϣ̀ ⲉⲧⲟⲩⲁⲁⲃ ⲉⲧⲥⲏϩ ⲉϯⲇⲓⲁⲑⲏⲕⲏ — ⲁ
ⲩⲱ ⲛ̄ϥϯ ⲉⲡⲗⲟⲅⲟⲥ ⲙ̄ⲡⲡⲣⲟⲥⲧⲓⲙⲟⲛ ⲛ̄ⲛⲁⲣⲭ
ⲱⲛ ⲉⲧⲧⲁⲉ̈ⲓⲏⲩ ϩⲁ ⲡⲉⲡⲓⲭⲉⲓⲣⲏⲙⲁ ⲙ̄ⲙⲁⲧⲉ
ⲛ̄ⲥⲟⲟⲩ ⲛ̄ⲟⲩⲕⲓⲁ ⲛ̄ⲛⲟⲩⲃ ⲡⲭⲣ ⲅⲟⲓⲋ ⲛ̄ⲥⲉⲁ
ⲡⲁⲓⲧⲓ ⲙ̄ⲙⲟϥ̀ ⲙ̄ⲙⲟⲟⲩ̀ ϩⲛ̄ ⲟⲩϭⲟ́ⲙ ⲉⲃⲟⲗ ϩⲛ̄ ⲧⲉϥ
ϩⲩⲡⲟ̈ⲥⲧⲁⲥⲓⲥ ⲙⲛ̄ ⲛ̄ⲥⲱⲥ ⲛ̄ϥϩⲱⲛ ⲉⲧⲉⲓ̈ⲇⲓⲁ

ⲑⲏⲕⲏ ⲡⲣⲟⲥ ⲧⲉⲥⲇⲩⲛⲁⲙⲓⲥ ⲉⲓⲑⲟⲩⲧⲱⲥ ⲛ̄ⲥⲉ
ϩⲉ ⲉⲣⲟϥ ϩⲙ̄ ⲡⲃⲏⲙⲁ ⲛ̄ⲁⲧϫⲓϩⲟ ⲙ̄ⲡϫⲟⲉⲓⲥ
ⲡⲛⲟⲩⲧⲉ ⲉⲩⲉⲝⲉⲧⲁⲥⲉ ⲙ̄ⲙⲟϥ ⲁⲩⲱ ⲉⲩⲕ
ⲣⲓⲛⲉ ⲙ̄ⲙⲟϥ ⲉⲧⲃⲉ ⲡⲉⲓϩⲱⲃ ⲁⲩⲱ ⲉⲩⲛ̄ⲛⲁ
ⲓ̈ⲧⲏⲣⲟⲩ ⲉⲛⲱⲣ̄ⲕ ⲛ̄ⲧⲉⲧⲣⲓⲁⲥ ⲉⲧⲟⲩⲁⲁⲃ ⲉⲛ
ⲧⲁⲛϣⲣ̄ⲡ̄ⲧⲁⲥⲥⲉ ⲙ̄ⲙⲟⲥ ϫⲉ ⲉⲛⲉ ⲡⲁⲣⲁⲃ
ⲁⲥⲓⲁ ⲉⲡⲧⲏⲣϥ̄ ϣⲱⲡⲉ ⲙ̄ⲙⲟⲥ ⲁⲗⲗⲁ ⲙⲁ
ⲗⲗⲟⲛ ⲛ̄ⲥϣⲱⲡⲉ ⲛ̄ⲁⲧⲕⲓⲙ ϣⲁ ⲉⲛⲉϩ ⲧⲁⲓ̈
ⲉⲛⲧⲁⲛⲥⲙ̄ⲛ̄ⲧⲥ ⲉⲡⲉⲕⲱⲣϫ̄ ⲉⲥⲉϣⲱⲡⲉ ⲉⲥ
ⲟⲣϫ̄ ⲁⲩⲱ ⲉⲥⲟ̄ ⲛ̄ϫⲟⲉⲓⲥ ϩⲙ̄ ⲙⲁ ⲛⲓⲙ ⲉⲩⲛ
ⲁⲛ̄ⲧⲥ̄ ⲉⲃⲟⲗ ⲛ̄ϩⲏⲧϥ̄ ⲛ̄ⲥⲉⲟϣ̄ⲥ ⲉⲁⲣⲭⲏⲛ
ⲓⲙ ϩⲓ ⲉⲝⲟⲩⲥⲓⲁ ⲉⲩⲛ̄ⲧⲁⲥ ⲙ̄ⲙⲁⲩ ⲛ̄ⲧⲙⲛ̄ⲧ
ϫⲟⲉⲓⲥ ⲉⲃⲟⲗ ϩⲛ̄ ⲛ̄ⲛⲟⲙⲟⲥ ⲉϫⲛ̄ ⲧϩⲩⲡⲟⲅ
ⲣⲁⲫⲏ ⲙ̄ⲡⲉⲧⲛⲁϩⲩⲡⲟⲅⲣⲁⲫⲉ ϩⲁⲣⲟⲛ ⲙ̄
ⲛ̄ⲙ̄ⲙⲛ̄ⲧⲣⲉ ⲉⲧⲛ̄ϩⲟⲧ ⲉⲧⲛⲁⲣ̄ⲙⲛ̄ⲧⲣⲉ ⲕⲁⲧⲁ
ⲧⲉⲛⲁⲓⲧⲏⲥⲓⲥ ⲙⲛ̄ ⲛ̄ⲥⲱⲥ ⲁⲩⲱ ⲁⲩϫⲛⲟⲩⲛ
ⲉⲛⲁⲓ̈ ⲧⲏⲣⲟⲩ ⲥⲉⲥⲙⲟⲛ̄ⲧ ⲛ̄ⲧⲉⲓϩⲉ ⲉⲧⲣⲉⲩⲧⲁ
ⲁⲩ ⲛ̄ⲥⲉⲁⲁⲩ ⲛ̄ⲥⲉϩⲁⲣⲉⲟ ⲉⲣⲟⲟⲩ ⲁⲩⲱ ⲁⲩ
ϫⲛⲟⲩⲛ ⲁⲛϩⲟⲙⲟⲗⲟⲅⲉⲓ ⲁⲩⲱ ⲁⲛⲕⲁⲁⲥ ⲉⲃⲟⲗ
✝ ⲁⲛⲟⲕ ⲓ̈ⲁⲕⲱⲃ ⲡϣⲏⲣⲉ ⲛ̄ⲇⲁⲩⲉⲓⲇ ⲡⲙⲟ
ⲛⲟⲭⲟⲥ ⲙⲛ̄ ϩⲏⲗⲓⲁⲥ ⲡⲙⲁⲓ̈ⲛⲟⲩⲧⲉ ⲙ̄ⲡⲓⲥ

ⲧⲟⲥ ⲡϣⲏⲣⲉ ⲛ̄ⲥⲁⲙⲟⲩⲏⲗ ⲛⲁⲓ̈ ⲉⲧⲏⲡ ⲉⲡⲕⲁⲥ
ⲧⲣⲟⲛ ⲛ̄ⲇⲏⲙⲉ ⲉⲩⲟⲩⲏϩ ⲇⲉ ϩⲓ ⲡⲉⲥⲧⲟⲟⲩ
ⲉⲧⲟⲩⲁⲁⲃ ⲧⲛ̄ⲥⲧⲟⲓⲭⲉⲓ ⲉⲧⲉⲓⲇⲓⲁⲑⲏⲕⲏ ⲙ
ⲛ̄ϩⲱⲃ ⲛⲓⲙ ⲉⲩⲥⲏϩ ⲉⲣⲟⲥ ⲙⲛ̄ ⲡⲁⲛⲁϣ
ⲁⲩⲱ ⲙ̄ⲡⲡⲣⲟⲥⲧⲓⲙⲟⲛ ⲱⲥ ⲡⲣⲟⲕⲓⲧⲁⲓ ⲁⲩⲱ
ⲁⲓ̈ⲕⲁⲁⲥ ⲉⲃⲟⲗ ϯ ⲁⲛⲟⲕ ⲅⲉⲱⲣⲅⲓⲟⲥ ⲡϣⲏ
ⲣⲉ ⲙ̄ⲡⲁⲧⲉⲣⲙⲟⲩⲧⲉ ⲡⲉⲓⲉⲗⲁⲭⲥ ⲙ̄ⲙⲟ
ⲛⲟⲭⲟⲥ ⲁⲩⲱ ⲙ̄ⲡⲣⲉⲥⲃⲥ ⲡⲁⲣⲁ ⲡⲁ ⲙ̄ⲡϣ
ⲁ ⲙ̄ⲡⲧⲟⲡⲟⲥ ⲉⲧⲟⲩⲁⲁⲃ ⲛ̄ⲁⲡⲁ ⲙⲏⲛⲁ
ϩⲓ ⲡⲧⲟⲟⲩ ⲛ̄ⲇⲏⲙⲉ ⲁⲛⲙⲁⲓ̈ⲛⲟⲩⲧⲉ ⲛ̄ⲉ
ⲓⲱⲧ ⲉⲧⲟⲩⲁⲁⲃ ⲁⲡⲁ ⲓ̈ⲁⲕⲱⲃ ⲡⲙⲟⲛⲟ
ⲭⲟⲥ ⲙⲛ̄ ⲁⲡⲁ ϩⲏⲗⲓⲁⲥ ⲡⲙⲁⲓ̈ⲛⲟⲩⲧⲉ ⲙ̄ⲡ
ⲓⲥⲧⲟⲥ ⲉⲡⲓⲧⲣⲉⲡⲉ ⲛⲁⲓ̈ ⲁⲓ̈ⲥϩⲁⲓ̈ ϩⲁⲣⲟⲟⲩ
ϫⲉ ⲛ̄ⲥⲉⲥⲟⲟⲩⲛ ⲁⲛ ⲛ̄ⲥϩⲁⲓ̈ ⲛ̄ⲧⲉⲩϭⲓϫ ⲁ
ⲩⲱ ⲁⲛⲟⲕ ϩⲱ ϯⲟ ⲙ̄ⲙⲁⲣⲧⲩⲣⲟⲥ
ϯ ⲓ̈ⲱⲁⲛⲛⲏⲥ ⲙ̄ⲡⲁⲡⲛⲟⲩⲧⲉ ⲡⲉⲓⲗ ⲛ̄ⲁⲣⲭ
ⲏⲡⲣⲉⲃ ⲛ̄ⲧⲕⲁⲑⲟⲗⲓⲕⲏ ⲉⲕⲕⲗⲓ̈ⲥⲓⲁ ⲛ̄ⲇⲏⲙⲉ ϯ
ⲱ ⲙⲁⲣⲧⲏⲣⲟⲥ ϯ
ⲁⲛⲟⲕ ⲙⲱⲩ̈ⲥⲏⲥ ⲡϣⲏⲣⲉ ⲙ̄ⲙⲁⲑⲁⲓⲟⲥ ⲡⲉⲓⲉ
ⲗⲁⲭⲥ ⲙ̄ⲡⲣⲉⲥⲃⲥ ⲁⲩⲱ ⲡⲟⲓⲕⲟⲛⲟⲙⲟⲥ ⲛ̄ⲧⲉ
ⲑⲉⲱⲇⲟⲕⲟⲥ ⲉⲧⲟⲩⲁⲁⲃ ⲙⲁⲣⲓⲁ ⲧⲡⲁⲣⲑⲉⲛ

οϲϯ ō μ̄μαρτυροϲ ϯανοκ πατερμουτε πϣ
ηρε ν̄ἰωαϩ πιελαχ̄ϲ̄ ν̄ναναγνωϲτηϲ ν̄τ
καθολικη ν̄ϫημε αμωϋϲηϲ π̄ρ̄ϲ αιτε
μ̄μοϊ αϊϲϩαϊ ϩαροϥ ϫε μαϥνοϊ ν̄ϲϩαϊ
ανω ϯω μ̄μαρτυροϲ
ϯανοκ ιϲαακ πεελαχ̄ϲ̄ μ̄μονοχοϲ ανωπ
ρεϲβ̄ϲ̄ μ̄πτοποϲ ετουααβ ν̄απαϣενουτε
μ̄πτοου μ̄παχμε ανμαϊνουτε απαϊακω
β πμονοχοϲ μν̄ απαϩηλιαϲ πιϲτοϲ π
αλα καλε μ̄μοϊ ανω //////////////////
////ιϲιϲ ϯ
////////////////////////// πρ̄μ ρ̄μοντ
παϊ ετουηϩ ϯνου ϩν̄ ϫημε ///////////////
//////////////αϩηλιαϲ π̄ πιϲτοϲ αιτι μ̄μ
οϊ παρα ////////////////////////////ατε
ναιτηϲιϲ ανω ϯ ō μ̄μντρε

PAPYRUS N° 4 DE BOULAQ.

////////////////// ⲚⲈⲦⲚⲎⲨ ⲘⲚ Ⲛ̄ⲤⲰⲦ
ⲛ̄ ////// ⲡⲟⲩⲱϣ ⲙ̄ⲡⲛⲟⲩⲧⲉ ⲙⲛ̄ ⲡⲱⲧⲛ̄
ⲕⲁⲧⲁ ⲡⲉⲓⲧⲉⲥϣⲏ ⲉⲧⲃⲉ ϫⲉ ⲛ̄ⲧⲱⲧⲛ̄ ⲉⲧⲱⲙⲡ
ϫⲟⲉⲓⲥ ⲙⲡⲧⲟⲡⲟⲥ ⲧⲏⲣϥ ⲛ̄ⲁⲡⲁ ⲫⲟⲓⲃⲁⲙⲱⲛ
ⲉⲧⲣⲉⲧⲉⲧⲛ̄ⲟⲩⲱϩ ⲛ̄ϩⲏⲧϥ ⲛⲧⲉⲛ̄ⲕⲱⲧ ⲏⲛ̄ⲧ
ⲉⲧⲛ̄ ϣⲟⲣϣⲣ̄ ⲏ ⲛ̄ⲧⲉⲧⲛ̄ ϣⲱⲡ ⲣⲱⲙⲉ ⲉⲣⲱⲧⲛ ⲛ̄ϩ
ⲏⲧϥ ϩⲛ̄ ⲟⲩⲟⲛ ⲛⲓⲙ ⲉϥⲛⲁⲙⲟⲩϣⲉ ϩⲛ̄ ⲧϩⲟⲧⲉ ⲙ̄ⲡ
ⲛⲟⲩⲧⲉ ⲙ̄ⲡⲉⲟⲩⲟⲉⲓϣ ⲧⲏⲣϥ ⲙ̄ⲡⲉⲧⲛ̄ⲱⲛϩ ⲙⲛ̄
ⲡⲉⲧⲉⲧⲛ̄ⲛⲁⲧⲟϣϥ ⲉⲡⲧⲟⲡⲟⲥ ⲙⲛ̄ ⲛ̄ⲥⲱⲧⲛ̄ ⲛ̄ϥⲇⲓⲁ
ⲕⲟⲛⲉⲓ ϩⲱϥ ⲉⲡϩⲱⲱ /// ⲛ̄ⲧⲁⲅⲁⲡⲉ ⲛ̄ⲛ̄ϩⲏⲕⲉ
ϫⲉⲉⲛⲉ ⲗⲁⲩⲉ ⲛ̄ⲣⲱⲙⲉ ϭⲙϭⲟⲙ //////////////
//
//// ⲛⲧⲁϥ ⲧⲟⲗⲙⲁ ⲉϥⲁⲁϥ ⲛ̄ⲕ //////////////
////////// ⲡⲉⲕⲣⲓⲙⲁ ⲙ̄ⲡⲛⲟⲩⲧⲉ ⲉϥⲛⲁϯ ⲉⲡⲗ
ⲟⲅⲟⲥ ⲙ̄ⲡⲣⲟⲥⲧⲓ ////// ⲙⲛ̄ ⲧⲕⲁⲧⲁⲇⲓⲕⲏ ⲛ̄ⲧⲁ ⲛⲉⲛ
ϫⲓⲥⲁⲩⲉ ⲛ̄ⲛ̄ⲣⲱⲟⲩ ⲙ̄ⲙⲁï ⲡⲉⲭⲥ ϩⲟⲣⲓⲍⲉ ⲙ̄ⲙⲟⲥ
ⲛ̄ⲥⲟⲟⲩ ⲛ̄ ⲟⲅⲅⲓⲁ ⲛ̄ⲛⲟⲩⲃ ⲙⲛ̄ ⲛⲥⲁ ⲡⲉⲡⲣⲟⲥⲧⲓ
ⲙⲟⲛ ⲛ̄ϥⲉⲓ ⲉϩⲟⲩⲛ ⲛ̄ϥ ϩⲱⲛ ⲉϩⲱⲃ ⲛⲓⲙ ⲉϥⲥⲏ
ϩ ⲉⲡⲓⲭⲁⲣⲧⲏⲥ ⲉⲧⲃⲉ ϫⲉ ⲧⲛ̄ϩⲏ ⲉⲣⲟⲥ ⲛ̄ⲧⲱⲧ
ⲛ̄ ⲛⲧⲁⲧⲉⲧⲛ̄ ϣⲱⲡ ϩⲓⲥⲉ ⲉⲡⲧⲟⲡⲟⲥ ϫⲓⲛ ⲛ̄ⲧⲉ

ϩⲟⲩⲓ̈ⲧⲉ ⲉⲧⲉⲧⲛ̄ⲥⲙⲛⲧϥ ϫⲓⲛ ⲉϥϣ ⲛ̄ⲉⲣⲏⲙⲟⲥ
ⲉⲧⲃⲉ ⲡⲁⲓ̈ ⲡⲉⲧⲉⲧⲛ̄ ⲛⲁⲧⲟϣϥ ⲉⲡⲧⲟⲡⲟⲥ ⲙⲛ̄ⲛ̄
ⲥⲁ ⲡⲉⲧⲛⲉⲓⲉⲃⲟⲗ ϩⲛ̄ ⲥⲱⲙⲁ ⲉϥⲛⲁϣⲱⲡⲉ ⲉϥ
ⲁⲣⲭⲉⲓ ⲉϫⲛ̄ ⲡⲙⲁ ⲕⲁⲧⲁ ⲑⲉ ⲛ̄ⲧⲁⲛⲣ̄ ϣⲟⲣⲡ ⲉϩ
ⲁⲓ̈ ⲛ̄ⲧⲡⲏ ϫⲉ ⲉⲛⲉ ⲗⲁⲁⲩⲉ ⲛ̄ⲣⲱⲙⲉ ϭⲙ ϭⲟⲙ ⲛ̄ⲉⲛ
ⲉⲕⲉ ⲛⲁϥ ϩⲛ̄ ⲇⲓⲕⲁⲥⲧⲏⲣⲓⲟⲛ ⲏ̄ ⲙ̄ⲡⲉⲙⲧⲟ ⲉⲃⲟ
ⲗ ⲙ̄ⲙⲁⲛ ϯϩⲁⲡ ⲉⲧⲃⲉ ϫⲉ ⲛⲧⲁⲥⲇⲟⲝⲉⲓ ⲛⲁⲛ ⲛ̄
ϯϩⲉ ⲁⲩⲱ ⲁⲥⲣ̄ ⲁⲛⲁⲛ ⲁⲛⲥⲙⲓⲛ ⲡⲉⲓⲭⲁⲣⲧⲏⲥ
ⲡⲉⲓ ⲉⲧⲛⲁϣⲱⲡⲉ ⲉϥⲱⲣϫ ⲉϥⲃⲉⲃⲁⲓⲟⲛ ⲁⲩⲱ
ⲉϥϭⲙ ϭⲟⲙ ⲉϥϣ ⲛ̄ϫⲟⲉⲓⲥ ⲙ̄ⲙⲁ ⲛⲓⲙ ⲉⲩⲛⲁⲉⲙ
ⲫⲁⲛⲓⲍⲉ ⲙ̄ⲙⲟϥ ⲙ̄ⲙⲱ ϩⲓⲧⲛ̄ ⲁⲣⲭⲏ ⲛⲓⲙ ϩⲓ
ⲉⲝⲟⲩⲥⲓⲁ ⲁⲩⲱ ⲁⲩϫⲛⲟⲩⲛ ⲁⲛϩⲟⲙⲟⲗⲟⲅⲉⲓ ϯ
ⲁⲛⲟⲛ ⲡⲧⲓⲙⲉ ⲧⲏⲣϥ ϩⲓⲧⲛ ⲛⲉⲩⲗⲁⲃⲉⲥⲧʂⲧʂ
ⲙ̄ⲡⲣⲉⲥⲃʂ ⲙⲛ̄ ⲡⲁⲡⲛⲟⲩⲧⲉ ⲡⲧⲓⲙⲓⲟⲧʂ,ⲧʂ ⲛ̄
ⲗⲁϣⲁⲛⲉ ⲧⲛⲥⲧⲟⲓⲭⲉⲓ ⲉⲡⲉⲓⲭⲁⲣⲧⲏⲥ ϯ
ϯ ⲁⲉⲓⲣⲏⲙⲓⲁⲥ ⲡⲁⲣⲭⲏⲡⲣⲉⲥⲃʂ ⲥⲧⲟⲓⲭⲉⲓ ⲙ
ⲟⲓ ⲉⲛⲉⲓϣⲁϫⲉ
ϯ ⲓⲱⲥⲏⲫ ⲙⲩⲥⲓⲁ ⲡⲣⲉⲥⲃʂ ⲥⲧⲟⲓⲭⲉⲓ ⲙⲟⲓ ⲉⲛ
ⲉⲓϣⲁϫⲉ
ϯ ⲕⲩⲣⲓⲗⲗⲟⲥ ⲓⲱⲥⲏⲫ ⲡⲣⲉⲥⲃʂ ⲥⲧⲟⲓⲭⲉⲓ ⲙⲟⲓ
ⲉⲛⲉⲓϣⲁϫⲉ ⳁ

†††ⲁⲛⲟⲕ ⲓⲱⲥⲏⲫ ⲛ̄ⲁⲃⲣⲁϩⲁⲙ ⲡⲣⲉⲥⲃ/ ⲛ̄ⲁⲡ
ⲁ ⲃⲓⲕⲧⲱⲣ ϯⲥⲧⲟⲓⲭⲉⲓ ⲉⲛⲉⲓϣⲁϫⲉ ⲁⲛⲟⲕ ⲇⲁ
ⲛⲓⲏⲗ ⲡⲣⲉⲥⲃ/ ⲁⲓ̈ⲥϩⲁⲓ ϩⲁⲣⲟϥ ϫⲉ ϥⲛⲟⲓ ⲁⲛ ⲉⲁ
ϥⲃⲱⲕ ϣⲟⲙⲛⲧ ⲧⲛⲥⳁ ⲛ̄ⲧⲉϥϭⲓϫ
†ⲁⲛⲟⲕ ⲇⲁⲛⲓⲏⲗ ⲛ̄ⲁⲛⲇⲣⲉⲁⲥ ϯⲥⲧⲟⲓⲭⲉⲓ ⲉ
ⲛⲉⲓϣⲁϫⲉ ⲕⲁⲧⲁ ⲑⲉ ⲛ̄ⲧⲁⲓ ⲥⲱⲧⲙ
†ⲁⲛⲟⲕ ⲁⲃⲣⲁϩⲁⲙ ⲗⲉⲗⲟⲩ ⲡⲣⲉⲥⲃ// ⲧⲟⲓⲥⲧⲉ
ⲓⲭⲟⲓ ⲙⲟⲓ ⲉⲛⲓϣⲁϫⲉ
†††ⲁⲡⲁ ⲃⲓⲕⲧⲱⲣ ⲙ̄ⲡⲟⲩⲱϩⲉ ⲡⲣⲉⲥⲃ// ⲧⲟⲓⲥⲧ
ⲉⲓⲭⲟⲓ ⲙⲟⲓ ⲉⲛⲓϣⲁϫⲉ
†ⲉⲗⲓⲥⲁⲓⲟⲥ ⲛ̄ⲁⲧⲣⲏ ⲡⲇⲓⲁⲕ/ ⲥⲧⲟⲓⲭⲉ ⲙⲟⲓ ⲉⲛⲓϣⲁ
ϫⲉ
†ⲡⲉⲧⲣⲟⲥ ⲙⲙⲱⲩⲥⲏⲥ ⲡⲇⲓⲁⲕ/ ⲥⲧⲟⲓⲭⲉⲓ ⲙⲟⲓ
ⲉⲛⲉⲓϣⲁϫⲉ
†ⲡⲁⲛⲛⲟⲩⲧⲉ ⲛ̄ⲓⲥⲁⲕ ⲇⲓ̈ⲁⲕ/ ⲥⲧⲟⲓ ⲙⲟⲓ †
†ⲉⲇⲁⲛⲉⲓⲇ ⲓⲉⲍⲉⲕⲓⲏⲗ ⲡⲇⲓⲁⲕ/ ⲥⲧⲉⲓ̈ⲭⲉⲓ̈ ⲙⲟⲓ̈
ⲉⲛⲉϣⲁϫⲉ
†ⲓ̈ⲉⲍⲉⲕⲓⲏⲗ ⲡⲁⲭⲱⲙ ϯⲱ ⲙ̄ⲙⲁⲣⲧⲩⲣⲟⲥ
ⲁⲃⲣⲁⲁⲙ ⲉⲛⲱⲭ ϯⲱ ⲙ̄ⲙⲁⲣⲧⲩⲣⲟⲥ
ⲡⲉⲧⲣⲟⲥ ⲓ̈ⲉⲣⲉⲙⲓ̈ⲁ ⲙⲁⲣⲧⲩⲣⲱ
†††ⲕⲁⲙⲉ ⲙ̄ⲡⲁⲃⲱⲥ ⲙⲁⲣⲧⲩⲣⲱ

δι εμου //////κιανος εγραψα //////
+ ιεκωνιαζανυςνακε μαρτυρο
+ ιωαννης ν̄ ιωσηφ μαρτυρω +

+ [illegible] ομολ
[illegible] εγραψα [illegible] πρωτο [illegible]
[illegible] δια χειρι ρεα //////

PAPYRUS N° 5. DE BOULAQ

ϯⲁⲛⲟⲕ ⲓⲱⲁⲛⲛⲏⲥ ⲡϣ̄ⲛ̄ ⲡⲙⲁⲕ ⲍⲁⲭⲁⲣⲓⲁⲥ ⲡⲣⲙ̄ⲡ
ⲭⲱⲣⲓⲟⲛ ⲛ̄ⲁⲅⲓⲁⲧⲉⲓ ϩⲙ̄ ⲡⲧⲟϣ ⲛ̄ⲉⲣⲙⲟⲛⲧ̄ ϯⲥϩⲁ
ⲓ ⲙ̄ⲡⲙⲟⲛⲁⲥⲧⲏⲣⲓⲟⲛ ⲉⲧⲟⲩⲁⲁⲃ ⲙ̄ⲡⲁⲑⲗⲟⲫⲟⲣⲟⲥ
ⲁⲩⲱ ⲡⲉⲥⲧⲣⲁⲧⲏⲗⲁⲧⲏⲥ ⲡϩⲁⲅⲓⲟⲥ ⲁⲃⲃⲁ ⲫⲟⲓ
ⲃⲁⲙⲱ ⲙⲡⲧⲟⲟⲩ ////////// ⲛ̄ϫⲏⲙⲉ ϩⲓⲧⲟⲟⲧⲕ ⲡ
ⲉⲩⲗⲁⲃⲉⲥⲧⲁⲧⲟⲥ ⲥⲟⲩⲣⲟⲥ ⲡⲇⲓⲁⲕ/ ⲁⲩⲱ ⲡⲉⲡⲣⲟⲉ
ⲥⲧⲟⲥ ⲙ̄ⲡⲉⲓⲙⲟⲛⲁⲥⲧⲏⲣⲓⲟⲛ ⲁⲩⲱ ϩⲓⲧⲛ̄ ⲟⲩⲟⲛ ⲛ
ⲓⲙ ⲉϥⲛⲁⲡⲣⲟϩⲓⲥⲧⲁ ⲙ̄ⲛ ⲛⲥⲱⲕ ϣⲁ ⲉⲛⲉϩ ⲭⲁⲓⲣ
ⲉⲓⲛ ⲉⲡⲉⲓⲇⲏ ⲛ̄ⲛⲟⲙⲟⲥ ⲙ̄ⲡⲛⲟⲩⲧⲉ ⲕⲉⲗⲉⲩⲉ ⲁⲩⲱ
ⲥⲉⲡⲣⲟⲧⲣⲉⲡⲉ ⲛ̄ⲟⲩⲟⲛ ⲛⲓⲙ ⲉϩⲟⲩⲛ ⲉⲧⲙⲛ̄ⲧⲣ
ⲉϥⲣ̄ⲡⲉⲧⲛⲁⲛⲟⲩϥ ⲙⲛ̄ ⲗⲁⲁⲩ ⲛ̄ⲉⲝⲟⲩⲥⲓⲁ ⲕⲱⲗⲩ
ⲛ̄ⲗⲁⲁⲩ ⲛ̄ⲣⲱⲙⲉ ⲟⲛ ⲉⲉⲣ ⲡⲉⲧⲉϩⲛⲁϥ ϩⲙ̄ ⲡⲉⲧ
ⲉⲡⲱϥ ⲡⲉ ⲉⲡⲉⲓⲇⲏ ϩⲙ̄ ⲡⲧⲣⲉⲩϫⲡⲉ ϣⲉⲛⲟⲩ
ⲧⲉ ⲡⲁⲙⲉⲣⲓⲧ ⲛ̄ϣⲏⲣⲉ ⲁⲡⲛⲟⲩⲧⲉ ⲕⲉⲗⲉⲩⲉ ⲁϥ
ϩⲉ ⲉϩⲣⲁⲓ ⲉⲩϣⲱⲛⲉ ⲛ̄ⲥⲱⲙⲁⲧⲓⲕⲟⲛ ϩⲱⲥⲧⲉ
ⲛ̄ⲧⲛ̄ⲟⲡϥ ⲙ̄ⲡⲣⲱϣⲉ ⲛ̄ⲥⲟⲡ ϫⲉ ⲁϥⲙⲟⲩ ⲗⲟⲓⲡ
ⲟⲛ ⲁⲓⲉⲣⲏⲧ ⲙ̄ⲡⲛⲟⲩⲧⲉ ⲙ̄ⲡϩⲁⲅⲓⲟⲥ ⲫⲟⲓⲃⲁⲙⲱ
ⲛ ϫⲉ ⲉϥϣⲁⲛ ⲭⲁⲣⲓⲍⲉ ⲛⲁϥ ⲙ̄ⲡⲧⲁⲗϭⲟ ϣⲁⲓ
ⲧⲁⲁϥ ⲉϩⲟⲩⲛ ⲉⲡⲉⲓⲙⲟⲛⲁⲥⲧⲏⲣⲓⲟⲛ ⲉⲧⲟⲩⲁⲁ
ⲃ ϩⲱⲥ ϭⲁⲩⲟⲛ ϣⲁ ⲉⲛⲉϩ ⲛ̄ϥϣⲱⲡⲉ ϩⲁⲧⲏⲩ

ⲡⲟⲧⲁⲅⲏ ⲙ̄ⲡⲙⲁ ⲉⲧⲟⲩⲁⲁⲃ· ⲗⲟⲓⲡⲟⲛ ⲁⲡⲛⲟⲩⲧⲉ
ⲭⲁⲣⲓⲍⲉ ⲛⲁϥ ⲙ̄ⲡⲧⲁⲗϭⲟ ϩⲙ̄ ⲡⲧⲣⲉϥϭⲛ ⲡⲉϥ
ϩⲏⲧ ⲁϥⲡⲱⲧ ⲛ̇ⲁϥ ⲛ̄ϫⲓⲟⲩⲉ ⲁϥⲃⲱⲕ ⲛ̄ⲧⲁϣ
ⲧⲁⲛϩⲏⲧ ⲕⲁⲧⲁ ⲙⲁ ϣⲁⲛ̇ⲧϥ ⲡⲱϩ ⲉⲃⲟⲗ ⲃⲩⲗⲱ
ⲛ ⲙ̄ⲡⲉⲓϭⲛ ⲡⲉϥϣⲓⲛⲉ ⲛ̄ϩⲁϩ ⲛ̄ⲣⲟⲙⲡⲉ ⲁⲛⲟⲩ
ⲉϩ ⲙ̄ⲡⲁⲣⲁⲕⲁⲗⲉⲓ ⲙ̄ⲡⲛⲟⲩⲧⲉ ϫⲉⲉϥϣⲁⲛⲕⲧⲟ
ϥ ⲉϫⲱⲛ ⲧⲓⲛⲁϫⲱⲕ ⲡⲁⲉⲣⲏⲧ ⲉⲃⲟⲗ ⲉϩⲟⲩⲛ
ⲉⲡⲙⲁ ⲉⲧⲟⲩⲁⲁⲃ ⲙⲛ̄ⲛ̄ⲥⲱⲥ ⲁⲡⲛⲟⲩⲧⲉ ⲕⲧⲟϥ
ϩⲓⲧⲕⲉⲗⲉⲩⲥⲓⲥ ⲙ̄ⲡⲛⲟⲩⲧⲉ ⲉⲓⲥϩⲏⲧⲉ ⲁⲓⲁⲡ
ⲟⲧⲁⲥⲥⲉ ⲛ̄ϣⲉⲛⲟⲩⲧⲉ ⲡⲁⲙⲉⲣⲓⲧ ⲛ̄ϣⲏⲣⲉ ⲉϩ
ⲟⲩⲛ ⲉⲡⲙⲟⲛⲁⲥⲧⲏⲣⲓⲟⲛ ⲉⲧⲟⲩⲁⲁⲃ ⲛ̄ⲁⲡⲁ ⲫⲟⲓ
ⲃⲁⲙⲱⲛ ⲙ̄ⲡⲧⲟⲟⲩ ⲙ̄ⲡⲧⲟⲟⲩ ⲙⲛ̄ ⲡⲕⲁⲥⲧⲣⲟⲛ ⲛ̄ϫⲏ
ⲙⲉ ⲙⲛ̄ ϣⲏⲣⲉ ⲛⲓⲙ ⲉϥⲛⲁϫⲡⲟϥ ⲧⲁⲣⲉϥϣⲱ
ⲡⲉ ⲛⲁϥ ⲛ̄ϭⲁⲩⲟⲛ ϣⲁ ⲉⲛⲉϩ ⲉⲡⲱⲣϫ ⲟⲩⲛ ⲙ̄
ⲡⲙⲁ ⲉⲧⲟⲩⲁⲁⲃ ⲁⲓⲥⲙⲛ ⲡⲉⲓⲇⲱⲣⲉⲁⲥⲧⲓⲕⲱ
ⲡⲁⲓ ⲛ̄ⲧⲁⲓϯ ⲡⲁⲟⲩⲟⲓ ⲉⲣⲟϥ ⲉⲓⲟⲩⲱϣ ⲁⲩⲱ ⲉⲓⲡⲓ
ⲑⲉ ⲭⲱⲣⲓⲥ ⲗⲁⲁⲩ ⲛ̄ⲕⲣⲟϥ ϩⲓ ϩⲟⲧⲉ ϩⲓ ϫⲓⲛϭⲟ
ⲛ̄ⲥ ϩⲓ ⲁⲡⲁⲧⲏ ϩⲓ ⲥⲩⲛⲁⲣⲡⲁⲅⲏ ⲙⲛ̄ ⲗⲁⲁⲩ ⲛ̄
ⲁⲛⲁⲅⲕⲏ ϣⲟⲟⲡ ⲛⲁⲓ ⲁⲗⲗⲁ ϩⲛ̄ ⲧⲁⲡⲣⲟϩⲁⲓⲣⲉ
ⲥⲓⲥ ⲙⲙⲓⲛ ⲙⲙⲟⲓ ⲉⲓⲱⲣⲕ ⲙ̄ⲡⲛⲟⲩⲧⲉ ⲡⲡⲁⲛ
ⲧⲟⲕⲣⲁⲧⲱⲣ ⲙⲛ̄ ⲡⲟⲩϫⲁⲓ ⲛ̄ⲛⲉⲛϫⲓⲥⲟⲟⲩⲉ

ⲉⲧⲁⲙⲁϩⲧⲉ ⲉⲓϩⲟⲙⲟⲗⲟⲅⲉⲓ ⲉⲓⲇⲱⲣⲓⲍⲉ ⲛ̄ϣⲉⲛ
ⲟⲩⲧⲉ ⲡⲁⲙⲉⲣⲓⲧ ⲛ̄ϣⲏⲣⲉ ⲉϩⲟⲩⲛ ⲉⲡⲙⲟⲛⲁ
ⲥⲧⲏⲣⲓⲟⲛ ⲉⲧⲟⲩⲁⲁⲃ ϣⲁ ⲉⲛⲉϩ ⲙⲛ̄ ϣⲏⲣⲉ ⲛ
ⲓⲙ ⲉϥⲛⲁϫⲡⲟ ϩⲱⲥⲧⲉ ⲉⲣⲟϥ ⲛ̄ⲧⲟϥ ⲡⲙⲁ ⲉ
ⲧⲟⲩⲁⲁⲃ ⲉⲧⲙ̄ⲙⲁⲩ ⲛϥ ⲁⲙⲁϩⲧⲉ ⲁⲩⲱ ⲛϥⲣ̄
ⲡϫⲟⲉⲓⲥ ⲛ̄ϣⲉⲛⲟⲩⲧⲉ ⲡⲁϣⲏⲣⲉ ϣⲁ ⲉⲛⲉϩ
ⲛϥϫⲡⲟϥ ⲛⲁϥ ⲛ̄ϥⲟⲩⲉϩⲙ ϫⲡⲟϥ ⲛϥⲇⲓⲟⲓ
ⲕⲉⲓ ⲙ̄ⲙⲟϥ ⲛϥ ⲟⲓⲕⲟⲛⲟⲙⲉⲓ ⲙ̄ⲙⲟϥ ⲛϥⲥⲟ
ϩⲣ ⲛϥⲛⲟϫⲕ ⲙⲛ̄ ⲧⲇⲓⲟⲓⲕⲏ ⲙ̄ⲡⲙⲟⲟⲩ ⲛ̄ⲛ̄
ⲗⲟⲩⲧⲏⲣⲓⲛ ⲙⲛ̄ ⲡⲣⲟⲟⲩϣ ⲙ̄ⲡϩⲉⲃⲥ̄ ⲙ
ⲡⲉⲑⲩⲥⲓⲁⲥⲧⲏⲣⲓⲟⲛ ⲙⲛ̄ ⲧⲇⲓⲟⲓⲕⲏⲥⲓⲥ ⲙ̄ⲡⲟⲉ
ⲓⲕ ⲛ̄ⲛ̄ϣⲙ̄ⲙⲟⲓ ⲉⲧⲛⲁⲡⲁⲣⲁⲅⲉ ⲙⲛ̄ ϩⲱⲃ
ⲛⲓⲙ ⲛ̄ⲭⲣⲉⲓⲁ ⲉⲡⲁ ⲡⲙⲟⲛⲁⲥⲧⲏⲣⲓⲟⲛ ϩⲓϩ
ⲟⲩⲛ ⲁⲩⲱ ϩⲓⲃⲟⲗ ⲉⲓⲧⲉ ϩⲙ̄ ⲡⲙⲟⲛⲁⲥⲧⲏⲣⲓ
ⲟⲛ ⲉⲓⲧⲉ ⲛ̄ⲃⲟⲗ ϩⲓ ⲕⲏⲙⲉ ⲉⲓⲧⲉ ϩⲛ̄ ϩⲱⲃ
ⲛⲓⲙ ⲉⲣⲉ ⲡⲉⲡⲣⲟⲉⲥⲧⲟⲥ ⲛⲁⲕⲉⲗⲉⲩⲉ ⲙ̄ⲙⲟ
ϥ ⲛⲁϥ ⲁⲩⲱ ⲟⲩⲕ ⲉⲝⲉⲥⲧⲓ ⲛⲁⲓ̈ ⲟⲩⲇⲉ ⲛⲁⲧ
ⲁⲥϩⲓⲙⲉ ⲟⲩⲇⲉ ⲛⲗⲁⲁⲩ ⲛ̄ϣⲏⲣⲉ ⲉⲡⲱⲓ ⲡ
ⲉ ϩⲓ ⲕⲗⲏⲣⲟⲛⲟⲙⲟⲥ ⲉⲡⲱⲓ ⲡⲉ ⲉⲓ ⲉⲃⲟⲗ ⲉⲡ
ⲙⲟⲛⲁⲥⲧⲏⲣⲓⲟⲛ ⲉⲧⲟⲩⲁⲁⲃ ϣⲁ ⲉⲛⲉϩ ϩⲁ
ϣⲉⲛⲟⲩⲧⲉ ⲡⲁⲙⲉⲣⲓⲧ ⲛ̄ϣⲏⲣⲉ ⲟⲩⲇⲉ ⲉⲉⲥⲙⲛ̄

ⲗⲁⲁⲩ ⲙ̄ⲡⲣⲟⲥⲉⲗⲉⲩⲥⲓⲥ ⲕⲁⲧⲁⲣⲟϥ ϩⲁϩⲧⲏⲛ ⲗⲁ
ⲁⲩⲛⲁⲣⲭⲏ ϩⲓ ⲉⲝⲟⲩⲥⲓⲁ ⲕⲟⲩⲓ ϩⲓ ⲛⲟϭ ⲡⲉⲧⲛⲁ
ⲟⲩⲱϣ ⲉⲉⲓ ⲉⲃⲟⲗ ⲉⲡⲧⲟⲡⲟⲥ ⲉⲧⲟⲩⲁⲁⲃ ϩⲁⲣⲟ
ϥ ⲉϥⲛⲁⲥⲱⲕ ⲉϩⲣⲁⲓ ϩⲁ ⲡⲉⲕⲣⲓⲙⲁ ⲙ̄ⲡⲁⲉ
ⲣⲏⲧ ϩⲓ ⲡⲃⲏⲙⲁ ⲉⲧϩⲁϩⲟⲧⲉ ⲙ̄ⲡⲛⲟⲩⲧⲉ ⲛ̄
ⲧⲁϫⲓ ϩⲁⲡ ⲛ̄ⲙ̄ⲙⲁϥ ϫⲉ ⲛ̄ⲧⲁϥⲟⲩⲱϣ ⲉⲧ
ⲁⲕⲟⲧⲁ ⲡⲣⲟⲥⲫⲟⲣⲁ ⲙⲛ ⲡⲁⲉⲣⲏⲧ ⲙ̄ⲡⲛ
ⲟⲩⲧⲉ ⲙⲛ̄ⲛ̄ⲥⲱⲥ ⲛ̄ⲧⲉ ⲧⲉⲝⲟⲩⲥⲓⲁ ⲉⲧⲁⲣ
ⲭⲉⲓ ⲙ̄ⲡⲉⲟⲩⲟⲉⲓϣ ⲉⲧⲙ̄ⲙⲁⲩ ⲧⲓ ⲁⲛⲁⲅⲕⲏ ⲉ
ⲣⲟϥ ⲛϥⲉⲓ ⲉϩⲟⲩⲛ ⲛϥϩⲱⲛ ⲉⲧϭⲟⲙ ⲧⲏⲣ
ⲥ̄ ⲙ̄ⲡⲉⲓⲇⲱⲣⲉⲁⲥⲧⲓⲕⲱ ⲡⲁⲓ ⲛ̄ⲧⲁⲓⲥⲙⲛ̄ⲧϥ ⲉⲩ
ⲱⲣϫ ⲙ̄ⲡⲙⲟⲛⲁⲥⲧⲏⲣⲓⲟⲛ ⲉⲧⲟⲩⲁⲁⲃ ϥⲟⲣ
ϫ ϥϭⲙϭⲟⲙ ϩⲙ̄ ⲙⲁⲛⲓⲙ ⲉⲩⲛⲁⲉⲙⲫⲁⲛⲓⲍ
ⲉ ⲙ̄ⲙⲟϥ ⲛ̄ϩⲏⲧϥ̄ ⲁⲩⲟⲩⲱϣϥ̄ ⲉⲣⲟⲓ ⲁⲛⲟⲕ ⲓⲱ
ⲁⲛⲛⲏⲥ ⲡⲉϥⲉⲓⲱⲧ ⲁϥⲣⲁⲛⲁⲓ ⲁⲓⲥⲧⲟⲓⲭ
ⲉⲓ ⲉⲣⲟϥ ⲁⲓⲛⲏϫ ⲙⲁⲣⲧⲩⲣⲟⲥ ⲉⲣⲟϥ ⲁⲓⲕⲁ
ⲁϥ ⲉⲃⲟⲗ +
+ ⲁⲛⲟⲕ ⲓⲱⲁⲛⲛⲏⲥ ⲡϣⲛ ⲡⲙⲁⲕ̄ ⲍⲁⲭⲁⲣⲓ̄
ϯⲥⲧⲟⲓⲭ ⲉⲡⲉⲓⲇⲱⲣⲓⲁⲥⲧⲓⲕⲟⲛ ⲡⲣⲟⲥⲑⲉ
ⲉⲧⲥⲏϩ ⲙ̄ⲙⲟⲥ ⲡⲁⲣⲭⲏ ⲍⲁⲭⲁⲣⲓ̄ ϩⲛ̄ ⲉⲣⲙⲟ
ⲛⲧ ⲁϥⲁⲓⲧⲉⲓ ⲙ̄ⲙⲟⲓ ⲁⲓⲥϩⲁⲓ ϩⲁⲣⲟϥ ϫⲉ

N̄H̄

ⲙⲁⲩⲛⲟⲓ ⲁⲛⲱ ϯⲟⲙⲙⲛⲧⲣⲉ †

†ⲁⲛⲟⲕ ⲓⲱⲁⲛⲛⲏⲥ ⲡϣⲛ ⲡⲙⲁⲕ/ ⲕⲁⲥⲙ ϩⲛ̄

ⲉⲣⲙⲟⲛⲧ ϯⲟⲙⲙⲛⲧⲣⲉ †

†ⲁⲛⲟⲕ ⲡⲉⲧⲣⲟⲥ ⲡϣⲛ̄ ⲡⲙⲁⲕ/ ⲡⲣⲱⲧⲟⲅⲉⲛⲏⲥ

ⲛ̄ⲉⲣⲙⲟⲛⲧ ϯⲟⲙⲙⲛⲧⲣⲉ †

†ⲁⲛⲟⲕ ⲱⲣ̂ⲓⲡⲉⲥⲏ ⲡϣⲛ ⲙⲡⲙⲁⲕ ⲑⲉⲟⲭ ϩⲛ ⲉⲣⲙ

ⲟⲛⲧ ϯⲟⲙⲛⲧⲣⲉ †

†ⲁⲛⲟⲕ ⲥⲧⲉⲫⲁ̄ ⲡϣⲛ ⲥⲉⲛⲟⲩⲑ ϩⲛ ⲉⲣⲙⲟⲛⲧ ϯⲟⲙ

ⲙⲛⲧⲣⲉ †

† δι ἐμ [illegible] κληρωνικω διακω

κοινητω †

PAPYRUS N°6 DE BOULAQ

[...] ⲛⲟⲩⲧⲉ ⲙⲛ ⲡⲉϥ
ⲡⲉⲧⲟⲩⲁⲁⲃ ⲁⲡⲁ ⲫⲟⲓ [...]
ⲉϩⲣⲁⲓ ⲉⲩⲛⲟϭ ⲛϣⲱⲛⲉ ⲉϥⲛⲁϣⲧ̄ ⲉⲙⲁⲧⲉ
ⲁⲩⲱ ⲁⲛ ⲗⲩⲡⲉⲓ ϩⲛ ⲟⲩⲛⲟϭ ⲛⲗⲩⲡⲉⲓ ⲁⲛ
ⲟⲕ ⲙⲛ ⲛⲁⲣⲱⲙⲉ ⲧⲏⲣⲟⲩ ⲁⲩⲱ ⲁⲛⲕⲁⲧ
ⲟⲟⲧ ⲉⲃⲟⲗ ⲙⲙⲟϥ ⲁⲩⲱ ⲟⲩⲟⲛ ⲛⲓⲙ ⲛⲧⲁⲩ
ⲛⲁⲩ ⲉⲣⲟϥ ⲁⲩϫⲟⲟⲥ ϫⲉϣⲁϥ ⲙⲟⲩ ⲁⲓϣ
ⲟϫⲛⲉ ⲁⲛⲟⲕ ⲙⲛ̄ ⲧⲉϥⲙⲁⲁⲩ ϫⲉ̄ ⲙⲉϣⲁⲁ
ⲕ ⲡⲉⲛⲉⲣⲏⲧ ⲛ̄ⲧⲁⲛ ⲡⲁⲣⲁⲃⲁ ⲙ̄ⲙⲟϥⲙ
ⲛ̄ ⲛⲉⲛ̄ⲑⲏⲕⲉ ⲛⲧⲁⲛ ⲥⲙⲛⲧⲟⲩ ⲙⲛ̄ ⲡⲡⲉⲧⲟⲩⲁ
ⲁⲃ ⲗⲟⲓⲡⲟⲛ ⲙⲁⲣⲛ̄ ϫⲓ ⲙ̄ⲡϣⲏⲣⲉ ⲕⲟⲩⲓ ⲛ̄
ⲧⲛ ⲃⲱⲕ ⲉϩⲣⲁⲓ ⲉⲡⲙⲟⲛⲁⲥⲧⲏⲣⲓⲟⲛ ⲙⲏ
ⲡⲟⲇⲏ ⲛ̄ⲧⲛ ⲙⲟⲩ ⲉⲛⲟⲛ ⲁⲫⲩⲗⲓⲝ ⲁⲥⲥⲱⲧ
ⲙ̄ ⲟⲩⲛ ⲛ̄ⲥⲱⲓ ⲛϭⲓ ⲧⲉϥⲙⲁⲁⲩ ⲁⲛϫⲓ ⲙⲡϣⲏ
ⲣⲉϣⲏⲙ ⲁⲛⲃⲱⲕ ⲉⲡⲙⲟⲛⲁⲥⲧⲏⲣ̄ ⲁⲛϭⲱ ⲛ̄
ϩⲟⲩⲛ ⲉ̄ⲛⲡⲁⲣⲁⲕⲁⲗⲉⲓ ⲁⲩⲱ ⲉⲛⲥⲟⲡⲥ ⲙ̄ⲡ
ⲛⲟⲩⲧⲉ ⲙⲛ̄ ⲡⲉϥⲡⲉⲧⲟⲩⲁⲁⲃ ⲁⲡⲁ ⲫⲟⲓⲃⲁⲙⲱ
ⲛ ⲁⲩⲱ ⲉⲛϫⲓ ⲉⲃⲟⲗ ϩⲛ̄ ⲙⲙⲏⲥⲧⲏⲣ̄ ⲉⲧⲟⲩⲁⲁ
ⲃ ⲙⲛ ⲡϣⲏⲣⲉ ⲕⲟⲩⲓ ⲁⲩⲱ ⲉⲛⲡⲁⲣⲁⲕⲁⲗⲉⲓ ⲙ
ⲡⲡⲉⲧⲟⲩⲁⲃ ϫⲉⲕⲱ ⲛⲁⲛ ⲉⲃⲟⲗ ⲙ̄ⲡⲛⲟⲃⲉ ⲙⲛ̄ ⲧ

ⲡⲁⲣⲁⲃⲁⲥⲓⲥ ⲛⲧⲁⲛϣⲱⲡⲉ ⲛ̄ϩⲏⲧⲥ ⲁⲩⲱϣ
ⲁⲡϫⲱⲕ ⲛⲟⲩϩⲉⲃⲇⲟⲙⲁⲥ ⲁⲡⲉⲛⲧⲁϥⲥⲱ
ⲧⲙ ⲡⲥⲟⲡⲥ ⲛ̄ⲧⲙⲁⲕⲁⲣⲓⲁ ⲁⲛⲛⲁ ⲧⲉⲡⲣⲟⲫ
ⲏⲧⲏⲥ ⲁⲩⲱ ⲧⲙⲁⲁⲩ ⲛⲥⲁⲙⲟⲩⲏⲗ ⲡⲉⲡ
ⲣⲟⲫⲏⲧⲏⲥ ⲥⲱⲧⲙ̄ ⲉⲣⲟⲛ ϩⲱⲱⲛ ⲁϥⲭⲁⲣⲓ
ⲍⲉ ⲙⲡⲧⲁⲗϭⲟ ⲙⲡϣⲏⲣⲉϣⲏⲙ ⲁⲩⲱ ⲁϥ
ⲗⲟ ⲉⲃⲟⲗ ϩⲛ̄ ⲧⲙⲁⲥⲧⲓⲝ ⲙⲡϣⲱⲛⲉ ⲁⲩⲱ
ⲛⲧⲉⲣⲛ̄ⲛⲁⲩ ⲉⲧⲛⲟϭ ⲛϣⲡⲏⲣⲉ ⲁⲩⲱ ⲙⲡⲁ
ⲣⲁⲇⲟⲝⲟⲛ ⲁⲩⲛⲟϭ ⲛⲣⲁϣⲉ ϣⲱⲡⲉ ⲛⲁⲛⲁ
ⲛⲙⲉⲉⲩⲉ ϫⲉ ⲟⲩⲡⲉⲧⲛ̄ⲛⲁⲧⲃⲃⲟϥ ⲙ̄ⲡⲛⲟⲩ
ⲧⲉ ⲏ ⲟⲩⲡⲉⲧⲛⲛⲁⲁⲁϥ ⲛⲁϥ ⲛϣⲃⲃⲓⲟ̂ ⲉⲡ
ⲙⲁⲙⲡⲛⲟϭ ⲛϩⲙⲟⲧ ⲛ̄ⲧⲁϥⲁⲁϥ ⲛⲙⲙⲁⲓⲛ
ⲕⲁⲛ ϫⲉ ⲙⲡⲉⲛⲡⲱϩ ⲉⲛϣⲓ ⲛ̄ⲧⲙⲁⲕⲁⲣⲓⲁ
ⲁⲛⲛⲁ ⲧⲉⲡⲣⲟⲫⲏⲧⲏⲥ ⲁⲩⲱ ⲧⲙⲁⲁⲩ ⲙ̄ⲡⲉⲡ
ⲣⲟⲫⲏⲧⲏⲥ ⲛ̄ⲧⲛϫⲓ ⲛ̄ⲛ̄ⲁⲡⲁⲣⲭⲏ ⲙⲛ̄ ⲛⲧ̄ⲛ̄
ⲣⲉⲙⲉⲧ ⲛⲧⲛⲃⲱⲕ ⲉⲡⲏⲓ ⲙ̄ⲡϫⲟⲉⲓⲥ ⲡⲣⲟⲥⲑⲉ
ⲉⲧⲃⲏⲏⲧⲥ ϩⲙ̄ ⲡϫⲱⲱⲙⲉ ⲛ̄ⲛ̄ⲃⲁⲥⲓⲗⲓⲁⲟⲩ
ⲇⲉⲟⲛ ⲙⲡⲛ̄ⲉϣ ⲧⲟⲗⲙⲁ ⲛⲧⲛ̄ ϫⲟⲟⲥ ⲟ̂ ⲙⲁⲓⲟ
ⲥⲛⲧⲉⲥϩⲉ ϫⲉ ⲉⲕϣⲁⲛ ϣⲛ̄ϩⲧⲏⲕ ϩⲁⲣⲟⲓ ⲛ̄
ⲅ̄ϯ ⲛⲁⲓ ⲛⲟⲩⲥⲡⲉⲣⲙⲁ ⲛⲣⲱⲙⲉ ⲡⲧⲉⲕⲛⲁ
ⲧⲁⲁϥ ⲛⲁϥ ϥⲛⲁϣⲱⲡⲉ ⲛⲁⲕ ⲛϩⲙ̄ϩⲁⲗ ⲛ̄

ⲛⲉϥϩⲟⲟⲩ ⲧⲏⲣⲟⲩ ⲛⲁⲡⲁⲣⲭⲏ ⲇⲉ ⲙⲛ̄ ⲛ̄ⲣⲉⲙⲉ̣ⲧ
ⲙ̄ⲡϭⲱⲛ ⲉⲩⲛⲟⲣⲉⲓ ⲙ̄ⲙⲟⲟⲩ ⲛⲧⲛ̄ⲧⲁⲁⲩ ⲉⲡⲙⲟⲛⲁⲥ
ⲧⲏⲣ̸ ⲉⲧⲃⲉ ⲡⲃⲁⲣⲟⲥ ⲛ̄ⲛ̄ϩⲓⲥⲉ ⲉⲧϩⲓϫⲱⲛ ⲡⲉ
ⲛⲧⲁⲛϭⲙϭⲟⲙ ⲉⲛⲁⲁⲩ ⲡⲉ ⲡⲁⲓ ⲁⲛϫⲟⲟⲥ ⲛϯϩ
ⲉϫⲉⲉⲣⲉⲡⲉϣⲏⲣⲉ ⲏⲡ ⲉⲛⲉⲧⲙⲟⲟⲩⲧ ϩⲁⲑⲉⲙ
ⲡⲁⲧⲉϥⲟⲩϫⲁⲓ ⲧⲉⲛⲟⲩ ⲇⲉ ⲁϥⲟⲩϫⲁⲓ ⲙⲁⲣⲉϥ
ϣⲱⲡⲉ ⲉϥⲟⲛϩ ⲙ̄ϩⲁⲗ ⲉⲡⲙⲁ ⲛⲧⲁϥⲟⲩϫⲁⲓ ⲛ̄
ϩⲏⲧϥ ⲛ̄ⲧⲉⲣⲉⲉⲓ ⲟⲩⲛ ⲉⲡⲟⲟⲩ ⲛ̄ϩⲟⲟⲩ ⲁⲓⲙⲟⲩϣ
ⲧ ⲉⲃⲟⲗ ϫⲉ ⲙⲏⲡⲟⲥ ⲛⲧⲉⲣ̄ⲙ̄ ⲡⲁⲧⲓⲙⲉ ⲛⲉϫϩⲓ
ⲥⲉⲉϫⲙ̄ ⲡϣⲏⲣⲉ ⲕⲟⲩⲓ ⲁⲓϯ ⲡⲁⲟⲩⲟⲓ ⲁⲓⲥⲙ
ⲛ ⲡⲓⲇⲱⲣⲓⲁⲥⲧⲓⲕⲱ ⲁⲓⲧⲁⲁⲩ ⲛⲁⲕ ϩⲓⲧⲟⲟⲧⲕ
ⲛ̄ⲧⲟⲕ ⲡⲉⲩⲗⲁⲃⲉⲥⲧⲁⲧⲟⲥ ⲛⲇⲓⲁⲕⲟⲛⲟⲥ ⲁⲩⲱ
ⲡⲉⲕⲱⲛⲟⲙⲟⲥ ⲙ̄ⲡⲙⲟⲛⲁⲥⲧⲏⲣ̸ ⲉⲧⲟⲩⲁⲁⲃ ϫ
ⲉⲕⲁⲥ ⲉⲩϣⲁⲛⲕⲱⲗⲉ ⲙ̄ⲡϣⲏⲣⲉ ⲕⲟⲩⲓ ⲉⲣ̄
ϩⲙ̄ϩⲁⲗ ⲙ̄ⲡⲙⲟⲛⲁⲥⲧⲏⲣ̸ ⲛⲥⲉⲉⲙⲫⲁⲛⲓⲍⲉ
ⲙⲙⲟϥ ⲉⲩϣⲁⲛⲟϣϥ ⲛⲥⲉⲥⲁϩⲟⲟⲩ ⲉⲃⲟⲗ
ⲙⲡⲉⲕⲣⲓⲙⲁ ⲛⲟϭ ⲡⲉⲧⲛⲁⲧⲟⲗⲙⲁ ⲇⲉ ⲡⲟ
ⲧⲉ ⲕⲁⲓⲣⲱ ⲭⲣⲱⲛⲱ ϩⲛ ⲛⲉⲭⲣⲓⲥⲧⲓⲁⲛ
ⲟⲥ ⲕⲱⲗⲉ ⲙ̄ⲡϣⲏⲣⲉϣⲏⲙ ⲉⲣ̄ϩⲙ̄ϩⲁⲗ
ⲙ̄ⲡⲙⲟⲛⲁⲥⲧⲏⲣ̸ ⲉⲧⲟⲩⲁⲁⲃ ⲉⲓⲉ ⲡⲉⲧⲙⲙ
ⲁⲩ ⲛⲁⲥⲱⲕ ⲉϩⲣⲁⲓ ϩⲁ ⲡⲉⲕⲣⲓⲙⲁ ⲛ̄ⲧⲁⲡϫ

ⲟⲉⲓⲥ ϫⲟⲟⲥ ϩⲓⲧⲛ ⲧⲧⲁⲡⲣⲟ ⲙⲡϩⲓⲉⲣⲟⲫⲁⲛⲧ
ⲏⲥ ⲙⲱⲩ̈ⲥⲏⲥ ⲉⲧⲃⲉ ⲛⲉⲧⲛⲁⲕⲱⲗⲩ ⲙ̄ⲡⲉⲣⲏⲧ
ⲙⲡϫⲟⲉⲓⲥ ⲁⲩⲱ ⲟⲛ ⲉⲣϣⲁⲛ ⲡⲉϥϣⲏⲣⲉ ⲕⲟⲩⲓ
ⲛⲧⲉⲙⲓⲛⲉ ⲟⲩⲱϣ ⲉⲧⲙ̄ⲣ̄ ϩⲙ̄ϩⲁⲗ ⲙ̄ⲡⲙⲟⲛⲁ
ⲥⲧⲏⲣ̄ ⲡⲙⲁ ⲛ̄ⲧⲁⲩⲟⲩϫⲁⲓ ⲛ̄ϩⲏⲧϥ ⲡⲉⲧϥ̄ⲛⲁ
ϫⲡⲟϥ ⲧⲏⲣϥ̄ ϩⲙ̄ ⲡⲉϥⲉ̄ⲣⲅⲱ ⲭⲉⲓⲣⲱⲛ ⲉϥⲛ
ⲁⲧⲁⲁϥ ⲉⲡⲙⲟⲛⲁⲥⲧⲏⲣⲓⲟⲙ̄ ⲡⲣⲟⲥⲑⲉ ⲉⲧϥ̄
ⲛⲁⲡⲱⲗ ⲕⲁⲧⲁ ⲕⲩⲣⲱⲉ ⲕⲱⲛⲟⲙⲟⲥ ⲉⲛⲟⲣϫ̄
ⲟⲩⲛ ⲙ̄ⲡⲇⲓⲕⲁⲓⲱⲙ̄ ⲙ̄ⲡⲙⲟⲛⲁⲥⲧⲏⲣⲓⲟⲛ
ⲉⲧⲟⲩⲁⲁⲃ ⲁⲓⲥⲙⲛ ⲡⲉⲓⲇⲱⲣⲓⲁⲥⲧⲓⲕ ⲉϥⲉ
ϣⲱⲡⲉ ⲉϥⲟⲣϫ ⲉϥϭⲙ̄ϭⲟⲙ ⲉϥⲃⲉⲃⲓⲟⲩ ⲉϥ
ϩⲁⲡⲛⲟⲙⲟⲥ ⲙ̄ⲙⲁⲛⲓⲙ ⲉⲩⲛⲁⲉⲙⲫⲁⲛ
ⲓⲍⲉ ⲙⲙⲟϥ ⲛ̄ϩⲏⲧϥ ⲁⲩⲱ ϣⲉϥⲉⲣⲟⲓ ϩⲓⲧⲙ̄ⲡ
ⲛⲟⲙⲓⲕⲟⲩ ⲁⲩⲣⲁⲛⲁⲓ ⲁⲓⲧⲁϫⲣⲟϥ ⲛ̄ϩⲩⲡ
ⲟⲅⲣⲁⲫⲉⲩⲥ ϩⲓ ⲙⲁⲣⲧⲩⲣⲟⲥ ⲛ̄ⲁⲝⲓⲟⲡⲓⲥ
ⲧⲟⲥ ⲁⲓⲕⲁⲁϥ ⲉⲃⲟⲗ ⲕⲁⲧⲁ ⲧⲁⲕⲟⲗⲟⲩⲑⲉ ⲛ̄ⲛ̄ⲛ
ⲟⲙⲟⲥ +
+ ⲁⲛⲟⲕ ⲙⲁⲕⲁⲣⲉ ⲡϣⲉⲣⲉ ⲉⲡⲁⲧⲉⲣⲙⲟϩ
ⲉⲛⲡⲯⲁⲙⲏⲣ ϯⲱⲉⲛⲙⲉⲛⲧⲣⲉ +
+ ⲁⲛⲟⲕ ⲡⲗⲏⲓⲛⲉ ⲡϣⲏⲣⲉ ⲛⲡⲁⲧⲉⲣⲙⲟ
ⲩ̈ ϩⲛ ⲯⲁⲙⲏⲣ ϯⲱⲛⲙⲛⲧⲣⲉ +

+ανοκ ιωαννης πϣηρε ν̄ϩαλλω ϩν τε
μεμησε τεω μ̄ντρε
ανοκ κολθε πϣηρε πϣηρε μ̄πμα
καρεος απα κιρε ϩν ταβνησε τε
ω μντρε
+ ανοκ μαθ πϣηρε νπμα σοναι τι ω
μντρε +
+ανοκ κυριακος πϣηρε νπμα κωλι
+ω μντρε
+ανοκ χαηλ πϣηρε κυριακος αιϲϩ
αι ϩαρου χε μαυ νοι νϲϩαι ανω +ω
μντρε +

+ ζαχαρίας μονοζων τοῦ ἁγ μονα
στηρ ἀκκατ κυ ὀρμιν καστρω μενονι ἔγραψας
τας χιρ +

PAPYRUS N° 7 DE BOULAQ

.... χαηλ διοικ/ καcτρον μεμν
ωνιων

+ ανοκ χαηλ πϣηρε μ̄μηνα πρμ π
καcτρον ν̄ϫημε πνομοc ν̄τπολιc ερ
μωντ χαιρειν νετcοουν μεν ν̄cϩαι
νϩητν ενcϩαι ϩν νενcϩαι μμινεμ
μοου νετcοουν αν ν̄cϩαι ενπαρακα
λει νϩενρωμε εν νοϊ ν̄cϩαι ϩαροου
προcτενητιcιc των ου μν τενπροθυ
μια +
ν̄νομοc ν̄βαcιλικον κελευε ντει
ϩε ετρευπονα πονα ρ̄ πετεϩναϥ ϩμ
πετεπωϥ πε αϊ ουαϩ τουν ν̄cατα
κουλουθια ν̄ννομοc ετραδωριζε
μπαμεριτ ν̄ϣηρε cτεφανοc εϩουν
επcεπτοc τοποc πϩαγιοc απα φοιβα
μων μ̄πτοου μπ καcτρον ν̄ϫημε ϩι
τοοτκ κυριακοc πεπροεcτοc αυπϩυγο
υμενοc αυω πμοναχοc αυω πεπρεcβυτ
εροc μ̄πϩαγιοc απα φοιβαμων ϫεκαc

ⲉⲣⲉⲥⲧⲉⲫⲁⲛⲟⲥ ⲡⲁϣⲏⲣⲉ ⲛⲁϣⲱⲡⲉ ⲉϥⲟ ⲛ̄ϩⲙ
ϩⲁⲗ ⲉⲡⲥⲉⲡⲧⲟⲥ ⲧⲟⲡⲟⲥ ⲙ̄ⲡϩⲁⲅⲓⲟⲥ ⲁⲡⲁ ⲫⲟⲓ
ⲃⲁⲙⲱⲛ ⲡⲣⲟⲥⲑⲉ ⲉⲧⲉⲧⲛ̄ⲛⲁⲕⲉⲗⲉⲩⲉ ⲙ̄ⲙ
ⲟⲥ ⲛⲁϥ ϫⲉⲕⲁⲥ ⲛ̄ⲛⲉⲧⲛ̄ϣⲉ ⲉⲣⲟϥ ϩⲛ̄ ⲗⲁⲁ
ⲩ ⲛ̄ⲁⲧⲁⲝⲓⲁ ⲟⲩⲇⲉ ⲕⲁⲧⲁⲥⲓⲁ ⲛϥϣⲱⲡⲉ
ⲛ̄ⲥⲙⲛⲟⲥ ϩⲛ̄ ϩⲱⲃ ⲛⲓⲙ ⲡⲉⲧⲛⲁϫⲱⲛϥ ⲉⲡⲉⲓⲭ
ⲁⲣⲧⲏⲥ ⲛϥⲕⲓⲙ ⲉⲣⲟϥ ⲉϥⲛⲁϣⲱⲡⲉ ⲉϥⲟ ⲛ̄ϣ
ⲙ̄ⲙⲟ ⲉⲡⲉⲓⲱⲧ ⲙⲛ̄ ⲡϣⲏⲣⲉ ⲙⲛ̄ ⲡⲉⲡⲛⲁ ⲉⲧⲟⲩ
ⲁⲁⲃ ⲁⲩⲱ ⲛϥϫⲓ ⲙ̄ⲡⲥⲁϩⲟⲩ ⲛ̄ⲁⲛⲁⲛⲓⲁⲥ ⲙⲛ̄
ⲥⲁⲡⲡⲓⲣⲁ ⲧⲉϥⲥϩⲓⲙⲉ ⲁⲩⲱ ⲛϥϫⲓ ⲛ̄ⲛⲥⲁ
ϩⲟⲩ ⲉⲧϩⲙ̄ ⲡⲛⲟⲙⲟⲥ ⲙ̄ⲙⲱⲩⲥⲏⲥ ⲉⲡⲱⲣϫⲟ
ⲩⲛ ⲙ̄ⲡⲧⲟⲡⲟⲥ ⲉⲧⲟⲩⲁⲁⲃ ⲁⲓⲥ ⲙⲛ̄ ⲡⲉⲓⲇⲱⲣ
ⲓⲁⲥⲧⲓⲕⲱⲛ ⲁⲩⲱ ⲧⲓ ⲥⲧⲟⲓⲭⲉⲓ ⲉⲣⲟϥ· /
ϯ ⲁⲛⲟⲕ ⲭⲁⲏⲗ ⲡϣⲏⲣⲉ ⲙ̄ⲙⲏⲛⲁ ⲧⲓⲥ
ⲧⲟⲓⲭ
ϯ ⲁⲛⲟⲕ ⲍⲓⲕⲏⲏⲗ ⲡϣⲏⲣⲉ ⲛ̄ⲁⲙⲙⲱⲛ ⲉⲙ
ⲛ̄ ⲙⲁⲣⲕⲟⲥ ⲡϣⲏⲣⲉ ⲙ̄ⲙⲁⲕⲁⲣⲉ ⲧⲛ̄ⲱ·ⲛⲙ·
ⲛⲧⲣⲉ ϯ
ⲁ̈ⲛⲟⲕ ⲓⲱϩⲁⲛⲛⲏⲥ ⲡϣⲏⲣⲉ ⲛ̄ϩⲓ̈ⲗⲓ̈ⲁⲥ ⲁⲛⲉ
ⲡⲣⲱⲥⲱⲡⲟⲛ ⲁⲓⲧⲉⲙⲙⲟⲓ̈ ⲁⲓⲥϩⲁⲓ ϩⲁⲣⲟⲟ
ⲩ ϫⲉ ⲙⲉⲩⲛⲟⲓ ⲛ̄ⲥϩⲁⲓ ⲁⲩⲱ ϯⲱ ⲛ̄ⲙⲛ̄ⲧⲣⲉ ϯ

+ακαρcκοcνφιλοθετιω νμντρε ανο
κφϊλϊπ νπραϊνετϊω νμντρε ανοκλε
ωντcεπνπλεντϊω νμτρε ανοκ ϣενε
τωμπαβικτωρτϊωνμντρε ανοκ cαν
ϩημμηνα τϊω νμντρε ανοκ καλ//cπ
ϣηρενϊωϩαννηcαυπ/////καρενμοϊ
αϊcϩαιϩαροον ϫε μαυνοενcϩαι +
+ανοκ πετροcπϣηρε μπμακ////////
+ανοκ δανιηλ π/////////θεοδοτοc////////
αμαρια ντ/////// ϫημε//////////προcτ
ητηcιc ν//////////////////////////

PAPYRUS N° 8 DE BOULAQ

νελααυνρωμε////////μπτο///////μαυ/////
νϩητϥ ουδε ανοκ ουδε ϲον ουδε λααυρ
ωμε εϥϫηϩ εϩουν επγενοϲ ννρωμε ου
δε αρχοντικων η̄ εκκληϲιαϲτικον ετ
Βεϫε νταιδωριζε μπαμεριτ νϣηρε εϩο
υν επτοποϲ ναπαφοιΒαμων ταρυρ
ϩμϩαλ εροϥ ϩμ μντϭαον νιμ ετεκ
νακελευε μμοϥ ναϥ μπεϩοου μντευ
ϣη ντοκ πευλαΒεϲτατοϲ κυριακοϲ π
κημεριαρχηϲ αυω ποικονομοϲ μπτο
ποϲ ετουααΒ ναπαφοιΒαμμων νϥαα
υ αυω νϥϫοκου εΒολ ϫιν τενου ϣαεν
εϩ αυω ϣαουοειϣ νιμ νϣαενεϩ εϥ
νηυ μν̄ν̀ϲωκ μν ακωλυτωϲ ϫιν τενου
////εροκ πτοποϲ ετουααΒ ναπαφοιΒ
αμων ϩιτοοτκ πϥοικονομοϲ εκναε
ι εϩουν νγαμαϩτε αυω νγκυριευεϲθ
αι αυω νγερπϫοειϲ νκομοϲ παμεριτ
νϣηρε παι νταιδωριζε μμοϥ εϩου
ν επτοποϲ ετουααΒ παι νταιϲαω

ηνιζε μμοϥ νακ νϩαϩ νcοπ ταρκρ πϥϫ
οειc ετρϥερϩυπουργια νιμ ετετννακε
λευε μμοϥ ναϥ νϥϫοκου εβολ ανεμπο
διcτωc αυωον ϫε ννετετν̄ϩε εροϥ ϩνλ
ααυ νκαταφρονηcιc ουτε λααυ νκλοπ
η αλλα εϥερϩωβ αυω εϥcωτμ ϩιν ϩω
β νιμ ετετννακελευε μμοϥ ναϥ αυωε
cϣανϣωπε νϥϫι cϩιμε οπερ μηγενετ
ο ερε νεϥϣηρε ετϥναϫπο ναϣωπε ευλ
ειτουργει επτοποc ετουααβ ναπα φοιβ
αμων ντεϥϩε· πετναϫωνϥ επειδωρια
cτικων νϥουωϣ εϩολϥ εβολ νϥεναγ
ε μπτοποc ετουααβ ετβε κομοc παμ
εριτ νϣηρε ϥονϣ μμο επειειωτ μ
ν πϣηρε μν πεπνα ετουααβ αυων
ϥϫι μπcαϩου μπδευτερονομοc αυω
νϥτιτμμου νουcωματιον νρωμε μννcω
c νϥει εϩουν νϥϩων επειδωρεα ε
πωρϫ ουν μπτοποc ετουααβ μντετ
νευλαβεcτατοc αι cμντϥ ϥορϫϥ ϭμϭ
ομ ϩμ μα νιμ ευναμφανιζε μμοϥ

νϩητϥ ντουϫνουι νταϩομολογει +
+ανοκ μαριϩαμ τϣηρε νδανιηλ ϩν
τοουτ +στοιχει επειδωρεα προυσθη
ετϥσηϩ μμοϥ +ανοκ νωϩε πεπρεσβsα
νω πϩηγουμενος ας ετει μμοϊ αϊσϩα
ιϩαρος προυστεσαδυσις +++
+ανοκ θωμα πϣν πμακαριος βικτ
ωρ τιωμ μντρε
+ανοκ δανειδ πϣηρε μπμακ ψατη
πρμπκαστρον νϫημε τι ομμντρεε
πεχαρτις προστϭομ ν πενταυ κααυ ε
ϩραι
+ανοκ πχερ ϊπϣηρε μπμακαριος ενω
χ πρμπκαστρον νϫημε τιομμντρε

+ διζιουαριτης ϛ οκαγρα αγαϊς

PAPYRUS N° 9 DE BOULAQ.

✝ενονοματι τον θεον τον παντοκρ
ατωρ////
εγρ̄ μ̄ϥ μεσορη//////// δ̄ γ̄
✝ανοκ φοιβαμων πϣ̄ν̄ ναθανασιο
ς παι//////// νονϩυπογραφευς ετρεϥ
ϩυπογραφε ϩαροϥ αν//////// εϥαιτιν
ϩενμαρτυρος ναξιοπιστος ετρευμ
αρτυριζε επειδωρεαστικο̄ν ατπα
ραβαμμοϥ ανω νατκαταλυμμ
οϥ ανωνατβολϥ εϩραι ϩιτοοτου ν
ννομος ετκη εϩραι ✝ εις ϩαι μπδι
καιον μπμαρτυρος ετουααβ πϩαγ
ιος φοιβαμμων μπτοου νϫημε ϩιτ
οοτκ coυρος πευλαβεστατος νδια
κονος ανω ϩιτ νουον νιμ εϥναοι
κονομει μν νcωκ ϩμ πειμοναστ
ηριον νουωτ παγιος φοιβαμμων χ
ε επειδη πνομος μπνουτε κελευεα
νω ϥπροτρεπε νουον νιμ ετρεπου
αρπαγαθον μν ππετνανουϥ ετεϩν

ⲁϥϩⲙ ⲡⲉⲧⲉⲡⲱϥⲡⲉϩⲙ ⲡⲧⲣⲉⲡⲛⲁⲏⲧⲛ̄
ⲛⲟⲩⲧⲉⲕⲉⲗⲉⲩⲉ ⲛⲥⲉϫⲡⲟⲛⲁï ⲙⲡⲁϣⲏⲣⲉ
ⲁⲓⲣⲡⲙⲉⲉⲩⲉ ⲛⲛⲁⲛⲟⲃⲉ ⲁⲓϩⲟⲣⲓⲍⲉⲙⲙ
ⲟϥϫⲉⲉϥϣⲁⲛⲱⲛϩ ϣⲁⲓ ⲧⲁⲁϥ ⲉⲡⲙⲟ
ⲛⲁⲥⲧⲏⲣⲓⲟⲛ ⲛⲁⲡⲁⲫⲟⲓⲃⲁⲙⲙⲱⲛϩⲁⲧ
ⲥⲱⲧⲏⲣⲓⲁⲛⲧⲁⲯⲩⲭⲏ ⲛⲧⲉⲣⲉⲡϣⲏⲣⲉⲕⲟⲩ
ⲓⲇⲉ ⲁⲁⲓ ⲁⲩⲱⲛϥⲡⲣⲟⲕⲟⲡⲧⲉ ⲁⲓⲟⲩⲱϣⲉ
ⲡⲁⲣⲁⲃⲁ ⲙⲡⲉⲣⲏⲧ ⲡⲁⲓ ⲛⲧⲁⲓⲥⲙⲛⲧϥⲙ
ⲛ̄ⲡⲛⲟⲩⲧⲉ ⲙⲛ ⲡⲉϥⲡⲉⲧⲟⲩⲁⲁⲃ ⲙⲛⲛⲥⲁⲛ
ⲁïⲁⲡϣⲏⲣⲉⲕⲟⲩⲓ ϩⲉ ⲉϩⲣⲁⲓ ⲉⲩⲛⲟϭⲛϣ
ⲱⲛⲉ ⲉϥⲛⲁϣⲧⲉⲙⲁⲧⲉ ⲁⲩⲱ ⲉϥϫⲁϫⲱ ⲁⲩ
ⲱ ⲁⲛϭⲱ ⲉⲛⲙⲏⲛⲉ ⲉⲃⲟⲗ· ϩⲛ ⲟⲩⲛⲟϭ ⲛⲗⲩⲡ
ⲏ ⲉⲧⲃⲉⲡϣⲏⲣⲉⲕⲟⲩï ⲁⲩⲱ ⲉⲛⲕⲱϩ ⲉⲛⲛ
ⲁⲩ ⲉⲛϣⲏⲣⲉⲕⲟⲩⲓ ⲧⲏⲣⲟⲩ ⲉⲩⲟⲩⲟϫ ⲁⲩⲱ
ⲉⲩϣⲟⲟⲡ ⲛⲥⲟⲗⲥⲗ ⲛⲛⲉⲩⲉⲓⲟⲧⲉ ⲁⲛϫⲓϣ
ⲟϫⲛⲉ ⲁⲛⲟⲕ ⲙⲛ ⲧⲉϥⲙⲁⲁⲩ ϫⲉ ⲙⲉϣⲁⲕ
ⲛⲧⲁⲡⲛⲟⲩⲧⲉ ⲙⲛ ⲡⲉϥⲡⲉⲧⲟⲩⲁⲁⲃ ⲣ ⲡⲁⲓ
ⲛⲁⲛ ⲉⲃⲟⲗ ϫⲉ ⲁⲛⲡⲁⲣⲁⲃⲁ ⲛⲛⲥⲩⲛⲑⲏⲕ
ⲏ ⲛⲧⲁⲛⲥⲙⲛⲧⲟⲩ ⲛⲙⲙⲁϥ ⲁⲛϫⲓϣⲟϫⲛⲉ
ⲁⲛⲟⲛ ⲙⲛ ⲛⲉⲛⲉⲣⲏⲩ ϫⲉ ⲙⲁⲣⲛⲧⲱⲟⲩⲛ
ⲛⲧⲛϫⲓ ⲡϣⲏⲣⲉⲕⲟⲩⲓ ⲛⲧⲛⲃⲱⲕ ⲉⲡⲙⲟⲛ

αcτηριον ετουααβ ντν παρακαλει·
μπνουτε μν πεϥ πετουααβ πϩαγιοcφ
οιββαμων' ενριμε ανω ενπαρακα
λει μπμαρτυροc ϫε κω ναν εβολ
μπνοβε ντανααϥ ανω ανϭω ενϫι ε
βολϩν νμυcτηριον ετουααβ μν.παϣ
ηρεκονι ανω ϣαπϫωκ νουεβοτ
νϩοου απεντανcωτμ επcο̊π̄c̄π̄ ντ
μακαρια αν̄να τμααυ ν cαμο̄υηλ
πεπροφητηc cωτμ εροn ϩωων αϥ
χαριζε μπταλϭο μπϣηρεκονι αν
ωανβωκ επενηι εντεοου μπνουτ
εανμουτν εβολ ϫε πειϣηρεκονι η
πενετμοουτ ϩαθη μπατυματε μ
πταλϭο τενουδε αγουϫαι μαρεϥϣ
ωπε ευονϭαυον επμοναcτηριον
ετουααβ πμανταυϫι μ μπταλϭο
ντερνει ϣαιιποου νϩοου ανμουϣ
τνεβολ ϫεμηπωc ντερνπεντμεϣ
ινc νcανcϫπιιιιε εϫμ πϣηρεκονια
ιϯπαουοι αιcμν πειδωρεαcτικον αι

ⲧⲁⲁⲩ ⲙⲡⲉⲛⲉⲓⲱⲧ ⲡⲉⲡⲓⲥⲕⲟⲡⲟⲥ ⲙⲛ ⲡⲟⲓⲕ
ⲟⲛⲟⲙⲟⲥ ⲧⲁⲣⲉⲩⲕⲁⲁⲩ ϩⲛ ⲧⲃⲓⲃⲗⲓⲱⲑⲏ
ⲕⲏ ⲙⲡⲙⲟⲛⲁⲥⲧⲏⲣⲓⲟⲛ ⲉⲧⲟⲩⲁⲁⲃ ϫⲉⲕⲁⲥ ⲉ
ⲛϣⲁⲛ ⲕⲱⲗⲩ ⲙⲙⲡ ϣⲏⲣⲉ ⲕⲟⲩⲓ ⲛⲣϭⲁⲩ
ⲟⲛ ⲉⲡⲙⲟⲛⲁⲥⲧⲏⲣⲓⲟⲛ ⲉⲧⲟⲩⲁⲁⲃ ⲛⲥⲉⲉ
ⲙⲫⲁⲛⲓⲍⲉ ⲙⲙⲟⲩ ⲉⲩϣⲁⲛⲟⲩϣϥ ⲛⲥⲉⲥⲁϩⲱⲟ
ⲩ ⲉⲃⲟⲗ ⲙⲡⲉⲕⲣⲓⲙⲁ ⲁⲛⲟϭ ⲡⲉⲧⲛⲁⲧⲟⲗⲙⲁ
ⲉϩⲛ ⲛⲉⲭⲣⲓⲥⲧⲓⲁⲛⲟⲥ ⲉϣⲓⲛⲉ ⲛⲥⲁ ⲛⲡⲉⲓϣⲏ
ⲣⲉ ⲕⲟⲩⲓ ⲉⲃⲟⲗ ϩⲙ ⲡⲙⲟⲛⲁⲥⲧⲏⲣⲓⲟⲛ ⲉⲧⲟⲩⲁⲁⲃ
ϣⲁⲉⲛⲉϩ ⲉⲣⲉⲡⲉⲧⲙⲙⲁⲩ ⲛⲁⲥⲱⲕ ⲉϩⲣⲁⲓ
ϩⲁⲡⲉⲕⲣⲓⲙⲁ ⲛⲧⲁⲡϫⲟⲉⲓⲥ ϩⲓⲧⲛ ⲧⲧⲁⲡⲣⲟ
ⲙⲡϩⲓⲉⲣⲟⲫⲁⲛⲧⲏⲥ ⲙⲱⲩⲥⲏⲥ ⲉⲧⲃⲉⲛⲉⲧⲛ
ⲁⲕⲱⲗⲩ ⲙⲡⲉⲣⲏⲧ ⲙⲡϫⲟⲉⲓⲥ ⲁⲩⲱ ⲟⲛ ⲉⲣϣⲁ
ⲛ ⲡⲉⲓϣⲏⲣⲉⲕⲟⲩⲓ ⲟⲩⲱϣ ⲉⲧⲙⲣϭⲁⲩⲟⲛ ⲙⲡⲙ
ⲟⲛⲁⲥⲧⲏⲣⲓⲟⲛ ⲉⲧⲟⲩⲁⲁⲃ ⲡⲉⲧϥⲛⲁϫⲡⲟϥ ⲧⲏⲣ
ϥ ϩⲙ ⲡⲉϥⲉⲣⲅⲱ ⲭⲉⲓⲣⲱⲛ ⲉϥⲛⲁⲧⲁⲁϥ ⲉϩⲟⲩⲛ
ⲉⲡⲙⲟⲛⲁⲥⲧⲏⲣⲓⲟⲛ ⲉⲧⲟⲩⲁⲁⲃ ⲡⲣⲟⲥⲑⲉⲉⲧⲩⲛ
ⲁⲡⲱⲗⲕ ⲙⲛ ⲡⲕⲁⲧⲁⲕⲁⲓⲣⲱ ⲟⲓⲕⲟⲛⲟⲙⲟⲥ ⲉ
ⲛⲱⲣϫ ⲙⲡⲁⲓⲕⲁⲓⲟⲛ ⲙⲡⲙⲟⲛⲁⲥⲧⲏⲣⲓⲟⲛ ⲉⲧⲟ
ⲩⲁⲁⲃ ⲁⲓⲥ ⲙⲛ ⲡⲉⲓⲇⲱⲣⲉⲁⲥⲧⲓⲕⲟⲛ ϥⲟⲣϫ
ⲁⲩⲱ ϥϭⲙϭⲟⲙ ϩⲙ ⲙⲁ ⲛⲓⲙ ⲉⲩⲛⲁⲙⲫⲁⲛⲓ

ⲍⲉ ⲙⲙⲟⲩ ⲛϩⲏⲧϥ ⲁⲛⲟϣϥ ⲉⲣⲟⲓ ϩⲓⲧⲙ ⲡⲛ
ⲟⲙⲓⲕⲟⲥ ⲁⲩⲣⲁⲛⲁⲓ ⲁⲓⲧⲁϫⲣⲟⲩ ⲛϩⲩⲡⲟⲅⲅ
ⲣⲁⲫⲉⲩⲥ ϩⲓ ⲙⲁⲣⲧⲩⲣⲟⲥ ⲛⲁⲝⲓⲟⲡⲓⲥⲧⲟⲥ ⲁ
ⲓⲕⲁⲁϥ ⲉⲃⲟⲗ· ⲕⲁⲧⲁ ⲧⲁⲕⲟⲩⲗⲗⲟⲑⲓⲁ ⲛⲛ
ⲛⲟⲙⲟⲥ ✝

✝ ⲁⲛⲟⲕ ⲡⲁⲧⲙⲟⲧⲉ ⲡϣⲏⲛ ⲛⲡⲙⲁⲕ̄ ⲁⲃⲣⲁ
ϩⲁⲙ ϩⲛⲉⲡⲟⲩⲕⲁⲛⲁ ⲧⲉⲓⲱ ⲙⲙⲛⲧⲣⲉ

✝ ⲁⲛⲟⲕ ⲕⲟⲩⲙⲏⲧⲉ ⲛⲡⲁⲫⲟⲣⲁ ⲧⲉⲓⲱ ⲙⲙⲛ
ⲣⲉ

✝ ⲁⲛⲟⲕ ⲓⲱⲁ̄ⲛ̄ ⲥⲁⲛⲟⲩⲑ̄ ϩⲛⲉⲡⲟⲩⲕⲁⲛⲁ ⲧⲉⲓ
ⲱ ⲙⲙⲛⲧⲣⲉ

✝ ⲁⲛⲟⲕ ⲥⲉⲛⲟⲩⲑⲓⲟⲥ ⲡϣⲏⲛ ⲛⲡⲙⲁⲕ̄ ⲅⲉⲟⲣⲅⲓⲟⲥ
ⲧⲓⲟ ⲙⲙⲛⲧⲣⲉ ✝

✝ ⲉⲓ̈ⲉⲗⲱⲛⲏⲥ [redacted] ⲥⲩⲅⲭ ⲡⲣⲉⲥⲃⲩⲧⲉⲣⲟⲥ ⲛⲉⲱⲛ
ⲧⲱⲛⲥ ✝

PAPYRUS Nº 10 DE BOULAQ

||||||||||||||||||||επτοποϲ ναπα φοιβα
|||||||||||||απνουτε ϲωτμ επνϲοπϲ αϥ
ϯναν νπεϲυνθιοϲ ϩν πρεϥκοπτε νουκ
ουι απμαϲτ πετνανουϥ νιμ νοϫϲ επν
ϩητ ετρν κτον επαϩου ϩν ππνερητ λο
ιπον απνουτε ϣινε νϲα κτον εροϥ νκ
εϲοπ αϥϯϲβω ναν ντεϩε απδιαβολ
οϲ ρεϩτ ππνϣηρε ετμμαυ εϩουν επκ
ωϩτ αυρωκϩ νϲαβηλ ϫε αν ρ πμεευ
ε ν ππμα ετουααβ αυϲεπϲωπϥ νμον αϥ
ανϩαλιϲκε αυω ντερν κτον εροϥ
αϥχαριζε νμοϥ ναν εϥονϩ κατα θε
νταϥϫοοϲ ϫε πϲοπϲ νπδικαιοϲ ϭμϭο
μ αυω ϥενηργε λοιπων ϩν πενουω
ϣ νμιν νμον αντωριζε νπϣηρε κ
ουι εϩουν επεϥμα ετουααβ κατα θε
νϣορπ ετρεϥϣωπε εϥονϩ ϩμϩαλ εϩου
ν επμα ετουααβ ϩν μντϩμϩαλ νιμ ϣ
αενεϩ νουοειϣ νθε νουϭαουον νϣω
π ϩαϩομντ ετρεϥϣωπε ϩατεξουϲι

ⲁⲛⲡⲙⲟⲛⲁⲥⲧⲏⲣⲓⲟⲛ ⲉⲧⲙⲙⲁⲩ ϣⲁⲉⲛⲉϩ ϩⲁ
ⲧⲛⲯⲩⲭⲏ ⲁⲛⲟⲛ ⲛⲉϥⲉⲓⲟⲧⲉ ⲙⲛ̄ ⲧⲱϥ ϩⲱϥ ⲡϣ
ⲏⲣⲉ ⲕⲟⲩⲓ ⲁⲩⲱ ϫⲉ ⲛⲛⲉⲗⲁⲁⲩ ⲛ̄ⲣⲱⲙⲉ ϩⲟ
ⲗⲟⲥ ⲉϥⲧⲟⲗⲙⲁ ⲛϥϫⲟⲟⲥ ϫⲉ ⲉⲓⲛⲁⲏⲛⲧϥ ⲉ
ⲃⲟⲗ ϩⲛ ⲡⲉϥⲧⲟⲡⲟⲥ ⲉⲓⲧⲉ ϩⲱⲛ ⲁⲛⲟⲛ ⲛⲉ
ϥⲉⲓⲟⲧⲉ ⲉⲓ ⲗⲁⲁⲩ ⲛ̄ⲣⲱⲙⲉ ϩⲟⲗⲟⲥ ⲉϥⲉⲓⲣⲉ
ⲛⲡⲛⲡⲣⲱⲥⲟⲡⲟⲛ ⲁⲩⲱ ⲡⲉⲧⲛⲁⲧⲟⲗⲙⲁ
ⲉⲡⲉϩⲱⲃ ⲡⲁⲓ ϣⲟⲣⲡ ⲙⲉⲛ ⲉϥⲟ ⲛϣⲙⲙⲟ
ⲉⲡⲓⲱⲧ ⲙⲛ ⲡϣⲏⲣⲉ ⲙⲛ ⲡⲉⲡⲛ̄ⲁ ⲉⲧⲟⲩⲁⲁ
ⲃ ⲧⲉⲧⲣⲓⲁⲥ ⲛⲁⲧⲡⲱⲣϫⲧ ϩⲛ ⲡⲉⲉⲓⲱⲛ ⲡⲁⲓ
ⲙⲛ̄ ⲡⲉⲧⲛⲏⲩ ⲙⲛ̄ ⲛⲥⲱⲥ ⲛ̄ⲛϥ ⲫⲓⲗⲓⲥⲧⲟⲩⲛ
ⲗⲁⲁⲩ ⲛⲗⲁⲩ ⲡⲉⲧⲛⲁⲛⲟⲩϥ ϩⲛ ⲡⲉⲕⲟⲥⲙ
ⲟⲥ ⲁⲩⲱ ⲡⲉⲧⲛⲁϩⲁⲣⲉϩ ⲉⲡⲉⲭⲁⲣⲧⲏⲥ ⲉⲣⲉⲡ
ⲛⲟⲩⲧⲉ ⲙⲛ̄ ⲡϩⲁⲅⲓⲟⲥ ⲁⲡⲁ ⲫⲟⲓⲃⲁⲙⲱⲛ ⲥ
ⲙⲟⲩ ⲉⲣⲟϥ ϩⲛ ⲙⲁⲛⲓⲙⲉϥ ⲛⲁⲃⲱⲕ ⲉⲣⲟϥ
ⲙⲛ̄ ⲛⲉϥⲧⲃⲛⲟⲟⲩⲉ ⲙⲛ̄ ⲡⲉϥϣⲟⲡ ⲛⲁϥ ⲧⲏⲣϥ
ϫⲓⲛ ⲟⲩⲉⲗⲁⲭⲓⲥⲧⲱⲛ ϣⲁ ⲟⲩⲕⲉⲫⲁⲗⲁⲓⲟⲛ ⲙ
ⲛ̄ⲛⲥⲱⲥ ⲛⲧⲉ ⲡⲉⲡⲉⲓⲇⲱ ⲉⲣⲁⲥⲧⲓⲕⲱⲛ ⲁϣ
ⲱⲡⲉ ⲉϥⲟⲣϫⲧ ⲁⲩⲱ ⲉϥϭⲙϭⲟⲙ ϩⲛ ⲙⲁⲛⲓⲙ
ⲉⲩⲛⲁⲙ ⲫⲟⲛⲓⲍⲉ ⲛⲙⲟϥ ⲛϩⲏⲧϥ ⲉⲓⲃⲉϫⲉ
ⲛⲧⲁⲛⲉⲣⲏⲧ ⲛⲙⲟϥ ⲉϥϩⲛ ⲛⲉϭⲓⲛϫⲓⲛⲥⲛⲧⲉⲙ

ινε αυω ανον ϩων ενωρκ νπνουτε
ϫε ννπντανελααυ εμητε επνταϥϣ
ωπε τηρϥ αυω νταρκο νλααυ ννεξι
ϲια νιμ νπραν ννπνουτε ππατωκρ
ατωρ ερεπεδωραϲτικον ναϭι ετοτϥ
εϣωπε μαυταϩουϥ ερατϥ εϩουν επτ
οποϲ νφαγιοϲ απα φοιβαμων ντεπ
νουτε ϲμου εροϥ μν̄ νεϥϣηρε μν̄ π
ετϣοοπ ναϥ ϫε ννεϥϲυνχωρε νρω
μενϥν̄ πεϲυνηθιοϲ εβολ ϩν πειμα ετ
ουααβ εβολ ϫε απϣωνε νταυταϩου
αυ νϭωβ εβολ ϫε ανεϣληλ νπμα
ρτηροϲ ετουααβ απα φοιβαμων ν
αϩμεϥ ναν ν̄μον αυμουε παι πδικ
αιον ϩων πε ετρεν ροειϲ ετϭομ ν̄πε
τοεραϲδικον εϥουοϫ αυω εϥταϩηυ
ερατϥ ϩν ουμε μν ουπιϲτιϲ εϲορϫ
αυω εϲϭμϭομ εμν̄ κτο επαϩου νϩ
ητϲ ϫε ννεπνουτε ϫνουν ϩν ουνοϭ
ν̄βημα ετϩαϩοτε αυω ετε μν λααυ
ννα ρνηϲιϲ ϩαϩτηϥ ειμητε ετνοϭν

αποφα ετϣωτ εβολ πετνатаϩο πεχ
αρτηϲ ερατϥ ερε πνουτε ν̄πϩαγιοϲ α
παφοι βαμων ταϩουϥ ερατϥ μ̄ν νεϥ
ϣηρε μ̄ν νεϥτβνοουε νϥϫιτϥ νϩμοτϩ
ν πεϩοουν νπϩαπ ν̄με ν̄πνουτε ανων
ταν ϯπνϣηρε εϩουν επμοναϲτηριον
ετουααβ ερε πθεωτιμητατοϲ αββα
Κολουθων νεπιϲκοποϲ ετπολιϲ ρμον
τ μ̄ν πεϲτοϣ ερεϲουρουϲ ν̄διαϗω
προεϲτοϲ επτοποϲ ετουααβ ετμμαυ
ερε π̄ψμωω ναρχων εϫν πκαϲτρον ν
ϫημε επωρϫ ουν νπδικαιον απαφοι
βαμων ανϲμν πεχαρτηϲ δωεραϲτικη.
ευορϫανω εϥϭμϭομ ϩν μα νιμ ευνα
ϫιτϥ εροϥ ϩεθενεξουϲια νιμ νϲεϫνο
υν ντνϩομολογε ανω ανητε νϩεν κερω
με ναξιωπιϲτοϲ αυμαρτηρεϲ θε εροϥ
ανον αρων μν ϫελκτ τεϥϲϩιμε νετϣ
ρϲϩαι τνϲτεχε
ϯανοκ παϩ··μ πϣιιρε μιιεϲυνθ ιειϲ
τειχε

† ⲁⲛⲟⲕ ⲅⲉⲱⲣⲅⲓ ⲡϣⲓⲡⲙⲁⲕ ϩⲟⲩⲁⲓ ϩⲛⲡⲁ
ⲡⲁⲣⲧⲓ̈ⲟⲩⲉⲙⲛⲧⲣⲉ
† ⲁⲛⲟⲕ ⲓⲱⲁⲛⲛⲏⲥ ⲡϣⲏⲣⲉ ⲙⲡⲙⲁⲕⲁⲣⲓⲟ
ⲥ ⲡⲁⲡⲁ ϩⲙ ⲡⲁⲕⲏ ⲕⲙⲓⲥⲓⲛⲁⲓ ⲧⲓⲟ ⲙⲙ̣ⲛⲧⲣⲉ
† ⲁⲛⲁⲕ ⲓⲱⲥⲏⲫ ⲡϣⲛ ⲏⲗⲓⲁⲥ ⲡⲣⲙⲧⲙⲛⲉ
ⲓⲙⲡⲉⲓⲥⲉⲛⲁⲓ †ⲱ ⲙⲛⲧⲣⲉ

† ⲇⲓ ⲉⲙⲟⲩ ⲙⲉⲥⲁⲧⲇⲓⲟⲩ ⲥⲁⲛⲁⲕⲁ ⲱⲛ ⲉⲅⲣⲁⲫⲁ.

PAPYRUS N° 11 DE BOULAQ

////////////////ⲛϩⲏⲧϥ//////////// ⲡⲁⲅⲁⲑⲟⲥ
ⲛⲟⲩϫⲟⲩⲛⲟϭ ⲛϣⲱⲛⲉ ⲉⲡⲁⲙⲉⲣⲓⲧ ⲛϣⲏⲣⲉⲕⲟ
ⲗⲗⲟⲩⲑⲟⲥ ⲡⲣⲟⲥ ⲡⲙ̅ⲡ̅ϣⲁⲛⲛⲁⲛⲟⲃⲉ ⲁⲓⲃⲱ
ⲕ ⲉϩⲟⲩⲛ ⲉⲡⲑⲉⲟⲫⲟⲣⲟⲥ ⲁⲩⲱ ⲛⲣⲉϥϫⲣⲟⲕⲗⲁ
ⲙⲛⲁⲙⲉ ⲡϩⲁⲅⲓⲟⲥ ⲁⲡⲁ ⲫⲟⲓⲃⲁⲙⲱⲛ ⲡⲙⲁ
ⲣⲧⲏⲣⲟⲥ ⲁⲩⲱ ⲛⲁⲧⲗⲟⲅⲭⲉ ⲛϩⲏⲧ ⲁⲓ̈ⲡⲁⲣⲁ
ⲕⲁⲗⲉⲓ ⲙⲙⲟϥ ϫⲉ ⲉⲕⲧ//////// ⲡⲁϣⲏⲣⲉ ⲕⲟⲗ
ⲗⲟⲩⲑⲟⲥ ⲛⲁⲓ ϣⲁⲓ ⲁⲁϥ ⲛϭⲁⲩⲟⲛ ⲉϩⲟⲩⲛ ⲉⲣ
ⲟϥ ⲛⲡⲥⲉⲡⲉ ⲛⲛⲉϥϩⲟⲟⲩ ⲛϥⲗⲩⲧⲟⲩⲣⲅⲉⲓ ⲉⲣⲟ
ϥ ⲛⲑⲉ ⲛϭⲁⲩⲟⲛ ⲛⲁⲡⲁ ////// ⲗⲩⲧⲟⲩⲣⲅⲉⲓ ⲙⲙ
ⲟⲛⲁⲥⲧⲏⲣⲓⲟⲛ ⲉⲧⲟⲩⲁⲁⲃ ϩⲓⲧⲟⲟⲧⲕ ⲕⲩⲣⲓⲁ
ⲕⲟⲥ ⲡⲉⲩⲗⲁⲃⲉⲥⲧⲁⲧⲟⲥ ⲙⲙⲟⲛⲟⲭ ⲁⲩⲱ ⲛⲡⲣ
ⲉⲥⲃⲩⲧⲉⲣⲟⲥ ⲙⲛ ⲛⲟⲓⲕⲟⲛⲟⲙⲟⲥ ⲧⲏⲣⲟⲩ ⲉⲧ
ⲛⲏⲩ ⲙⲛⲛⲥⲱⲕ ϫⲉ ⲛⲛⲉⲗⲁⲁⲩ ⲛⲣⲱⲙⲉ ⲟⲩⲇⲉ
ⲁⲛⲟⲕ ⲟⲩⲇⲉ ⲥⲟⲛ ⲟⲩⲇⲉ ⲥⲱⲛⲉ ⲟⲩⲇⲉ ϫⲱϩ
ⲟⲩⲇⲉ ϫⲱϩ////// ⲟⲩⲇⲉ ϣⲙⲙⲟ ⲟⲩⲇⲉ ⲣⲙ̅ⲙⲉⲛ
ⲏⲓ̈ ϩⲉⲛ ⲁⲅⲉⲛⲁ ⲡⲧⲟⲡⲟⲥ ⲉⲧⲟⲩⲁⲁⲃ ϩⲁ ⲕⲟⲗ
ⲗⲟⲩⲑⲟⲥ ⲡⲁϣⲏⲣⲉ ⲟⲩⲇⲉ ϩⲛ ⲇⲓⲕⲁⲥⲧⲏⲣⲓⲟ
ⲛ ⲟⲩⲇⲉ ⲛⲡⲃⲟⲗ ⲛⲇⲓⲕⲁⲥⲧⲏⲣⲓⲟⲛ ⲉⲓⲇⲉ ϩⲛ ⲧⲡⲟ
ⲗⲓⲥ ⲉⲓⲇⲉ ϩⲛ ⲧⲟϣ ⲏ̅ ⲛⲡⲃⲟⲗ ⲉⲡⲛⲟⲙⲟⲥ ⲛⲉ

ντουϣ η̅ ϩιτν αρχωντικων η̅ εκκλησιαστ
ικων νϥϯ ουβε πεδωριαστικων παιν
τοι εμντϥ ναπθεοφορος αυω νρεϥϫρ
οκλαμ ναμε πϩαγιος απαφοιβαμω
ν////////// νϣηρε κολλουθος ταρεϥϣ
ωπε εϥλητουργει εροϥ ϩν πϲεεπε μπ
ϥωνϩ τηρϥ καιπερ ννομος νθεεικων
αυω νβασιλικων κελευε ντειϩε ϩ
ντευβασιλικη ταξις ϫε εξεσται επ
ουαπουα ετρεϥρ πϫοεις μπετε πωϥ π
ϲανοκ ϩωωτ ////////// ακολλουθια
νεννομος ϯουωϣ αυω ϯκελευε ετρεπ
τοπος ετουααβ νται εμφανιζε μ//////
ϩν ϩαϩ νϲοπ ερ πϥϫοεις ϫε νε λααυ ν
ρωμε κελευε μμοϥ ει μη τι επτοπος ετ
ουααβ πετνατολμα τενου εεναγε να
πτοπος ετουααβ ϩα πα μεριτ νϣηρε
νταιδωριζε μμοϥ εϩουν εροϥ ουδε α
νοκ ουδε ϲον ουδε ϲωνε ουδε ϣμμο
ουδε ρμενηϊ τευτερον δε εϥναϣωπε
εϥο νϣμμο επειωτ μν πϣηρε μν πε

πναετουααβανωνϥϫιτμερ//////
πεςκαριωτηςανωντεπτοποςετουα
αβκολαζεμμοϥανωνϥϫικβαμμο
ϥϩιπβημαετϩαϩοτεμπϫοειςπνουτε
μπτηρϥαιειουνεπεδωρεαστικον
ειουωϣανωειπιθεχωριςλααυνκρο
ϥϩιϩοτεϩιϫινϭονςϩιαπατηϩιλαα
υνςυναρπαγηϩιπεριγραφηεμνανα
γκηνουωτκηναιεϩραιαλλαεβολϩ
νταπροϩερηςιςτωιμμινεμμοι/////
////κακονοιανιμϩικακοηθειααλλα
επιπασηκαληπροειρηςειειωρκϫε
μμνςωςμπνουτεπαντοκρατωρμνπ
ουϫαιννενϫιςοουεεταρχειεχωντε
νουεβολϩιτμπουεϩςαϩνεμπνουτε
ϫεννειεϣτολμαουδεννειεϣϭμϭομ
εεναγεναπτοποςετουααβϣαενεϩ
ιτοοτϥπθεοφιλνπρεςβυτεροςκυριακ
οςπμοναχοςανωπϩηγουμςμπτοπ
οςετουααβνπϩαγιοςαπαφοιβαμων
ν.πτοουμπκαςτρνϫημεμννοικονο

ⲙⲟⲥⲉⲧⲛⲏⲩ ⲧⲏⲣⲟⲩ ⲙⲛⲛⲥⲱⲕ ⲁⲓⲥⲙⲛ ⲙⲉ
ⲇⲱⲣⲓⲁⲥⲧⲓⲕⲱⲛ ϥⲟⲣϫ ϥϭⲙϭⲟⲙ ⲁⲩⲱ ϥⲃ
ⲉⲃⲁⲓⲟⲩ ϩⲙ ⲙⲁ ⲛⲓⲙ ⲉⲩⲛⲁⲙⲫⲁⲛⲓⲍⲉ ⲙⲙ
ⲟϥ ⲛϩⲏⲧϥ ⲛⲥⲉϫⲛⲟⲩⲛ ⲛⲧⲛ ϩⲟⲙⲟⲗⲟⲅⲉⲓ
ⲁⲩⲟϣϥ ⲉⲣⲟⲓ ⲁⲓⲥⲟⲧⲙⲉϥ ⲁⲓⲧⲁϫⲣⲟϥ ⲛϩⲩ
ⲡⲟⲅⲣⲁⲫⲉⲩⲥ ϩⲓ ⲙⲁⲣⲧⲩⲣⲟⲥ ⲁⲛⲕⲁⲁϥ ⲉⲃⲟ
ⲗ ⲛⲉⲧⲥⲟⲟⲩⲛ ⲙⲉⲛ ⲛⲥϩⲁⲓ ⲁⲩⲥϩⲁⲓ ϩⲓⲛⲛⲉ
ⲩⲥϩⲁⲓ ⲙⲙⲓⲛⲉⲙⲙⲟⲟⲩ ⲛⲉⲧⲥⲟⲟⲩⲛ ⲁⲛ ⲛⲥϩ
ⲁⲓ ⲛϩⲏⲧⲛ ⲁⲩⲡⲁⲣⲁⲕⲁⲗⲉⲓ ⲛⲟⲩϩⲩⲡⲟⲅⲣⲁ
ϥⲉⲩⲥ ⲉⲧϥϩⲩⲡⲟⲅⲣⲁⲫⲉ ϩⲁⲣⲟⲟⲩ ⲁⲛⲕⲁⲁϥ
ⲉⲃⲟⲗ ⲡⲣⲟⲥ ⲧⲁⲕⲟⲗⲟⲑⲓⲁ ⲛⲉⲛⲛⲟⲙⲟⲥ †
†ⲁⲛⲟⲛ ⲡⲁⲁⲙ ⲡϣⲏⲣⲉ ⲛⲑⲉⲟⲇⲟⲣⲉ ⲙⲛ ⲙⲁ
ⲕⲁⲣⲉ ⲛⲅⲉⲟⲣⲅⲓ ⲙⲡⲓⲥⲓϣⲏⲗⲇⲓⲟⲥ ⲧⲙ ⲥⲧⲉⲭ
ⲉ ⲉⲡⲓⲭⲁⲣⲧⲏⲥ ⲡⲣⲟⲥ ⲑⲉ ⲉⲧⲉϥⲥⲏϩ ⲓⲛⲙⲟⲥ †
†ⲁⲛⲟⲕ ⲇⲁⲛⲓⲏⲗ ⲡϣⲏⲣⲉ ⲡⲓⲕⲟⲥ ⲥⲧⲉⲭⲉ †
ⲙⲁⲕⲁⲣⲉ ⲁⲓⲥϩⲁⲓ ϩⲁⲣⲟϥ †
†ⲁⲛⲟⲛ ⲥⲉⲩⲏⲣⲟⲥ ⲡϣⲏⲣⲉ ⲙⲡⲙⲁⲕⲉⲛⲟⲭ ⲙⲛ
ⲡⲭⲉⲣ ⲡⲉϥⲥⲟⲛ ⲙⲛ ⲭⲁⲏⲗ ⲡϣⲏⲣⲉ ⲥⲉⲛⲟⲩⲑ ⲙⲛ
ⲕⲟⲥⲙⲁ ⲡϣⲏⲣⲉ ⲙⲙⲏⲛⲁ ⲧⲛ ⲥⲧⲉⲭⲉ ⲉⲡⲉⲭⲁⲣ
ⲧⲏⲥ ⲛⲑⲉ ⲉⲧⲉϥⲥⲏϩ ⲙⲙⲟⲥ †

PAPYRUS Nº 11 bis DE BOULAQ

†πλ̅ν̅. ανοκ φιλοθ πϣηρε μμμακ//////
ψμιω ϩμ π χωριον μπανκαμη μπνομ
οc ντπολιc ερμοντ ειcϩαι νειδω//////
////ενουβηνε εϩουν επτοποc ναπαφ
ιβαμων πμαρτηροc μπεχ̅c̅ ϩιτοο////
ννεκληρικοc απαcουρουc πεπροεc
τοc μπτοποc μν μαθαιοc πεϥcον ντα
ναναγκαζε μμοι ανετρειρπαι αλλα
////ταπροϩαιρεcιc μμιν εμμοι αιρ
παι ετβε πουχαι ντα ψυχη εcϩι πμ
εροc μπκαϩ ετουμουτε εροϥ χετμα
ϩμ πακιρε ϩι πειβτ ντεϩιη πρρωε
cουτων πεϥτοϣ μν πεϥcον ιcακ ανω
πετνηυ εϩραι ϩαπαcκουρον εϥειν
εμμοc. εϥναρ πεcχοειc ον ανω χεν
νελααυ νρωμε επωι πε ουδε χωϩ νχω
ϩουδε ουδε ϣηρε ουδε ϣερε ουδε ρμ
ν†μεε ϣει εβολ εροc ϣαενεϩ πετνατ
ολμα νιϥ ει εβολ εροc ερ επϩαγιοc ετου
ααβ απα φοιβαμων ναδικβαμμουϥ

ⲛϥϣⲱⲡⲉ ⲉϥⲱⲛϣ ⲙⲙⲟ ⲉⲡⲉⲓⲱⲧ ⲙⲛ ⲡϣ
ⲏⲣⲉ ⲙⲛ ⲡⲉⲡⲛⲁ ⲉⲧⲟⲩⲁⲁⲃ ϩⲙ ⲡⲉⲓⲁⲓⲱⲛ ⲙ
ⲛ ⲡⲉⲧⲛⲏⲩ ⲛϥⲛⲁⲩ ⲉⲧⲙⲛⲧⲉⲣⲟ ⲙⲡⲛⲟⲩⲧⲉ ⲉ
ⲥⲟⲩⲏⲛ ⲉⲃⲟⲗ ⲛϥⲧⲙ ⲡⲣⲁⲝⲓⲟⲥ ⲛ̄ⲃⲱⲕ ⲉϩ
ⲟⲩⲛ ⲉⲣⲟⲥ ⲁⲗⲗⲁ ⲉϥⲉϣⲱⲡⲉ ϩⲛ ⲧϣⲱⲧⲉ
ⲙⲡⲛⲟⲩⲛ ϣⲁ ⲉⲛⲉϩ
ⲁⲛⲟⲕ ⲫⲓⲗⲟⲑⲓⲟⲥ ⲡϣⲏⲣⲉ ⲙⲡⲉⲥⲙⲟⲩ ϯⲥⲧⲟ
ⲭⲉⲓ ⲉⲡⲉⲓⲉⲛⲅⲣⲁⲫⲟⲛ ⲡⲣⲟⲥ ⲑⲉ ⲉⲧⲉⲩⲥⲏϩ
ⲙⲙⲟⲥ ϯ ⲁⲛⲟⲕ ⲓⲥⲁⲕ ⲡⲉϥⲥⲟⲛ ⲁⲓⲥϩⲁⲓ ⲡⲉ
ⲉⲛⲅⲣⲁⲫⲟⲛ ⲛⲧⲁ ϭⲓϫ ⲡⲣⲟⲥ ⲧⲁⲓⲧⲏⲥⲓⲥ ⲙ
ⲡⲁⲥⲟⲛ ⲫⲓⲗⲟ[ⲑ] ⲁⲩⲱ ⲧⲓ ⲱⲙⲙⲛⲧⲣⲉ ⲁⲩⲱ ϯ
ⲥⲧⲟⲓⲭⲉ ⲉⲡⲉⲭⲁⲣⲧⲏⲥ ⲡⲣⲟⲥ ⲑⲉ ⲉⲧⲉⲩⲥⲏϩ ⲙⲙ
ⲟⲥ ⲛⲥⲉϫⲛⲟⲩⲓ ⲛⲧⲁϩⲟⲙⲟⲗⲟⲅⲉⲓ ϯ

PAPYRUS N° 12 DE BOULAQ

////////////////// ⲡⲉⲛⲟⲩⲟⲓ ⲉⲡⲉⲇⲱⲣⲓⲁⲥⲧⲓⲕⲉ
ⲛⲟⲩⲱϣ ⲁⲩⲱ ⲛⲡⲓⲑⲉ ⲭⲱⲣⲓⲥ ⲗⲁⲁⲩ ⲛⲕⲣⲟϥ
ϩⲓ ϩⲟⲧⲉ ϩⲓ ϫⲓⲛϭⲟⲛⲥ ϩⲓ ⲁⲡⲁⲧⲏ ϩⲓ ⲥⲩⲛⲁⲣ
ⲡⲁⲅⲏ ϩⲓ ⲡⲉⲣⲓⲅⲣⲁⲫⲉ ⲛⲇⲱⲣⲓⲍⲉ ⲛⲁⲕ ⲛⲧ
ⲟⲕ ⲁⲡⲁ ⲫⲟⲓⲃⲁⲙⲱⲛ ⲛⲟⲩⲛⲱϩ ⲛⲕⲁϩ ⲙⲡⲗ
ⲁⲧⲟⲥ ϫⲛ ⲡⲉⲓⲱⲣ ⲛⲧⲥⲁⲧϥ̀ ⲉⲉϩⲣⲁⲓ ⲉⲡⲧⲟⲟ
ⲩ ⲡⲣⲟⲥⲑⲉ ⲉⲧⲛⲛⲁⲟⲩⲱⲛⲉϩ ⲛⲉϥⲧⲟϣ ⲉⲃⲟⲗ
ⲛⲁⲕ ⲡⲁⲓⲉⲧⲧⲟⲣⲕ ⲉⲡⲉⲓⲱϩⲉ ⲙⲡϩⲁⲅⲓⲟⲥ ⲁ
ⲡⲁϩⲁⲥⲧⲣⲏ ⲙⲡⲧⲟⲟⲩ ⲙⲡⲙⲓⲗⲉ ⲧⲁⲣⲉⲧⲉⲧⲛ
ϣⲱⲡⲉ ⲉⲧⲉⲧⲛⲱ ⲙⲡϥϫⲟⲉⲓⲥ ⲉⲧⲉⲧⲛϫⲱⲙ
ⲙⲟϥ ⲉϩⲟⲩⲛ ⲉⲡⲙⲟⲛⲁⲥⲧⲏⲣⲓⲟⲛ ⲉⲧⲃⲉ ⲡⲗⲟ
ⲅⲟⲥ ⲙⲡⲗⲁⲭⲟⲥ ⲉⲧⲟⲩⲁⲁⲃ ⲁⲛⲟⲛ ϩⲱⲛ ϫⲛⲛ
ⲉⲛϣⲓ ⲉⲃⲟⲗ ⲉⲡⲧⲟⲡⲟⲥ ⲉⲧⲟⲩⲁⲁⲃ ϣⲁ ⲉⲛⲉ
ϩ ⲟⲩⲇⲉ ⲁⲛⲟⲛ ⲟⲩⲇⲉ ⲛⲉⲧⲛⲏⲩ ⲧⲏⲣⲟⲩ ⲙⲛⲛ
ⲥⲱⲛ ⲉⲃⲟⲗ ϫⲉ ⲁⲛⲇⲱⲣⲓⲍⲉ ⲙⲡⲉⲛⲱϩ ⲛⲕⲁ
ϩ ⲉϩⲟⲩⲛ ⲛⲏⲧⲛ ⲁⲩⲱ ⲡⲉⲧⲛⲁⲧⲟⲗⲙⲁ ⲛϥⲉⲓⲉ
ⲃⲟⲗ ⲉⲡⲙⲟⲛⲁⲥⲧⲏⲣⲓⲟⲛ ⲉⲧⲟⲩⲁⲁⲃ ϩⲓⲧⲛ ⲁⲣ
ⲭⲱⲛⲧⲓⲕⲱⲛ ⲏ ⲉⲕⲕⲗⲏⲥⲓⲁⲥⲧⲓⲕⲱ/ ⲏ ϩⲙ ⲡⲗ
ⲏⲧⲱⲣⲓⲟⲛ ⲏ ⲙⲡⲃⲟⲗ ⲙⲡⲗⲏⲧⲱⲣⲓⲟⲛ ⲏ ⲛⲧ
ⲛⲥⲙⲛ ⲗⲁⲁⲩ ⲙⲡⲣⲟⲥⲉⲗⲉⲩⲥⲓⲥ ⲕⲁⲧⲁ ⲣⲟⲕϩ

ⲁϩⲧⲏⲛ ⲗⲁⲁⲩϭⲉⲛⲉⲝⲟⲩⲥⲓⲁ ⲉϥϫⲱⲥⲉ ⲉϥϩ
ⲁⲉⲟⲟⲩⲛ ⲡⲣⲟⲧⲱⲛ ⲙⲉⲛ ⲛⲛⲉϥⲱⲫⲩⲗⲉⲓⲛⲁⲗ
ⲁⲁⲩ ⲁⲗⲗⲁ ⲉϥⲛⲁϣⲱⲡⲉ ⲉϥⲱⲛ ϣⲙⲙⲱ
ⲉⲡⲁⲛⲁϣ ⲉⲧⲟⲩⲁⲁⲃ ⲛⲛⲉⲭⲣⲓⲥⲧⲓⲁⲛⲟⲥ
ⲡⲉⲓⲱⲧ ⲙⲛ ⲡϣⲏⲣⲉ ⲙⲛ ⲡⲉⲡⲛⲁ ⲉⲧⲟⲩⲁⲁⲃ
ⲙⲛ ⲛⲥⲟⲥ ⲛⲉϥⲛⲁⲩ ⲉⲧⲙⲛⲧⲉⲣⲱ ⲙⲡⲛⲟⲩⲧⲉ
ⲉⲧⲟⲩⲉⲛ ⲉⲃⲟⲗ ϫⲛ ⲛⲉϥⲉϣⲃⲱⲕ ⲉϩⲟⲩⲛ ⲉⲣⲟ
ⲥ ⲉⲡⲱⲣϫ ⲟⲩⲛ ⲙⲡⲑⲉⲟⲫⲱⲣⲟⲥ ⲁⲩⲱ ⲛⲕⲁⲗ
ⲗⲓⲕ̄ⲥ ⲙⲙⲁⲣⲧⲉⲣⲟⲥ ⲉⲧⲟⲩⲁⲁⲃ ⲁⲡⲁ ⲫⲟⲓⲃⲁ
ⲙⲱⲛ ⲁⲛⲥ ⲙⲛ ⲡⲉⲓⲇⲱⲣⲓⲁⲥⲧⲓⲕ̄ⲥ ⲱ ⲛⲁⲕⲛⲧⲟ
ⲕ ⲁⲡⲁ ⲕⲩⲣⲓⲁⲕⲟⲥ ⲙⲛ ⲙⲁⲑⲁⲓⲟⲥ ⲡⲉⲓⲕⲉⲥ
ⲟⲛ ⲙⲛ ⲁⲡⲁ ⲥⲟⲩⲣⲟⲥ ⲁⲡⲗⲱⲥ ⲙⲛ ⲡⲥⲏⲡⲉ ⲛⲛ
ⲉⲕⲟⲓⲛⲟⲙⲟⲥ ⲧⲏⲣⲟⲩ ⲉⲧⲛⲏⲩ ⲙⲛ ⲛⲥⲟⲧⲛϥⲟ
ⲣϫ ϥϭⲙϭⲟⲙ ⲁⲩⲱ ϥⲃⲉⲃⲁⲓⲟⲛ ϩⲙ ⲙⲁ ⲛⲓⲙ ⲉ
ⲩⲛⲁⲉⲙⲫⲁⲛⲓⲍⲉ ⲙⲙⲟϥ ⲛϩⲏⲧϥ ⲛⲥⲉϫⲛⲟⲩ
ⲛⲛⲧⲛ ϩⲟⲙⲟⲗⲟⲅⲉⲓ ⲁⲩⲟϣϥ ⲉⲣⲟⲛ· ⲁϥⲉⲣⲁ
ⲛⲁⲛ ⲁⲛⲕⲁⲁϥ ⲉⲃⲟⲗ ⲡⲣⲟⲥ ⲧⲁⲕⲟⲗⲗⲟⲛⲑⲓⲁ
ⲛⲉⲛⲛⲟⲙⲟⲥ †
†ⲁⲛⲟⲕ ⲡⲉⲥⲩⲛⲏⲑⲓⲟⲥ ⲡϣⲛ ⲡⲙⲁⲕ̄ ⲓⲱⲁⲛⲛ
ⲏⲥ ϩⲛ ⲉⲣⲙⲟⲛⲧ ⲧⲓⲥⲧⲟⲓⲭ̄ ⲉⲡⲉⲓⲇⲱⲣⲓⲁⲥⲧⲓⲕ̄ⲥ
ⲡⲣⲟⲥ ⲑⲉ ⲉⲧϥⲥⲏϩ ⲙⲙⲟⲥ †

+ ανοκ ιεζεκιηλ πϣηρε ν ππμακ/ γρηγ/ ϩ
νερμοντ τιστοιχ/ πιδωριαστικον προ
σθεετεϥσηϩ μμος +
+ ανοκ κομος πϣη/ ν̄ π̄μακ/ μηνα ϩν ερμ
οντ τι στοιχ/ επειδωριαστικ/ προστυϭομ
+ ανοκ σενουθιος πϣη/ ν μπμακ/ ιωαννη
ς ϩν ερμοντ τιστοιχ/ επιδωριαστικ/ προ
στεϥϭομ
+ ανοκ αδιανη πϣηρε μακ/ ϩν ερμοντι
στοιχ/ επιδωριαστικων προστϭμομ +
+ ανοκ κομες πϣηρε μπμακ/ χαηλ πρμ
πκαστρ/ ϫημε τι ομμντρε προστετησις
ννταυσμντϥ +

+ δι εμου [illegible] απο καστρ/
μεμνω/ εγραφη

PAPYRUS Nº 12 bis DE BOULAQ

||||||| ⲕⲁⲓ ⲁⲅⲓⲟⲛ ⲡⲛⲁⲧ ⲉⲅⲣⲁⲫⲏ ⲙ̅ⲙ̅ ⲡ̅ ⲓⲛⲁ ⲑ
ϯⲁⲛⲟⲕ ⲙⲏⲛ̅ ⲡϣⲛ̅ ⲓⲱⲁⲛⲛⲏⲥ ϩⲛ ⲉⲣⲙⲟⲛⲧ ⲉⲧⲥ
ϩⲁⲓ ⲙⲡⲧⲟⲡⲟⲥ ⲉⲧⲟⲩⲁⲁⲃ ⲡϩⲁⲅⲓⲟⲥ ⲫⲟⲓⲙⲁⲙⲱ
ⲛ ⲙⲡⲧⲟⲟⲩ ⲛϫⲏⲙⲉ ϩⲓⲧⲟⲟⲧ ⲧⲏⲩⲧⲛ ⲥⲟⲩⲣⲟⲩⲥ
ⲙⲛ ⲙⲁⲑⲑⲁⲓⲟⲥ ⲛϥ ⲟⲓⲕⲟⲛⲟⲙⲟⲥ ϫⲉ ⲧⲓⲉⲡⲓⲧⲣⲉⲡ
ⲉ ⲛⲏⲧⲛ ⲉⲡⲉⲓⲱϩⲉ ⲉⲧⲙⲡⲣⲏⲥ ⲛⲣⲓⲙⲟⲟⲩ ⲡⲁⲓ ⲉⲧ
ⲛⲏϫ ⲛⲥⲱⲛ ⲛⲡⲙⲁⲕⲩ ⲓⲅⲛⲁⲇⲓⲟⲥ ⲕⲟⲥⲙⲁ ⲡⲣⲙⲧⲡ
ⲟⲗⲓⲥ ⲉⲣⲙⲟⲛⲧ ⲡⲁⲓ ⲛⲧⲁ ⲛⲣⲙⲧⲡⲟⲗⲓⲥ ⲉⲣⲙⲟⲛⲧ
ⲧⲱⲣⲓⲍⲉ ⲙⲙⲟϥ ⲉⲡⲧⲟⲡⲟⲥ ⲉⲧⲟⲩⲁⲁⲃ ⲙⲡⲙ
ⲛⲧⲉⲛⲟⲟⲩⲥ ⲛⲁⲡⲟⲥⲧⲟⲗⲟⲥ ⲛⲧⲡⲟⲗⲓⲥ ⲉⲣⲙⲟⲛⲧ
ⲁⲥⲇⲟⲕⲉⲓ ⲛⲏⲧⲛ ϩⲓⲧⲟⲟⲧ ⲧⲏⲩⲧⲛ ⲛⲟⲓⲕⲟⲙⲟⲥ
ⲙⲡϩⲁⲅⲓⲟⲥ ⲫⲟⲓⲙⲁⲙⲱⲛ ⲧⲁⲣⲉⲧⲛ ϫⲓⲧϥ ⲛⲧⲟⲟⲧ
ϥ ⲛⲛⲣⲙⲧⲡⲟⲗⲓⲥ ϩⲁⲡⲟⲥ̅ ⲛⲧⲉⲧⲛ ⲧⲁⲁϥ ⲉⲡⲧⲟ
ⲡⲟⲥ ⲉⲧⲟⲩⲁⲁⲃ ⲛⲛⲉⲛⲉⲓⲟⲧⲉ ⲛⲁⲡⲟⲥⲧⲟⲗⲟⲥ ⲛⲉ
ⲣⲙⲟⲛⲧ ϣⲁⲉⲛⲉϩ ϩⲓⲱⲛ ⲙⲛ ⲛⲉⲛⲉⲣⲏⲩ ⲡⲉⲧ
ⲛⲁⲧⲟⲗⲙⲁ ⲛⲃⲟⲗϥ ⲉϥⲟⲛϣ ⲙⲙⲟ ⲉⲡⲛⲟⲩⲧⲉ
ⲉϥⲱⲣϫ ⲛⲏⲧⲛ ⲁⲓⲥ ⲙⲛⲡⲓⲇⲱⲣⲓⲁⲥⲧⲓⲕⲟⲛ ⲧⲓ
ⲥⲧⲟⲓ ⲉⲣⲟϥ

PAPYRUS Nº 13 DE BOULAQ.

///////////////

بنبيه

ⲧ ⲉⲛⲟⲛⲟⲙⲁⲧⲓ ⲧⲏⲥ ⲁⲅⲓ^ⲩ ⲕⲁⲓ ⲍⲱⲟⲡⲟⲓⲟ^ⲩ ⲙⲟⲟⲩⲥⲓ^ⲩ
ⲧⲣⲓⲁⲇⲟⲥ ⲡⲁⲧⲣⲟⲥ ⲕⲁⲓ ⲩⲓ^ⲩ ⲡⲁⲓ ⲡ̅ⲛ̅ⲁ̅ ⲉⲅⲣ̷ ⲙ̅ⲙ ⲫⲁⲱ
ⲫⲓ ⲓ̅ⲏ̅ ////// ⲉⲧ^ⲩ ⲣ̅ⲝ̅ⲁ̅
ⲧ ⲁⲛⲟⲕ ⲑⲱⲙⲁⲥ ⲡϣⲏⲣⲉⲛ ⲃⲁⲥⲓⲗⲉⲓⲟⲥ ⲡⲉⲡⲣⲉⲥⲃ
ⲩⲧⲉⲣⲟⲥ ⲡⲣⲙⲇⲉⲕⲧⲁⲇⲣⲓⲧⲟⲩ ϩⲛ ⲧⲕⲁϩ ϣⲙⲓⲛⲉⲓ
ⲥϩⲁⲓ ⲉⲓⲧⲓ ⲙⲛⲛⲥⲱⲥ ⲛϩⲉⲛ ϩⲩⲡⲟⲅⲣⲁⲫⲉⲩⲥⲉⲧⲣ
ⲉⲩϩⲩⲡⲟⲅⲣⲁⲫⲏ ϩⲁⲣⲟⲓ ⲉⲡⲉⲓⲇⲓⲁⲥⲧⲓⲕⲟⲛ ⲉⲧ
ϣⲏϣ ⲉⲧⲃⲉⲃⲁⲓⲟⲩ ϩⲛ ⲟⲩ ϩⲱⲃ ⲛⲟⲩⲱⲧ ⲉⲓⲥϩ
ⲁⲓ ⲉⲓⲟⲩⲱϣⲉ ⲁⲩⲱ ⲉⲓ ⲡⲓⲑⲉ ⲛ̄ⲁⲧⲗⲁⲩⲉ ⲛ̄ⲕⲣⲟϥ
ϩⲓ ϩⲟⲧⲉ ϩⲓ ϫⲓⲛϭⲟⲛⲥ ϩⲓ ⲁⲡⲁⲧⲉⲓ ϩⲓ ⲥⲓⲛⲁⲣ
ⲡⲁⲕⲏ ϩⲓ ⲉⲡⲓⲅⲣⲁⲫⲏ ⲉⲙⲛ ⲗⲁⲁⲩⲉ ⲛⲁⲛⲁⲅⲕⲏ ⲕⲏ
ⲛⲁⲓ ⲉϩⲣⲁⲓ ⲁⲗⲗⲁ ϩⲙ ⲡⲁⲟⲩⲱϣⲉ ⲛϩⲏⲧ ⲉⲓⲥϩⲁ
ⲓ ⲉⲓⲇⲱⲣⲓⲍⲉ ⲛⲥⲁⲃⲓⲛⲉ ⲙⲛ ⲓⲱⲃ ⲛⲁⲙⲉⲣⲓⲧ ⲛϣ
ⲏⲣⲉ ⲉϩⲟⲩⲛ ⲉⲡⲙⲟⲛⲁⲥⲧⲏⲣⲓⲟⲛ ⲉⲧⲟⲩⲁⲁⲃ ⲙⲡ
ϩⲁⲅⲓⲟⲥ ⲁⲃⲃⲁ ⲫⲟⲓⲃⲁⲙⲱⲛ ⲙⲡⲧⲟⲟⲩ ⲛϫⲏⲙⲉⲛ
ⲛⲉϩⲟⲟⲩ ⲧⲏⲣⲟⲩ ⲙⲡⲉⲩⲱⲛϩ ⲛⲥⲉⲣ̄ ϭⲁⲩⲟⲛ ⲉϩⲟⲩ
ⲛ ⲉⲡⲉϥⲙⲟⲛⲁⲥⲧⲏⲣⲓⲟⲛ ⲉⲧⲟⲩⲁⲁⲃ ϣⲁ ⲉⲛⲉϩ
ⲉⲛⲟⲩⲟⲉⲓϣ ⲛⲥⲉⲣ̄ ⲑⲉ ⲛⲣⲱⲙⲉ ⲛⲓⲙ ⲉϥⲱ̄ ⲛⲉⲣⲏ

ⲧⲉϩⲟⲩⲛ ⲉⲙⲙⲟⲛⲁⲥⲧⲏⲣⲓⲟⲛ ⲧⲏⲣⲟⲩ ⲉⲩϣⲁⲛⲟ
ⲩⲱϣⲉ ⲉϩⲙⲟⲟⲥ ϩⲓ ⲡⲙⲟⲛⲁⲥⲧⲏⲣⲓⲟⲛ ⲉⲧⲟⲩⲁⲁ
ⲃ ⲛⲥⲉⲗⲓⲣⲓⲧⲟⲩⲣⲅⲉⲓ ⲉⲣⲟϥ ⲡⲣⲟⲥⲑⲉ ⲉⲧⲉⲣⲉⲡⲉ
ⲡⲣⲱⲉⲥⲧⲟⲥ ⲛⲁⲕⲉⲗⲉⲩⲉ ⲛⲁⲩ ⲏ ⲕⲁⲭⲱⲥ ⲉⲩϣⲁ
ⲛⲟⲩⲱϣⲉ ⲟⲛ ⲉϩⲙⲟⲟⲥ ϩⲓ ⲃⲟⲗ ⲉⲩⲛⲁⲧⲓ ⲡⲉⲩⲇⲏ
ⲙⲱⲥⲓⲟⲛ ⲉϩⲟⲩⲛ ⲉⲡⲙⲟⲛⲁⲥⲧⲏⲣⲓⲟⲛ ⲛⲥⲉⲛⲟϫⲟⲩ
ⲉⲡϫⲱ ⲉⲃⲟⲗ ⲛⲧⲉⲡⲣⲟⲥⲫⲱⲣⲁ ⲙⲛ ⲡϩⲏⲃⲥ ⲙⲡ
ⲑⲩⲥⲓⲁⲥⲧⲏⲣⲓⲟⲛ ϩⲓⲧⲟⲟⲧⲕ ⲥⲟⲩⲣⲟⲩⲥ ⲡⲇⲓⲁⲕⲟ
ⲛⲟⲥ ⲁⲩⲱ ⲡⲉⲡⲣⲱⲉⲥⲧⲟⲥ ⲙⲡⲙⲟⲛⲁⲥⲧⲏⲣⲓⲟⲛ ⲉⲧ
ⲟⲩⲁⲁⲃ ⲉⲧⲙⲙⲁⲩ ⲙⲡϩⲁⲅⲓⲟⲥ ⲁⲃⲃⲁ ⲫⲟⲓⲃⲁⲙ
ⲱⲛ ⲙⲡⲧⲟⲟⲩ ⲛϫⲏⲙⲉ ⲉⲕⲛⲁⲣ ⲡϫⲟⲉⲓⲥ ⲛⲛⲁ
ⲙⲉⲣⲓⲧ ⲛϣⲏⲣⲉ ⲥⲁⲃⲓⲛⲉ ⲙⲛ ⲓⲱⲃ ⲛⲛⲉϩⲟⲟ
ⲩ ⲧⲏⲣⲟⲩ ⲙⲡⲉⲩⲱⲛ̄ϩ ϫⲉ ⲛⲛⲉⲗⲁⲁⲩ ⲛⲣⲱⲙ
ⲉ ⲉϣⲣ̄ ⲡⲉⲩϫⲟⲉⲓⲥ ⲉⲓⲙⲏⲧⲉⲓ ⲉⲡⲉⲓⲧⲟⲡⲟⲥ ⲉⲧⲟⲩ
ⲁⲁⲃ ⲕⲩⲡⲉⲣ ⲛⲛⲟⲙⲟⲥ ⲛ̄ⲑⲓⲉⲕⲱⲛ ⲕⲉⲗⲉⲩⲉ
ϩⲛ ⲧⲉⲩⲃⲁⲥⲓⲗⲓⲕⲏ ⲧⲁⲝⲓⲥ ϫⲉ ⲉⲝⲉⲥⲧⲓ ⲙⲡⲟⲩⲁ
ⲡⲟⲩⲁ ⲉⲧⲣⲉϥⲣ ⲡϫⲟⲉⲓⲥ ⲙⲡⲉⲧⲉⲡⲱϥ ⲡⲉ ⲁⲛⲟ
ⲕ ϩⲱⲱⲧ ⲁⲓⲟⲩⲁϩⲧ ⲛⲥⲁ ⲧⲁⲕⲟⲩⲗⲟⲩⲑⲓⲁ ⲛ
ⲛⲛⲟⲙⲟⲥ ϯⲟⲩⲱϣⲉ ⲁⲩⲱ ϯⲕⲉⲗⲉⲩⲉ ⲉⲧⲣⲉ
ⲡⲙⲟⲛⲁⲥⲧⲏⲣⲓⲟⲛ ⲉⲧⲟⲩⲁⲁⲃ ⲡϩⲁⲅⲓⲟⲥ ⲁⲡⲁ ⲫ
ⲟⲓⲃⲁⲙⲱⲛ ⲙⲡⲧⲟⲟⲩ ⲛϫⲏⲙⲉ ⲣ ⲡϫⲟⲉⲓⲥ ⲛⲥⲁⲃⲓ

ΝΕΜΝΙωΒ ΝΑΜΕΡΙΤ ΝϢΗΡΕ ΝΝΕϨΟΟΥΤ
ΗΡΟΥ ΜΠΕΥωΝϨ ΝΤΟΚ ϹΟΥΡΟΥϹ ΠΔΙΑΚΟΝ
ΟϹ ΑΥω ΠΕΠΡωΤΕϹΤΟϹ ΕΚΝΑϢωΠΕ ΕΚω̄Ν
ΔΟΕΙϹ ΕΝΑϢΗΡΕ ΜΝ ΜΝΟΙΚΟΝΟΜΟϹ ΝΙΜ ΕΥΝ
ΗΥ ΜΝ ΝϹωΚ ΝϨΟΥΝ ΜΠΕΙΜΟΝΑϹΤΗΡΙΟΝ ΜΝ
ΝϹΑ ΠΟΟΥ ΜΝ ΝϹΑ ϨΕΝ ΚΕΟΥΟΕΙϢ ΠΕΤΝΑΟΥ
ωϢΕ ΝϤΕΙ ΝϤΗΝ ΕΤΗ ΜΝ ΠΕΙΤΟΠΟϹ ΕΤΟΥΑΑΒ
ϨΑ ΝΕΙΚΟΥΙ ϢΗΡΕ ΟΥΔΕ ΑΝΟΚ ΟΥΔΕ ϹΟΝ ΟΥ
ΔΕ ϹωΝΕ ΟΥΔΕ ϪωϨ ΟΥΔΕ ϪωϨ Ν ϪωϨ ΟΥΔΕ
ΡΜΝΤΙΜΕ ΟΥΔΕ ΟΥΔΕ ΡωΜΕ ϨΟΛΟϹ ΕΥΔΙ
ΑΠΕΡΙϹΘΑΙ ΕΡΟΙ ΕΙΤΕ ϨΝ ΔΙΚΑϹΤΗΡΙΟΝ
Η ΜΠΒΟΛ ΝΔΙΚΑϹΤΗΡΙΟΝ Η ϨΜ ΠΡΑΙΤωΡ
ΙΟΝ Η ϨΙΤΝ ΑΡΧΟΝΤΙΚωΝ Η ϨΙΤΝ ΕΚΚΛΗϹ
ΙΑϹΤΙΚωΝ ΝΝΕ ΠΕΤΜΜΑΥ ωΦΥΛΕΙ ΝΛΑΑΥ Ε
ΠΡωΤΟΝ ΕϤΝΑϢωΠΕ ΕϤω Ν ϢΜΜω ΕΠΕ
ΙωΤ ΜΝ ΠϢΗΡΕ ΜΝ ΠΕΠΝ̄Α ΕΤΟΥΑΑΒ ΜΝ ΝϹω
Ϲ ΝϤ ΤΙ ΕΠΛΟΓΟϹ ΜΠΡΟϹΤΙΜωΝ ΝϹΕ ΝϨΟ
ΛΟΚΟΤΙΝΟϹ ΝΝΟΥΒ ⳤ ΧωΡΙϹ ΕΠΙΤΙΜΙΑ ΝΤ
Α ΝΝΟΜΟϹ ϨωΡΙΖΕ ΜΜΟϹ ΕϪΝ ΝΑΙ ΔΕ ΤΗ
ΡΟΥ ΜΝ ΝϹωϹ ΝΤΕ ΠϨΑΓΙΟϹ ΑΒΒΑ ΦΟΙΒΑ
ΜωΝ ΠΜΑΡΤΥΡΟϹ ΕΤΤΑΙΗΥ ΠΑΙ ΕΤΕΡΕ ΠΧϹ

ⲙⲉⲙⲙⲟϥⲛϥϫⲓⲕⲃⲁⲙⲙⲟϥ ϩⲓⲡⲃⲏⲙⲁ
ⲉⲧϩⲁϩⲟⲧⲉⲙⲡⲛⲟⲩⲧⲉⲡⲡⲁⲛⲧⲱⲕⲣⲁⲧⲱⲣ
ⲙⲛ ⲛϥⲕⲁⲧⲁⲧⲓⲍⲉⲙⲙⲟϥ ϩⲙⲡⲉⲓ ⲕⲟⲥⲙ
ⲟⲥ ⲉⲡⲱⲣϫⲟⲩⲛ ⲙⲡⲑⲉⲱⲫⲟⲣⲟⲥ ⲛ̄ⲛⲓⲕⲟⲓⲣ
ⲟⲣⲟⲥ ⲡϩⲁⲅⲓⲟⲥ ⲁⲃⲃⲁ ⲫⲟⲓⲃⲁⲙⲱⲛ ⲙⲡⲧⲟⲟ
ⲩⲛϫⲏⲙⲉ ⲁⲓⲥⲙⲛ ⲡⲉⲓⲇⲓⲁⲥⲧⲓⲕⲱⲛ ϥⲟⲣϫϥ
ϭⲙϭⲟⲙ ϩⲙⲙⲁⲛⲓⲙ ⲉⲩⲛⲁⲉⲙⲫⲁⲛⲓⲍⲉⲙⲙⲟ
ϥⲛϩⲏⲧϥ ⲛⲥⲉϫⲛⲟⲩⲓ ⲧⲁϩⲟⲙⲟⲗⲟⲅⲉⲓ +
+ⲁⲛⲟⲕ ⲑⲱⲙⲁⲥ ⲡϣⲏⲣⲉ ⲛⲥⲁⲃⲓⲛⲉ ϩⲛ ⲇⲓⲕⲡⲁ
ⲧⲣⲓⲧⲟⲩ ϩⲛⲧⲕⲁϩ ϣⲙⲓⲛ ⲧⲉⲓⲥⲧⲟⲓⲭⲉⲓ ⲉⲡⲉⲓⲇⲓ
ⲁⲥⲧⲓⲕⲱⲛ ⲡⲣⲟⲥⲑⲉⲛ̄ⲧⲁⲓ̈ⲥⲙⲛⲧϥ +

PAPYRUS N° 14 DE BOULAQ.

ıııııııııııııııı

امير المومنين

سنين وماية

ϯενονοματι τηϲαγ ζωποιου ομοουϲιου
τριατοϲ πατροϲ κα του υιου και του αγιο
υ πνατοϲ εγραφ μη θωθ νδιοκ̧.. κθ
ανοκ παλωτϲ πϣη̄ μμακ̧ πεϣατεπρμϯ
μαμην ϩμ πτοϣ̄ νερμοντ̄ μποουκα
τατειχη δε αγορμ μπαμπανε ετϲϩαι μ̄π
δικαιον νπεπναματοφοροϲ ανω πνοϭν
μαρτηροϲ εττα ειη̄ν̄ πϩαγιοϲ απα φεβα
μω̄ν μπτοου νϫημε ϩιτοοτκ ντοκ απ
αϲουρουϲ πευλαβεϲτατοϲ νδιακ̧
ανω ποικονομοϲ μπϊτοποϲ νουωτ̄α
παφεβαμων ϫε επιδη πνομοϲ μπνουτ
ε γελευε ανωϥ προτρεπε νονον νιμε
τρε πο̄ν απο̄ν αρ παγαθον μν πετν
ανουϥ ετεϩναϥ ϩν νετε νουϥ νεαν
ω μνλααν νεξουϲια ευναρχει κατα κα
ιροϲ ιιι κωλυ νλααν νρωμε νερπετνα

ⲛⲟⲩϥ ϩⲁⲡⲟⲩϫⲁï ⲛⲧⲉϥ ⲯⲩⲭⲏ ϩⲙ ⲡⲧⲣⲉⲡⲛⲁ
ⲏⲧ ⲛⲛⲟⲩⲧⲉ ⲕⲉⲗⲉⲩⲉ ⲛⲥⲉϫⲡⲟ ⲛⲁï ⲙⲡⲁϣⲏ
ⲣⲉ ⲡⲉⲧⲣⲟⲥ ⲁïⲣ ⲡⲙⲉⲉⲩⲉ ⲙⲡⲁϣⲁⲓ ⲛ̄ⲛⲁⲛⲟ
ⲃⲉ ⲁⲓϩⲟⲣⲩⲍⲉ ⲙⲙⲟϥ ⲇⲉ ⲉϥϣ[illegible]ϩϣⲁⲛ
ⲧⲁⲁϥ ⲉⲡⲧⲟⲡⲟⲥ ⲙⲡϩⲁⲅⲓⲟⲥ ⲁⲡⲁ ⲫⲉⲃⲁⲙⲱⲛ
ⲙⲡⲧⲟⲟⲩ ⲛϫⲏⲙⲉ ϩⲁ ⲧⲥⲱⲧⲏⲣⲓⲁ ⲛⲧⲁⲯⲩⲭⲏ
ⲛⲧⲉⲣⲉⲓ ⲛⲁⲩ ⲟⲩⲛ ⲉⲡϣⲏⲣⲉ ⲕⲟⲩï ⲉⲁⲩⲁⲁïⲏï.
ⲁïⲟⲩⲱϣⲉ ⲉⲡⲁⲣⲁⲃⲁ ⲙⲡⲉⲣⲏⲧ ⲡⲁï ⲛⲧⲁïⲥ
ⲙⲛⲧϥ ⲙⲛ ⲡⲛⲟⲩⲧⲉ ⲙⲛ ⲡⲉϥⲡⲉⲧⲟⲩⲁⲁⲃ ⲙⲛ̄
ⲛ̄ⲥⲱⲥ ⲇⲉ ⲁⲡϣⲏⲣⲉ ⲕⲟⲩï ϩⲉ ⲉϩⲣⲁï ⲉⲩⲛⲟϭ
ⲛϣⲱⲛⲉ ⲉϥⲛⲁϣⲧ ⲉⲙⲁⲧⲉ ⲁⲩⲱ ⲁⲛⲗⲩⲡⲉⲓ ϩ
ⲛⲟⲩⲛⲟϭ ⲛⲗⲩⲡⲏ ⲁⲛⲟⲕ ⲙⲛ̄ ⲛⲁⲣⲱⲙⲉ ⲧⲏⲣⲟ
ⲩ ⲁⲩⲱ ⲁⲛⲕⲁⲧⲱⲧⲛ ⲉⲃⲟⲗ ⲙⲙⲟϥ ⲁⲩⲱ ⲟⲩⲟ
ⲛ ⲛⲓⲙ ⲛⲧⲁⲩⲛⲁⲩ ⲉⲣⲟϥ ⲁⲩϫⲟⲟⲥ ϫⲉ ϣⲁϥ
ⲙⲟⲩ ⲁⲛϫⲓ ϣⲟϫⲛⲉ ⲁⲛⲟⲕ ⲙⲛ ⲧⲉϥⲙⲁⲁⲩ ϫⲉ
ⲙⲉϣⲁⲕ ⲡⲉⲣⲏⲧ ⲡⲉⲛⲧⲁⲛⲡⲁⲣⲁⲃⲁ ⲙⲙⲟϥ
ⲙⲛ̄ ⲛ̄ⲥⲩⲛⲑⲏⲕⲏ ⲛ̄ⲧⲁⲛⲥⲙⲛⲧⲟⲩ ⲙⲛ ⲡⲡⲉⲧⲟ
ⲩⲁⲁⲃ ⲗⲉⲡⲟⲛ ⲙⲁⲣⲛ̄ϫⲓ ⲙⲡϣⲏⲣⲉ ⲕⲟⲩï ⲛ̄ⲧ
ⲛⲃⲱⲕ ⲉⲡⲙⲟⲛⲁⲥⲧⲏⲣïⲟⲛ ⲙⲏⲡⲟⲇⲏ ⲛ̄ⲧⲛ̄ⲙⲟ
ⲩ ⲉⲛⲟⲛ̄ ⲁϥⲏⲗïⲝ ⲁⲥⲥⲱⲧⲙ̄ ⲟⲩⲛ ⲛⲥⲱï ⲛϭ
ⲓ ⲧⲉϥⲙⲁⲁⲩ ⲁⲛϫⲓ ⲙⲡϣⲏⲣⲉ ϣⲏⲙ ⲁⲛⲃⲱⲕ ⲉ

ⲡⲙⲟⲛⲁⲥⲧⲏⲣⲓⲟⲛ ⲁⲛϭⲱ ⲛ̄ϩⲟⲩⲛ ⲉⲛⲡⲁⲣⲁ
ⲕⲁⲗⲉⲓ ⲙⲡⲡⲉⲧⲟⲩⲁⲁⲃ ϫⲉⲕⲱ ⲛⲁⲛ ⲉⲃⲟⲗ ⲙ
ⲡⲛⲟⲃⲉ ⲙⲛ ⲧⲡⲁⲣⲁⲃⲁⲥⲓⲥ ⲛⲧⲁⲛϣⲱⲡⲉ ⲛ
ϩⲏⲧⲥ ⲁⲩⲱ ϣⲁⲡϫⲱⲕ ⲛⲟⲩϩⲉⲃⲧⲱⲙⲁⲥ ⲁⲡ
ⲉⲛⲧⲁⲩⲥⲱⲧⲙ ⲉⲡⲥⲟⲡⲥ̄ ⲛⲧⲙⲁⲕⲁⲣⲓⲁ ⲁⲛⲛⲁ
ⲧⲉⲡⲣⲟⲫⲏⲧⲏⲥ ⲁⲩⲱ ⲧⲙⲁⲁⲩ ⲛⲥⲁⲙⲟⲩⲏⲗ ⲡⲉ
ⲡⲣⲟⲫⲏⲧⲏⲥ ⲥⲱⲧⲙ ⲉⲣⲟⲛ ϩⲱⲱⲛ ⲁϥⲭⲁⲣⲓⲍ
ⲉ ⲙⲡⲧⲁⲗϭⲟ ⲙⲡϣⲏⲣⲉ ϣⲏⲙ ⲁⲩⲱ ⲁϥⲗⲟ ⲉⲃⲟ
ⲗ ϩⲛ ⲧⲙⲁⲥⲧⲓⲅⲝ ⲙⲡϣⲱⲛⲉ ⲁⲩⲱ ⲛⲧⲉⲣⲛⲛⲁ
ⲩ ⲉⲧⲉⲛⲟϭ ⲛϣⲡⲏⲣⲉ ⲁⲩⲱ ⲙⲡⲁⲣⲁⲇⲟⲝⲟⲛ ⲁⲩ
ⲛⲟϭ ⲛ̄ⲣⲁϣⲉ ϣⲱⲡⲉ ⲛⲁⲛ ⲁⲛⲙⲉⲉⲩⲉ ⲉⲃⲟⲗ
ϫⲉ ⲟⲩ ⲡⲉⲧⲛ̄ⲛⲁⲧⲃ̄ⲃⲟϥ̄ ⲙⲡⲛⲟⲩⲧⲉ ⲏ ⲟⲩ ⲡⲉ
ⲧⲛⲛⲁⲧⲁⲁϥ ⲛⲁϥ ⲛ̄ϣⲃ̄ⲃⲓⲱ ⲉⲡⲙⲁ ⲙⲡⲓⲛⲟϭ
ⲛϩⲙⲟⲧ ⲛⲧⲁϥⲁⲁϥ ⲛⲙⲙⲁⲛ ⲕⲁⲛ ϫⲉ ⲙ̄ⲡⲛ̄
ⲡⲱϩ ⲉⲡϣⲓ ⲛⲧⲙⲁⲕⲁⲣⲓⲁ ⲁⲛⲛⲁ ⲧⲉⲡⲣⲟ
ⲫⲏⲧⲏⲥ ⲁⲩⲱ ⲧⲙⲁⲁⲩ ⲙⲡⲉⲡⲣⲟⲫⲏⲧⲏⲥ ⲛ̄ⲧⲛ̄
ϫⲓ ⲛ̄ⲛⲉⲛⲁⲡⲁⲣⲭⲏ ⲙⲛ̄ ⲛⲉⲛⲣⲏⲙⲏⲧ ⲛ̄ⲧⲛ̄ⲃⲱ
ⲕ ⲉⲡⲏⲓ̈ ⲙⲡϫⲟⲉⲓⲥ ⲡⲣⲟⲥⲑⲉ ⲉⲧⲥⲏϩ ⲉⲧⲃⲏⲏⲧⲥ
ϩⲙ ⲡϫⲱⲱⲙⲉ ⲛ̄ⲛ̄ⲃⲁⲥⲓ̈ⲗⲓⲁ ⲟⲩⲇⲉ ⲟⲛ ⲙⲡⲉ
ⲛⲉϣⲧⲟⲗⲙⲁ ⲛⲧⲛ ϫⲟⲟⲥ ⲟⲙⲟⲓⲱⲥ ⲛⲧⲉⲥϩⲉ
ϫⲉ ⲉⲕϣⲁⲛϣⲉⲛ ⲉϩⲧⲏⲕ ϩⲁⲣⲟⲓ̈ ⲛⲅ̄ϯ ⲛⲁⲓ̈

ⲛ̄ⲟⲩⲥⲡⲏⲣⲙⲁ ⲡⲉⲧⲕⲁⲧⲁⲁϥ ⲛⲁï ϥⲛⲁϣⲱⲡⲉ ⲛⲁⲕ ⲛ̄
ϩⲙϩⲁⲗ ⲛ̄ⲛⲉϥϩⲟⲟⲩ ⲧⲏⲣⲟⲩ. ⲛⲁⲡⲁⲣⲭⲏ ⲇⲉ ⲙⲛ ⲛⲣⲙ
ⲙⲏⲧ ⲙ̄ⲡⲛ̄ⲉⲩⲡⲟⲣⲉⲓ ⲙⲙⲟⲟⲩ ⲛⲧⲁⲁⲩ ⲉⲡⲙⲟⲩⲛⲁⲥⲧ
ⲏⲣⲓⲟⲛ ⲉⲧⲃⲉ ⲡⲃⲁⲣⲟⲥ ⲛ̄ⲛ̄ϩⲓⲥⲉ ⲉⲧϩⲓϫⲱⲛ. ⲡⲉⲛⲧⲁ
ⲛϭⲙϭⲟⲙ ⲛ̄ⲛ̄ⲁⲁϥ ⲡⲉ ⲡⲁï ⲁⲛϫⲟⲟⲥ ⲛⲧⲉϩⲉ ϫⲉ ⲉ̀ⲣⲉⲡⲉ
ϣⲏⲣⲉⲕⲟⲩï ⲉⲡⲉⲛⲉⲧⲙⲟⲟⲩⲧ ϩⲁⲑⲏ ⲙ̄ⲡⲁⲧϥ̄ⲟⲩϫ
ⲁï ⲧⲉⲛⲟⲩ ⲇⲉ ⲁϥⲟⲩϫⲁï ⲙⲁⲣⲉϥϣⲱⲡⲉ ⲉϥⲟ̄ ⲛ̄ϩⲙϩ
ⲁⲗ ⲉⲡⲙⲁ ⲛⲧⲁⲟⲩϫⲁⲓ ⲛϩⲏⲧϥ̄ ⲛⲧⲉⲣⲉⲉⲓ ⲟⲩⲛ ⲉⲡⲟⲟⲩⲛ
ϩⲟⲟⲩ ⲁⲓⲙⲟⲩϣⲧ ⲉⲃⲟⲗ ϫⲉ ⲙⲉⲡⲱⲥ ⲛⲧⲉ ⲛ̄ⲣⲙ̄ ⲡⲁ
ⲧⲓⲙⲉ ϣⲓⲛⲉ ⲛⲥⲁ ⲛⲉϫϩⲓⲥⲉ ⲉϫⲛ ⲡϣⲏⲣⲉⲕⲟⲩï ⲁïⲥ
ⲙ̄ⲛ ⲡⲉⲓⲇⲱⲣⲓⲁⲥⲧⲓⲕⲟⲛ ⲁⲓⲧⲁⲁϥ ⲙⲡⲁⲉⲓⲱⲧ
ⲡⲉⲡⲓⲥⲕ̄ⲱ̄ ⲙ̄ⲛ ⲡⲓⲕⲟⲛⲟⲙⲟⲥ ⲧⲁⲣⲉϥⲕⲁⲁϥ ϩⲛ̄ ⲧⲃⲓⲃⲗⲓⲱ
ⲑⲏⲕⲏ ⲙ̄ⲡⲙⲁ ⲉⲧⲟⲩⲁⲁⲃ ϫⲉⲕⲁⲥ ⲉⲩϣⲁⲛⲕⲱⲗⲩ̄ⲙ̄
ⲡϣⲏⲣⲉⲕⲟⲩï ⲛ̄ⲉⲣϭⲁⲩⲟⲛ ⲉⲡⲙⲟⲩⲛⲁⲥⲧⲏⲣⲓⲟⲛ ⲉⲛⲥⲉ
ⲉⲙⲫⲁⲛⲓⲍⲉ ⲙⲙⲟϥ ⲉⲩϣⲁⲛⲱϣϥ̄ ⲛ̄ⲥⲉⲥⲁϩⲱⲟⲩ ⲉⲃ
ⲟⲗ ⲙ̄ⲡⲓ̈ⲕⲣⲓⲙⲁ ⲛⲟϭ ⲡⲉⲧⲛⲁⲧⲟⲗⲙⲁ ⲇⲉ ⲡⲱⲧ ⲕⲁïⲣⲱ̄
ⲭⲣⲱ̄ ⲛ̄ⲟⲩϩⲛ ⲛⲉⲭⲣⲓⲥⲧⲓⲁⲛⲟⲥ ⲉⲕⲱⲗⲩ ⲙⲡϣⲏⲣⲉϣ
ⲏⲙ ⲉⲣϭⲁⲩⲟⲛ ⲉⲡⲙⲟⲩⲛⲁⲥⲧⲏⲣⲓⲟⲛ ⲉⲧⲉⲧⲟⲩⲁⲁⲃ
ⲉ̀ⲣⲉⲡⲉⲧⲛ̄ⲙⲁⲩ ⲛⲁⲥⲱⲕ ⲉϩⲣⲁï ϩⲁ ⲡⲉⲕⲣⲓⲙⲁ ⲛⲧⲁⲡ
ϫⲟⲉⲓⲥ ϫⲟⲟⲥ ϩⲓⲧⲛ ⲧⲧⲁⲡⲣⲟ ⲙⲫⲓⲉⲣⲟⲫⲁⲛⲧⲏⲥ ⲙⲱⲩ
ⲥⲏⲥ ⲉⲧⲃⲉ ⲛⲉⲧⲛⲁⲕⲱⲗⲩ ⲙⲡⲉⲣⲏⲧ ⲙⲡϫⲟⲉⲓⲥ ⲁⲩ

ⲱⲟⲛⲉⲣϣⲁⲛ ⲡⲉⲓϣⲏⲣⲉⲕⲟⲩⲓ̈ ⲛϯⲙⲓ̈ⲛⲉ ⲟⲩⲱϣⲉⲧ
ⲙ̄ⲣ̄ϭⲁⲩⲟⲛ ⲙⲡⲙⲟⲩⲛⲁⲥⲧⲏⲣⲓⲟⲛ̄ ⲡⲙⲁⲛⲧⲁϥⲟⲩϫⲁⲓ̈
ⲡⲉⲧⲛⲁϫⲡⲟϥ ⲧⲏⲣϥ̈ ϩⲙ̄ ⲡⲉϥⲉⲣⲕⲟⲭⲉⲓⲣⲟⲛ ⲉϥⲛⲁⲧⲁ
ⲁϥⲉⲡⲙⲟⲩⲛⲁⲥⲧⲏⲣⲓⲟⲛ ⲡⲣⲟⲥⲑⲉ ⲉⲧⲩⲛⲁⲡⲱⲗϭ ⲡⲕⲁ
ⲧⲁⲕⲁⲓⲣⲱ ⲟⲓⲕⲟⲛⲟⲙⲟⲥ
ⲉⲛⲱⲣⲕ ⲟⲩⲛ ⲙⲡⲇⲓⲕⲁⲓⲟⲛ ⲙⲡⲙⲟⲩⲛⲁⲥⲧⲏⲣⲓⲟⲛ ⲉⲧⲟⲩ
ⲁⲁⲃⲁⲓ̈ⲥ ⲙⲛ ⲡⲉⲓⲇⲱⲣⲉⲁⲥⲧⲓⲕⲟⲛ ⲉϥⲉϣⲱⲡⲉ ⲉϥ
ⲟⲣϫ ⲉϥϭⲙϭⲟⲙ ⲉϥⲃⲉⲃⲁⲓⲟⲛ ⲉϥϩⲁⲡⲛⲟⲙⲟⲥ ϩⲙ ⲙⲁ
ⲛⲓ̈ⲙ ⲉⲩⲛⲁⲉⲙⲫⲁⲛⲓⲍⲉ ⲙⲙⲟϥ ⲛϩⲏⲧϥ ⲁⲩⲟϣϥ̄ ⲉ
ⲣⲟⲓ̈ ϩⲓⲧⲙ ⲡⲛⲟⲙⲓⲕⲟⲥ ⲁϥⲣⲁⲛⲁⲓ̈ ⲁⲓ̈ⲧⲁϫⲣⲟϥ ⲛϩⲩ
ⲡⲟ̈ⲅⲣⲁⲫⲉⲩⲥ ϩⲓ ⲙⲁⲣⲧⲏⲣⲟⲥ ⲛ̄ⲛⲁⲝⲓⲟⲡⲓⲥⲧⲟⲥ ⲁⲓⲕⲁ
ϥⲉⲃⲟ̈ⲗ ⲕⲁⲧⲁ ⲧⲁⲕⲟⲗⲟⲩⲑⲓⲁ ⲛ̄ⲛ̄ⲛⲟⲙⲟⲥ...
ⲁⲛⲟⲕ ⲍⲉⲕⲓⲏⲗ ⲡϣⲏⲣⲉ ⲛⲉⲓⲱϩⲁⲛⲛⲏⲥ ⲙⲛ ⲍⲁⲏⲗ ⲡ
ϣⲏⲣⲉ ⲛⲍⲉⲕⲓⲏⲗ ϯⲱ ⲙⲛⲧⲣⲉ ⲁⲛⲟⲕ ⲙⲁⲑⲏⲟⲥ ⲡϣⲏⲣⲉ
ⲛⲍⲁⲭⲁⲣⲓⲁⲥ ϯⲱ ⲙⲛⲧⲣⲉ ⲁⲛⲟⲕ ⲑⲱⲙⲁⲥ ⲡϣⲏⲣⲉ
ⲙⲡⲉϣⲁⲧⲉ ϯ ⲙⲛⲧⲣⲉ
ϯ ⲁⲛⲟⲕ ⲁⲡⲗⲱ.... ⲡⲣ̄ ⲙⲡⲟⲩⲕⲁⲥⲧⲣ̄ ϫⲏⲙⲉ ϯⲟ ⲙⲛ
ⲧⲣⲉ ⲡⲣⲟⲥ ⲧⲉⲧⲓⲥⲓⲥ ⲛ̄ⲑⲏⲕⲗⲉ ⲧϣⲏⲣⲉ ⲁⲍⲁⲣⲓⲁⲥ
ϯ ⲁⲛⲟⲕ ϣⲉⲛⲟⲩⲧⲉ ⲡϣⲏⲛ ⲡⲙⲁⲕ ϯⲙⲱⲧⲓⲱ ⲙⲛⲧ
ⲣⲉ ⲡⲣⲟⲥ ⲧⲏⲇⲏⲥⲓⲥ ⲛ̄ⲑⲉⲕⲗⲁ ⲧϣⲏⲣⲉ ⲁⲍⲁⲣⲓⲁⲥ.
//

PAPYRUS N° 1.
DU MUSÉE ÉGYPTIEN DU LOUVRE
(E. 5134.)

ανον ϣεν(ουτε) ιωϩαν(να) ιιιιιιιιι ν̄ϣηρε
(μ̄πμακ) γερμανος μ̄ν θηυτουϩου τϣεερε μακ ϩη
μαι μν συναγαπη ϣηρε μ̄πμακ ισαακ ετευμααυ
τετμακ τσωνε ανον τηρν ενηπ επκαστρον ν
ϫη(με) ν̄νομος ν̄τπολις ερμοντ εντι μννσωσ
ν̄ουϩυπογραφευς ετρυϩυπογραφε ϩαρον μ
ν̄ϩεν(κε) μντρε ναξιοπιστος ναι ετναμαρ
τυριζε εροϥ ϩαρον επεισυνγραφον μμερισμ
ος ετο νδιαλυσις νατπαραβα μμοϥ αυω νατ
παρασαλευε μμοϥ εβολϩν ννομος εενσϩαι
μπενσον στεφανος πϣηρε μπμακ γερμανος
πρμπεικαστρον νουωτ ϫε επειδη ανεναγεμ
ννενερηυ ννα ϩρν κομες πδιοικ ετβε πηι μπεν
μακ νειωτ γερμανος παι ετϩι πϩιρ νκλωλ αυκελ
ενε εϩν ννοϭ νϣηρε ντε πκαστρον ποϣϥ εϫων α
υνουϫκληρος εϩραι απεκλη(ρος) ει εϩραι εϫωκ
ντοκ στεφανος ακταϩο πσινποσιον ντμητε
ετϩι πτορτ ακταϩο πδιμοιρια ντϫηρε ντπ

ⲉⲙⲛ ⲡⲉⲧⲉⲧⲁⲣⲧⲟⲛ ⲙⲡⲥⲓⲛⲡⲟⲥⲓⲟⲛ ⲛⲑⲏ ϫⲓⲛ ⲙⲡϩ
ⲱϯⲥ ⲉⲣⲏⲥ ⲁⲩⲱ ⲡⲣⲁⲩⲧⲟⲟⲩⲛⲧϫⲏⲣⲉ ⲉⲧⲛⲧⲡⲉ
ⲙⲙⲟⲥ ⲛⲧⲉ ⲡϩⲁⲓ ⲉⲧⲙⲛⲧⲃⲁⲓⲙⲟⲟⲩ ⲙⲛ ⲡⲧⲱⲣⲧϣ
ⲱⲡⲉ ⲛⲕⲟⲓⲛⲟⲛ ⲡⲁⲓ ⲡⲉ ⲡⲙⲉⲣⲟⲥ ⲙⲙⲁ ⲛⲧⲁⲥⲧⲉⲫ
ⲁⲛⲟⲥ ⲡⲉⲛⲥⲟⲛ ⲧⲁϩⲟⲩ ⲛ̄ϩⲟⲩⲛ ⲙ̄ⲡⲉⲛⲙⲁⲕ/ ⲛⲉⲓⲱⲧ
ⲅⲉⲣⲙⲁⲛⲟⲥ |||||||| ⲉⲣⲟⲕ ⲧⲁⲣⲕϣⲱⲡⲉ ⲉⲕⲟ ⲙⲡϫⲟ
ⲉⲓⲥ ϫⲓⲛ ⲧⲉⲛⲟⲩ ϣⲁ ⲉⲛⲉϩ ϩⲓⲱⲱⲕ ⲙⲛ ⲛⲉⲕϣⲏⲣⲉ
ⲙⲛ ⲛⲉⲕⲕⲗⲏⲣⲟⲥ ⲡⲟⲧⲉ ⲕⲁⲓⲣⲱ ⲡⲉⲧⲛⲁⲉⲓ ⲉⲃⲟⲗ ⲉ
ⲣⲟⲕ ⲉⲛⲉϩ ⲉⲓⲧⲉ ⲁⲛⲟⲛ ⲉⲓⲧⲉ ⲛⲉⲛϣⲏⲣⲉ ⲛϥⲉⲛⲁⲅⲉ
ϩⲁϩⲧⲛ ⲗⲁⲁⲩ ⲛⲉⲝⲟⲩⲥⲓⲁ ϥⲟ ⲛϣⲙⲙⲟ ⲉⲡⲉⲓⲱⲧ ⲙ
ⲛ ⲡϣⲏⲣⲉ ⲙⲛ ⲡⲉⲡⲛ̄ⲁ ⲁⲩⲱ ⲛϥϯ ⲙⲏⲧ ⲛϩⲟⲗⲟⲕ/ ⲙⲡ
ⲣⲟⲥⲧⲓⲙⲟⲛ ⲛⲧⲉ ⲝⲟⲩⲥⲓⲁ ⲙⲛ ⲛⲥⲱⲥ ⲛϥⲉⲓ ⲉϩⲟⲩⲛ ⲛϥ
ϩⲱⲛ ⲉⲡⲉⲓⲙⲉⲣⲓⲥⲙⲟⲥ ⲡⲉ ⲡⲁⲓ (ⲏ) ⲛⲧⲁⲛⲥⲙⲛⲧϥ ϥⲟⲣ
ϫ ϥϭⲙϭⲟⲙ ⲙ̄ⲙⲁ ⲛⲓⲙ ⲉⲩⲛⲁⲉⲙⲫⲁⲛⲓⲍⲉ ⲙⲙⲟϥ ⲛ
ϩⲏⲧϥ ⲛⲥⲉϫⲛⲟⲩⲛ ⲛⲧⲛ ϩⲟⲙⲟ/
ϯⲁⲛⲟⲕ ⲥⲉⲛⲟⲩⲑ/ ⲡⲉⲓⲗⲁⲭ/ ⲛⲁⲣⲭⲏⲡⲣⲉⲥⲃ/ ⲡϣⲏⲣ
ⲉ ⲙ̄ⲡⲙⲁⲕ/ ⲅⲉⲣⲙⲁⲛⲟⲥ |||||||||| ~
ϯⲁⲛⲟⲕ ⲑⲏⲩⲧⲟⲩϩⲟⲩϫⲉⲣⲉ ⲛϩⲉⲙⲁⲓⲧⲓⲥⲧⲏⲭ |||||
ϯⲁⲛⲟⲕ ⲓ̈ⲱϩⲁⲛⲛⲁ ⲥⲉⲛϣⲏⲣ . . . . .
ⲁⲛⲟⲕ ||||||||||||| ⲙⲛⲧⲣⲉ
ϯⲁⲛⲟⲕ ⲅⲉⲱⲣⲅⲓⲟⲥ ⲡϣⲏⲣⲉ ⲕⲟⲥⲙⲁ ϯⲟ ⲙ ⲙⲛ̄ⲧ

PAPYRUS N° 2
DU MUSÉE ÉGYPTIEN DU LOUVRE

✝ ϩⲛ̄ ⲡⲣⲁⲛ ⲉⲡⲛⲟⲩⲧⲉ ⲛ̄ϣⲟⲣⲡ ⲁⲛⲟⲕ ⲧϩⲟⲛⲕⲟ
ⲙⲟⲩⲥ ⲉⲓ̈ⲥϩⲁⲓ ⲛ̄ⲡⲁⲥⲟⲛ ⲃⲓⲕⲧⲱⲣ ϫⲉ ⲙⲛ̄ ϩⲱⲃ ⲙⲛ̄
ⲟⲡⲥ̄ ⲧⲏⲓ̈ ⲛⲉⲙⲁⲕ ⲁⲛ ϩⲛ ⲗⲁⲁⲩ ⲛ̄ϫⲓⲛ ⲉⲣϩⲱⲃ. ⲡⲉϩ
ⲟⲟⲩ ⲛ̣ⲙⲟⲥ ⲉⲓ̈ⲁⲉⲓ̈ ⲉⲃⲟⲗ ⲛ̄ⲙⲟⲕ ϩⲛ ⲗⲁⲩ ⲛϫⲓⲛ̈ ϩⲱ
ⲃ. ⲁⲓ̈ⲧⲓ ⲙⲛⲧⲥⲛⲟⲩⲥ ⲛϩⲟⲗⲟⲕⲟⲇⲛ̂. ⲉⲓ̈ⲱⲣⲕ ⲉⲡⲛⲟⲩⲧ
ⲉ ⲡⲁⲛⲧⲱⲕⲣⲁⲧⲱⲣ ⲙⲛ̄ ⲛⲉϣⲗⲏⲗ ⲛ̄ⲧⲕⲁⲑϩⲟⲗⲓ̈ⲕⲏ
ⲛⲉⲕⲗⲏⲥⲓⲁ ⲙⲛ̄ ⲡⲟⲩϫⲁⲓ̈ ⲛⲉⲛⲉⲓⲟⲧⲉ ⲉⲧⲁⲣⲭⲓ̈ ⲉϫⲱⲛ
ⲕⲁⲧⲁ ⲕϩⲉⲣⲟⲥ ⲛⲓ̈ⲙ ⲉⲧⲣⲁϩⲁⲣⲉϩ ⲧⲁⲉⲓ̈ⲣⲉ ⲛ̄ⲡⲣⲟⲥⲑⲉ
ⲉⲧⲥⲏϩ ⲉⲡⲓⲭⲁⲣⲧⲉⲛ ⲉⲣⲉϩⲉⲛ ⲕⲉⲥⲛⲏⲟⲩ ⲛ̄ⲡⲣⲟⲥⲟⲩ
ⲡⲟⲛ ⲉⲣ ⲙⲛⲧⲣⲉ ⲉⲧⲏ ⲛⲁⲓ ⲛⲉ

ⲁⲛⲟⲕ ⲡⲁⲥⲟⲛ ⲓ̈ⲱϩⲁⲛⲛⲏⲥ ⲡⲓⲱⲧ ⲛ̄ⲡⲧⲟⲟⲩ ⲧⲓ̈ ⲟⲛⲙ
ⲛⲧⲣⲉ

ⲁⲛⲟⲕ ⲡⲁⲥⲟⲛ ⲓ̈ⲉⲣⲏⲙⲓ̈ⲁⲥ ⲁⲙⲟⲩⲛⲁ ⲧⲓ ⲟⲛⲙⲛⲧⲣⲉ

ⲁⲛⲟⲕ ⲡⲁⲥⲟⲛ ⲁϩⲁϭⲟⲣ ⲁⲣⲓ ⲧⲓ̈ ⲟⲛⲙⲛⲧⲣⲉ

ⲁⲛⲟⲕ ⲡⲁⲥⲟⲛ ⲁⲡⲁ ⲕⲓⲣⲉⲙⲏⲛⲁ ⲁⲓ̈ⲥϩⲁⲓ̈ ⲛⲧⲁϫⲓϭ
ϯ ⲟⲛ ⲙⲛ̄ⲧⲣⲉ

PAPYRUS N°3
DU MUSÉE ÉGYPTIEN DU LOUVRE

ϯϩν πραν ν(πνουτε ανοκ παχανος πϣη//////////

///το///πρμειτη εισϩαι ννaπακιρε παρχη(μαν)

τριτης///////(ι)ερημιας(μνενω)χ μπετρος//////////

//////ναπα ιερημιας ϫ= επειδη αρε πουρω/////ϩαρ

ωτν//////////////μαϩαπ/////βη/////επ//////////////

(ϩολο)κοττινου β////// ϩομολ///////////////αι//////////

(επει)δη////////////ιγνηϫ π////////////////////τε ννατλα

αν ν̄ϩωβ ννν̄αν φιβολια://////////////ϣαν πωτ ϣαντεϥ

ϫηκ πεϥταϫιτν εβολ ειεϥι ε/////προσθε ετερεπ

ρρο ναϩορίζε μ̄μοϥ εϫωι επε//////////πορϫου

ν αισμ̄ν̄τεϊ νκια νετν̄ μ̄ποουετε///////νσουϥτο

ου πε μπαωνε ντειρομπε ταδευτε/////εντεκδια

νος εϊωρκ νετν̄ μ̄ποου εππαντωκρατωρ ταρει

ϩαρεϩ νετν̄ προστϭομ ν̄τει/////

ϯανοκ απα ισαακ πϊκονομος ννaπα ϩορωνν

τπερσις νβαβυλων ϯομμν̄τρε †

ϯανοκ ϩηλια πϣη ν πμακαριος μηνα πρμ παα///

///τμερος ϩν πτοϣ μεϥε ϯομμντρε †

ϯανοκ μερκουρε πματοι μ̄παντιτου ξ ϯο.

ⲙⲛⲧⲣⲉ

ϯⲁⲛⲟⲕ ⲁⲡⲁ ⲉⲛⲱⲭ ⲛⲛⲁⲡⲁⲃⲁ//// ⲛⲛⲧⲡⲉⲣⲥⲓⲥ ⲛⲃⲁⲃⲩ
ⲗⲱⲛ ⲛⲧⲁⲓⲥϩⲁⲓ ⲡⲉⲓⲭⲁⲣⲧⲏⲥ ⲛⲧⲁϭⲓϫ ////////// ⲙⲛⲧⲣⲉϯ

//////////////////////

PAPYRUS N° 4
DU MUSÉE ÉGYPTIEN DU LOUVRE

+ γεωργε ουνουβρε ιερημιας αβεςεμωνμη
να απολω ενςγαι ν πεν χοις νιωτ απα δα
να πεπρε(ς)βητε/ παρ̄/ ανω φερουμεν(ος) μπμ
οναςτερι(ον) ναπα ιερημιας χενωπτο ρεν
τοτκ ναιμιανεπουοι ν κτιςι κελι ναγ μνγ
ωβ νιμι::::::::: βολ εροογ γαπεγτεμοςιον
μνγωβ νιμ ερεγενκεςνη ερμετρε ανοκ κ
ωςμαξιμους + ομμετρε ανοκ γεωργε ξερε
+ ο(μετ)ρε

PAPYRUS N° 5
DU MUSÉE ÉGYPTIEN DU LOUVRE

(+ ϩμ̄ πραν) μ̄πνουτε ν̄ϣορπ α(νο)κ //////////
μ̄ν καλιπεχε ανουπ ανον ϩα ////////// νεϲτιγι
ντη ϩιτοοτϥ ναπαδανα πρε////// αυω φεγον
μενοϲ ν̀πμοναϲτηριον ////////// ν πτοου μ̄με
βε ϫε ν̄ϣτωρι νακ ϩν //////(κτιϲι)γελι ναϥ εκυ
με αυω ν̄ϣτωρι μ̄μοϥ ϩν ϩωβ νιμ ///// βολ μ̄μο
ϥ αυω πεγε(π)ουρο ναϩορεϲ μοϥ εϫωϥ/// ενον ν πρ
οϲωπον ϩν μὰ νιμ εϥαβωκ/// αυω ανγε προϲ
ωπον ενον μετρε ετ////(ναινε) νευραν + ανοκ
ααβρααμ ατοκ + ομετρε + ανοκ δαν(ιηλ)/// +
ο μετρε + ανοκ μηνα αλξ τι τηχε ++

PAPYRUS N° 6
DU MUSÉE ÉGYPTIEN DU LOUVRE

////////////////////////// ⲙⲟⲛⲁⲥⲧⲏⲣⲓⲟⲛ ⲉⲧⲟⲩⲁ
ⲁⲃ (ⲛⲁⲡⲁ ⲓⲉⲣⲏⲙⲓ)ⲁⲥ ⲙ̄ⲡⲧⲟⲟ(ⲩ) ⲙⲙⲉϥⲉ ϫⲛ ϣⲧⲱⲣⲓⲛ
////////////////// ⲉⲣⲉⲣⲓ //// ⲉⲕ ////// ////// ⲉⲕⲩⲙⲉⲁⲩ
ⲱ////(ϣⲧ)ⲱⲣⲓ ⲙ̄ⲙⲟϥ ϩⲛ̄ ϩⲱϥ ⲛⲓⲙ ⲉⲧⲁⲓ ⲛⲥⲁⲃⲟⲗ ⲙ̄ⲙ
ⲟϥ////////// ⲉⲣⲉ ⲡⲟⲩⲣⲟ ⲛⲁϩⲟⲣⲉⲥ ⲙⲟϥ ⲉϫⲱϥ ⲁⲩⲱ
ⲉⲛⲟⲛ ⲡϥⲡⲣⲟⲥⲱⲡⲟⲛ ϩⲛ̄ ⲙⲁ ⲛⲓⲙ ⲉⲃⲁϥⲱⲕ ⲉⲣⲟ
ϥ ⲁⲩⲱ ⲉⲣⲉ ϩⲁⲛ////(ⲡⲣ)ⲟⲥⲱⲡⲟⲛ ⲉⲩⲟⲛ ⲙⲉⲧⲣⲉ ⲁⲛⲟⲕ ⲙ
ⲏⲛⲁ ⲁⲗⲉⲝⲁⲓ ϯⲟⲛ ⲙⲉⲧⲣⲉ

† ⲉⲅⲣ/ ⲙ/ ⲡⲁⲫⲓ Ⲏ ⲓⲛⲇ/ ⲅ †

PAPYRUS N° 7
DU MUSÉE ÉGYPTIEN DU LOUVRE

+ ϩⲛ ⲡⲣⲁⲛ ⲙ̄ⲡⲛⲟⲩⲧⲉ ⲛ̄ϣⲟⲣⲡ …

ⲁⲡⲁ ϩⲱⲣⲓⲟⲛ ⲙⲛ ⲡⲁⲡⲁ ⲓⲱⲁⲛⲏⲥ ⲁⲛⲟⲛ ϩⲁ …

ⲙ̄ⲡⲙⲟⲛⲁⲥⲧⲏⲣⲓⲟⲛ …

ⲙ̄ⲛ ⲡⲉⲛⲙⲁⲓⲛⲟⲩⲧⲉ ⲛⲓⲱ(ⲧ) … ⲁ … ⲁ … ⲓⲁⲡ

ⲣⲏⲥ … ϕⲉⲅⲟⲩⲙⲉⲛⲟⲥ ϫⲉ ⲉⲛ̄ϣⲧⲱⲣⲓ ⲛⲁⲕ ⲡⲓⲛⲱϫ ϩⲱ

ⲣⲓⲟⲛ … ⲕⲏⲙⲉ ⲁⲩⲱ ⲛϣⲧⲱⲣⲓ ⲙⲙⲟϥ ϩⲛϩⲱ

ⲃⲛⲓⲙ … ⲁⲩⲱ ⲡⲉⲣⲉⲡⲟⲩⲣⲟ ⲛⲁϩⲟⲣⲉⲥ ⲙⲟϥ ⲉϫ

ⲱϥ ϩⲛ ⲙⲁ ⲛ(ⲙ) … ⲁⲩⲱ ⲉⲣⲉϩ)ⲛⲅⲉ ⲡⲣⲟⲥⲱ

ⲡⲟⲛ ⲟⲛ ⲙⲉⲧⲣⲉ ⲉⲧⲁⲓ ⲛⲁⲓ ⲛ …

ⲁⲛⲟⲕ ϥⲓ(ⲕⲧ)ⲱⲣ ⲉⲓⲥⲁⲕ ⲇⲓⲟⲛ ⲙⲉⲧⲣⲉ + ⲁⲛⲟⲕ ⲓⲱⲥ

ⲏϕ … ⲁⲛⲟⲕ ⲙⲏⲛⲁ ⲁⲗⲉⲝⲁⲓⲥⲁⲓ ⲛ̄ⲧⲁϫⲓ

ϫ+ ⲟⲛ ⲙⲉⲧⲣⲉ + ⲉⲅⲣ(ⲙ) …

PAPYRUS N° 8
DU MUSÉE ÉGYPTIEN DU LOUVRE

ϩⲙ ⲡⲣⲁⲛ ⲉⲛⲡⲛⲟⲩⲧⲉ ⲛϣⲟⲣⲡ ⲁⲛⲟⲕ ϩⲏ ////////// ⲕⲟⲗ

ⲑⲉ ////////////// ⲙⲛ ⲓⲱϩⲁⲛⲛⲏⲥ ⲁⲡⲁⲕ(ⲓ)ⲣⲉ ⲛ̄ⲥϩⲁⲓ ⲉⲛ

ⲡⲙⲁⲓⲛⲟⲩⲧⲉ ⲛⲓⲱⲧ ⲁⲡⲁ ⲇⲁⲩⲇ ///////////////// (ⲡⲁⲣ)ⲭ

ⲏⲙⲁⲛⲇⲣⲓⲧⲏⲥ ϥ(ⲉ)ⲕⲟⲩ(ⲙⲉⲛⲟⲥ ///////////////////////////

////(ⲓⲉⲣⲏ)ⲙⲓⲁⲥ ⲛ̄ⲙⲉⲃⲓ ϫⲉ ⲉⲛϣⲧⲱⲣⲓ(ϩⲓ)ⲧⲟⲟⲧϥ ⲛ̄ⲧⲉⲕ

ⲙⲉⲧⲓⲱⲧ ⲛ̄ⲥⲉⲣⲙ ///////////////// ⲓⲁⲕⲱⲃ ⲉⲡⲉϥⲇⲏⲙⲟ

ⲥⲓⲛ ⲙⲛ ⲡⲉⲣⲉⲡⲉⲣⲟ ⲛⲁϩⲟⲣⲓⲥⲉ ⲙⲟϥ ⲉϫⲱϥ ⲉⲛ ⲕⲧⲓ(ⲥⲓ)

ⲕⲉⲗⲓ ⲛⲁϥ ⲉⲩⲱⲣⲉϫⲟⲩⲛ ///////// ⲧⲓ ////////// ⲛ̄ⲧⲉⲕ

ⲙⲉⲧϊⲱⲧ ⲉⲣⲉ(ϩⲱ)ⲕⲉⲥⲛⲏⲩ ////////////////////// ⲁⲛⲟⲕ

////////////////////// ⲛⲓⲁⲕⲱⲃ ⲡⲁⲩⲗ ////////////////

ⲙⲛ̄ ⲁⲃⲣⲁϩⲁⲙ ////////// ⲧⲟⲟⲩ ⲛⲧⲉⲛⲟⲛ ⲙⲉⲧⲣⲉ

PAPYRUS N° 9
DU MUSÉE ÉGYPTIEN DU LOUVRE

† ϩⲙ̄ ⲡⲣⲁⲛ ⲙⲡⲛⲟⲩⲧⲉ ⲛ̄ϣⲟⲣⲡ̄ ⲁⲛⲟⲕ ⲕⲱⲥⲙⲁⲁ
ⲡⲟϩ…… ⲙⲛ ⲙⲱⲏⲥⲏⲥ. ⲁⲡⲁⲥⲓⲣⲉ ⲛ̄ⲙⲙⲟⲛⲟⲭⲟⲥ ⲛ
ⲁⲡⲁⲓⲉ(ⲣⲏⲙⲓ)ⲁⲥ ⲙ̄ⲙⲉⲃⲉ ⲛ̄ⲥϩⲁⲓ ⲙⲡⲙⲁⲓⲛⲟⲩⲧⲉ ⲛ̄
ⲓⲱⲧ ⲁⲡⲁ ⲇ̄ⲁ̄ⲇ̄ ⲡⲉⲡⲣⲉⲥⲃⲏⲧⲉⲣⲟⲥ ⲡⲁⲣⲭⲏⲙⲁⲛⲇ
ⲣⲓⲧⲉⲥ ⲙ̄ⲡ(ⲙⲟⲛⲁⲥ)ⲧⲏⲣⲓⲟⲛ ⲛⲟⲩⲱⲧ ϫⲉ ⲉⲓⲛ̓ⲇⲱⲣⲣ-
ⲓⲍⲉ ……
ⲧⲉⲙⲟ…… ⲇⲓⲕ …… ⲛⲇⲓⲁⲕⲟ……
……ⲛⲁⲕ…… ⲭ …… ⲉⲣⲉϩⲛ ⲕⲉⲡⲣⲟⲥⲱⲡⲟⲛ ⲣ̄ⲙ
ⲛⲇⲣⲉ ⲉⲧⲉ ⲛⲁⲓ ⲛⲉ
†ⲁ(ⲛⲟⲕ) ⲡⲁⲧⲣ̄ⲙⲟⲩⲧⲉ……ⲥⲁⲛⲉ † ⲟⲛ ⲙⲛⲇⲣⲉ
…… ⲙⲟ …… ⲇⲓ ⲟ ……
…… † ⲟ ……
……ⲁⲕ…… ⲛ̄ⲉⲛⲱ ⲭ ⲇⲓ ⲟ ……
……

ⲣ̄ⲑ̄

PAPYRUS N° 10
DU MUSÉE ÉGYPTIEN DU LOUVRE

//

//// ⲙⲛ //////// ⲃⲁ ////////////////////////

ⲡ.ⲡⲁⲣ //////////////// ⲗⲟⲥ ////////////// ⲁⲃⲛ ////

ϣⲧⲱⲣⲉ ⲛⲧⲟⲟⲧⲕ ⲛ //////////////////// ⲛⲱϫ //////

////////// ⲉⲕⲏⲙⲉ ⲁⲛⲟⲛ ⲉ ////////////////// ϩⲱⲃⲛⲓ

(ⲙ) //// ⲉⲧⲛⲥⲁⲃⲟⲗ ⲛⲙⲟⲩⲉⲡⲱⲣϫ ⲟⲩⲛ ⲛⲧⲕⲙⲉ(ⲧⲓⲱⲧ)

(ⲁ)ⲛⲥⲙⲛϯ ϩⲟⲙⲟⲗⲟⲅⲓⲁ ⲛⲥⲧⲟⲓⲭⲉⲓ ⲉⲣⲟⲥ ⲁⲛⲟⲕ ////////

////// ⲁⲓⲥϩⲁⲓ ⲧⲓ.ⲟ ⲙ̄ⲛ ϯⲣⲉ

ⲡⲁⲱⲫⲓ ⲅ ////////

CORRIGENDA
DES TEXTES COPTES

P. ⲍ̄. l. 1 : ⲡⲁⲓⲉⲧⲛⲁⲱⲛϩ̄

P. ⲍ̄ l. 16 : ⲡⲉⲧⲉⲣⲉⲡⲣⲱⲙⲉⲛⲁⲧⲁⲁϥ

P. ⲏ̄. l. 1 : ...ⲛⲛⲁⲓ ⲁⲓⲉⲥⲑⲁⲛⲉ ⲉⲛⲁⲛⲟⲃⲉ

P. ⲓ̄ⲁ̄. l. 4 : ⲉⲡ..ⲧⲟ

P. ⲓ̄ⲃ̄. l. 19 : ⲙⲡⲉⲙⲧⲟ ⲉⲃⲟⲗ ⲙ̄ⲡⲛⲟⲩⲧⲉ

P. ⲓ̄ⲉ̄ l. 3 : ⲟⲩⲥⲟⲧⲉ

P. ⲓ̄ⲋ̄. l. 14 : ⲛⲁⲓ ⲙⲉⲛ ⲥⲉⲛⲁⲃⲱⲕ

P. ⲕ̄ⲅ̄ l. 1 : ⲁϥⲣⲁⲧⲥⲱⲧⲙ ⲛⲥⲱⲓ ⲁⲓⲕⲁ...

P. ⲕ̄ⲇ̄ l. 19 : ⲉⲃⲟⲗ ⲛϩⲏⲧⲟⲩ

P. ⲕ̄ⲇ̄ l. 14 : ⲉⲓⲇⲟⲥ dans l'interligne

P. ⲕ̄ⲍ̄ l. 1 : ϩⲛ̄ ⲛⲁⲙⲉⲉⲩⲉ

P. ⲕ̄ⲍ̄ l. 4 : ⲉⲧⲃⲉ ⲛⲉⲓⲇⲟⲥ ⲇⲉ ⲛⲧⲁⲛⲡⲟϣⲟⲩ

P. ⲕ̄ⲏ̄ : le ⲉ de ⲡⲣⲉⲃⲥ est dans l'interligne

P. ⲕ̄ⲏ̄ l. 18 : ⲧⲕⲉϫⲟⲉ

P. ⲕ̄ⲑ̄ l. 9 : ⲧⲁϫⲟⲉ

P. ⲗ̄ l. 6 : ⲛⲛⲉⲥϩⲟⲟⲩ

P. ⲗ̄ l. 19 : ϣⲁⲛⲧϥⲙⲟⲩ

P. ⲗ̄ l. 21 : ⲉⲓⲙⲏⲧⲓ ⲉⲡⲉⲥϩⲏⲧⲓⲕⲟⲛ

P. λγ l 1: ρωμεϩολως
P. λγ l 18: ϩενρωμεⲛ̄ναθητ
P. λⲋ l. 4: εεπινοει
P. μα l. 16: ...ντεπκαϩ·ⲧⲛ̄ονωϣ
P. μβ l. 2: νενειοτε
P. μβ l. 4: ναι ετερε πενρπμεευε
P. μβ l. 12: νρμενη'
P. μγ l 12: ⲛ̄γεπερειδεσθαι
P. μⲋ l. 9: στεφανος
P. μζ l. 18: ⲛ̄σεϩαρεϩ
P. νδ l. 2: πχωριον ναναιαγει
P. νδ l. 2: ϯεισϩαι
P. οε l. 4: ϩνπρεϥκοπτε
P. οⲋ l. 5: ειτεϩων
P. π l. 11: ⲛ̄ϭανον
P. πα l. 5: ταρεϥϣωπε εϥλητουργει
P. ϥθ l. 6: ϩωστε ερок ταρκϣωπε
P. ϥθ lignes dernières — Le texte est très incomplet car une page a été oubliée ici. Elle aurait dû porter le n° ϥθ bis

لسـم الا

ثر دو ا ثـ اد

عد الله هـا ه

لد امها امره

سحـا مسلد

ⲀⲚⲚⲤⲰⲤ ⲆⲈ ⲞⲚ ⲚϤⲀⲠⲞⲖⲞⲄⲒⲌⲈ ⲈⲠⲖⲞⲒⲌ ⲚⲞϤ ⲠⲢⲞⲤⲦⲒⲘⲞⲚ ⲚⲚⲚⲞⲘⲞⲤ
ⲀⲨⲰ ⲚⲈⲜⲞⲨⲤⲒⲀ ⲈⲦⲀⲢⲬⲈⲒ ⲘⲠⲔⲀⲒⲢⲞⲤ ⲈⲦⲘ ⲘⲀⲀⲨ ⲚⲞⲨⲖⲒ ⲦⲢⲀⲚⲚⲞⲨⲂ
ⲘⲠⲢⲞⲤⲦⲒⲘⲞⲚ ⲬⲢⲨⲤⲞⲨ ⲚⲞⲘⲒⲤⲘⲀ ⲀⲨⲰ ⲘⲚⲚⲤⲀ ⲦⲔⲀⲦⲀⲂⲞ
ⲖⲈ ⲈⲒⲤ ⲘⲠⲈⲒⲠⲢⲞⲤⲦⲒⲘⲞⲚ ⲚⲦⲈⲠⲒ ⲆⲰⲢⲒⲀⲤⲦⲒⲔⲞⲚ ϢⲰⲠⲈ
ⲈϤ ⲚⲦⲀϤ ⲘⲘⲀⲀⲨ ⲚⲞⲨⲦⲀⲬⲢⲞ ϢⲀ ⲈⲚⲈϨ ⲀⲨⲰ ϢⲀⲚ ⲌⲰⲘ ⲚϪⲰⲘ
ⲦⲀⲢ ⲔⲞⲆⲈ ⲘⲘⲞⲦⲚ ⲘⲠⲚⲞⲨⲦⲈ ⲠⲠⲀⲚⲦⲰⲔⲢⲀⲦⲰⲢ ⲚⲦⲞⲦⲚ ⲚⲈⲜⲞⲨ
ⲤⲒⲀ ⲚⲒⲘ ⲈⲦⲈⲢⲈ ⲠⲈⲒⲆⲰⲢⲒⲀⲤⲦⲒⲔⲞⲚ ⲚⲀⲂⲰⲔ ⲈϨⲞⲨⲚ ⲈⲦⲞⲞⲦⲞⲨ
ⲬⲈⲚⲚⲈⲦⲚ ⲤⲨⲚⲬⲰⲢⲈⲒ ⲚⲤⲈⲦⲀⲔⲞ ⲖⲀⲀⲨ ⲈⲂⲞⲖ ⲚϨⲎⲦϤ

ⲄⲢⲰⲢϪ ⲚⲎⲦⲚ ⲚⲦⲰⲦⲚ ⲚⲈⲠⲢⲞⲈⲤⲦⲞⲤ ⲘⲠⲘⲞⲚⲀⲤⲦⲎ
ⲈⲦⲞⲨⲀⲀⲂ ⲪⲀⲚⲞⲤ ⲀⲠⲀ ⲠⲀⲨⲖⲞⲤ ⲚⲦϨⲈ ⲚⲈⲈⲦⲈ ⲘⲠⲔⲞⲖⲞⲖ
ⲘⲠⲞⲞⲨ ⲚϪⲎⲘⲈ ... ⲚⲈⲤ ⲞⲒⲔⲞⲚⲞⲘⲞⲤ ⲔⲀⲦⲀ ⲔⲀⲒⲢⲞⲤ
ⲈⲪⲈⲤⲈⲞⲤ ⲀⲒⲤⲘⲒⲚⲈ ⲚⲎⲦⲚ ⲘⲠⲈⲒⲆⲰⲢⲒⲀⲤⲦⲒⲔⲞⲚ ⲤⲨⲚ ⲄⲢⲀⲪⲎ
ⲈϤⲞⲢϪ ϤⲞⲨⲚϪⲞⲈⲒⲤ ϨⲘ ⲘⲀ ⲚⲒⲘ ⲈⲨⲚⲀⲈⲘⲪⲀⲚⲒⲌⲈ ⲘⲘⲞϤ
ⲈϤⲞⲢϪ ϤⲞⲨ ⲚϪⲞⲈⲒⲤ ϨⲘ ⲘⲀ ⲚⲒⲘ ⲈⲨⲚⲀⲈⲘⲪⲀⲚⲒⲌⲈ ⲘⲘⲞϤ
ⲚϨⲎⲦϤ ⲈⲒⲦⲈ ⲚⲞⲘⲞⲤ ⲈⲒⲦⲈ ⲘⲠⲂⲞⲖ ⲚⲚⲞⲘⲞⲤ ⲈⲀⲒⲠⲀⲢⲀⲔⲀ
ⲖⲈⲒ ⲘⲠⲤⲨⲚⲄⲢⲀⲪ ⲈⲨⲤⲀϨⲤ ϨⲞⲨⲘⲚ ϨⲈⲚ ⲔⲈⲢⲰⲘⲈ ⲚⲀⲜⲒⲞⲠⲒⲤ
ⲦⲞⲤ ⲈⲀⲨⲘⲀⲢⲦⲨⲢⲒⲤⲞⲈ ⲈⲢⲞϤ ⲠⲢⲞⲤ ⲦⲀⲠⲀⲢⲀⲔⲀⲖⲎⲤⲒⲤ
ⲈⲀⲨⲈⲠⲒⲦⲢⲈⲠⲈ ⲀⲦⲤⲀϨϤ ⲚⲦⲀⲤ ⲠⲈⲚⲚⲢⲘ ⲚⲔⲒⲘⲈ ⲀⲚⲞⲰⲚ
ⲈⲢⲞⲒ ⲀⲒⲤⲦⲞⲒⲬⲈⲒ ⲈⲢⲞϤ ⲀⲚⲔⲀⲀϤ ⲈⲂⲞⲖ +

ⲛϥϣϩⲟⲩⲛ ⲛϥϩⲱⲛ ϥⲃⲟⲗ ⲉⲡⲣⲟⲥⲧⲁⲅⲙⲁ ⲛⲇⲱⲣⲉⲁ ⲡⲛⲟⲩⲧⲉ

ϩⲙ ⲡⲧϥ ⲉⲩⲱⲣϫ ⲙⲡⲙⲟⲛⲁⲥⲧⲏⲣⲓⲟⲛ ⲉⲧⲟⲩⲁⲁⲃ ϥⲟⲣϫ ϥⲃⲉⲃⲟⲗ

ϩⲉⲙⲛⲁⲛⲓⲕⲉⲉⲩⲛⲁⲥⲫⲣⲁⲅⲓⲍⲉ ⲙⲙⲟϥ ⲛϭⲓⲛⲧϥ ϩⲟⲙⲟⲗⲟⲅⲉⲓ ⲉⲣⲟϥ

ⲁⲛⲟⲕ ⲓⲱϩⲁⲛⲛⲏⲥ ⲡⲁⲓⲉⲩ ϣⲱⲧ ϯⲣⲁⲛⲁⲓ ϩⲙⲡⲟⲓ ⲭⲉⲣⲟⲥ ⲁⲣⲏⲕⲉ

ⲙⲁⲣⲧⲩⲣⲟⲥ ⲉⲣⲟϥ ϩⲓ ⲕⲁⲗⲱⲥ ⲉⲃⲟⲗ +

+ ⲁⲛⲟⲕ ⲓⲱϩⲁⲛⲛⲏⲥ ⲡⲉⲩⲙⲛⲏⲙⲁ ⲍⲁⲭⲁⲣⲓⲟⲩ ϯⲣⲟⲓ ⲧⲏⲥ ⲇⲱⲣⲉⲁⲥ ⲕⲟⲛ

ⲕⲁⲁⲩϩⲛ ⲧⲃⲓⲃⲗⲓⲟⲑⲏⲕⲏ ⲙⲡⲙⲁ ⲉⲧⲟⲩⲁⲁⲃ. ϫⲉ ⲕⲁⲥ ⲉⲩϣⲁⲛ ⲕⲱⲗⲉ ⲙ
ⲡⲉϥϣⲏⲣⲉ ⲕⲟⲩⲓ ⲉⲣⲉϩⲙ ϩⲁⲗ ⲙⲡⲙⲟⲛⲁⲥⲧⲏⲣⲓⲟⲛ ⲥⲉⲉⲓⲙⲉ ϫⲉ ⲁⲛⲓ ϩⲉⲗⲗⲏⲛⲟⲥ ⲉⲩⲁⲁⲛ
ⲟⲩϩⲉⲑⲛⲟⲥ ⲉⲑⲟⲟⲩ ⲉⲃⲟⲗ ⲙⲡⲉⲕⲣⲓⲙⲁ ⲛⲟϭ ⲡⲉⲧⲛⲁⲧⲁⲗⲙⲁ ϫⲉ ⲉⲡⲱⲧⲉ
ⲓⲥ ⲭⲣⲱⲛⲟⲥ ϩⲁⲙⲉ ⲭⲣⲓⲥⲧⲓⲁⲛⲟⲥ ⲉⲕⲱⲗⲉ ⲙⲡⲉϥϣⲏⲣⲉ ϣⲏⲙ ⲉⲣⲉϩⲙ ϩⲁⲗ
ⲙⲡⲙⲟⲛⲁⲥⲧⲏⲣⲓⲟⲛ ⲉⲧⲟⲩⲁⲁⲃ ⲉⲡⲉⲧⲙⲙⲁⲩ ⲛⲁⲥⲱⲕ ⲉϩⲣⲁⲓ ϩⲁ ⲡⲉⲕⲣⲓⲙⲁ
ⲛ ⲧⲁⲡⲟⲇⲟⲥⲓⲥ ⲇⲟⲟⲥⲉ ⲙⲡⲓⲛⲧ ⲧⲁⲡⲣⲟ ⲙⲡⲓⲉⲣⲟⲫⲁⲛⲧⲏⲥ ⲙⲱⲩⲥⲏⲥ ⲉⲧⲃⲉ
ⲛⲉⲧⲛⲁⲕⲱⲗⲩ ⲙⲡⲉⲣⲓⲕⲁⲙⲡⲧⲟⲥ ⲁⲩⲱ ⲟⲛ ⲉⲣϣⲁⲛ ⲡⲉϥϣⲏⲣⲉ ⲕⲟⲩⲓ ⲛⲧⲉⲙ ⲛⲉ
ⲟⲩⲱϣ ⲉⲧⲙⲉⲣϩⲙ ϩⲁⲗ ⲙⲡⲙⲟⲛⲁⲥⲧⲏⲣ ⲙⲙⲁⲛⲧⲁϥ ⲟⲩ ⲇⲉ ⲛϩⲏⲧϥ ⲡⲉⲧϥⲛⲁ
ⲥⲡⲟⲩⲧ ⲏⲣⲉϥ ϩⲙ ⲡⲉϥⲉⲣⲅⲱ ⲭⲉⲣⲱⲛ ⲉϥⲛⲁⲧⲁⲁϥ ⲉⲡⲙⲟⲛⲁⲥⲧⲏⲣⲓⲟⲛ
ⲡⲣⲟⲥⲑⲉⲉⲧⲥ ⲓⲛⲁ ⲡⲟⲗⲩ ⲕⲁⲧⲁ ⲕⲩⲣⲱ ⲉⲕⲱ ⲛⲟⲙⲟⲥ ⲉⲩⲟⲣⲑⲟⲩⲛ ⲙⲡⲇⲓⲕⲁⲓⲱⲙⲁ

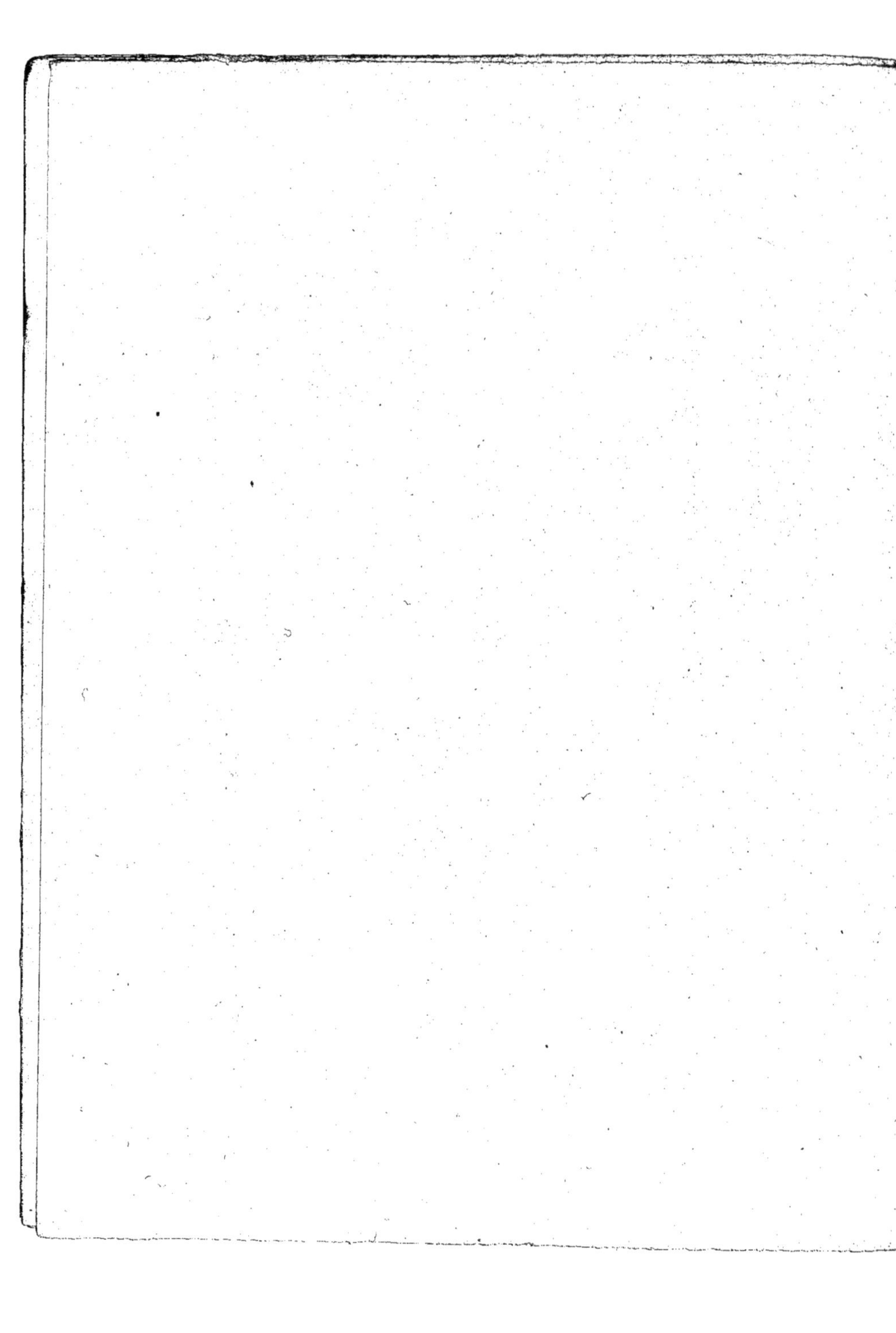

FAC-SIMILE DE PAPYRUS N.o 6 DE BOULAQ

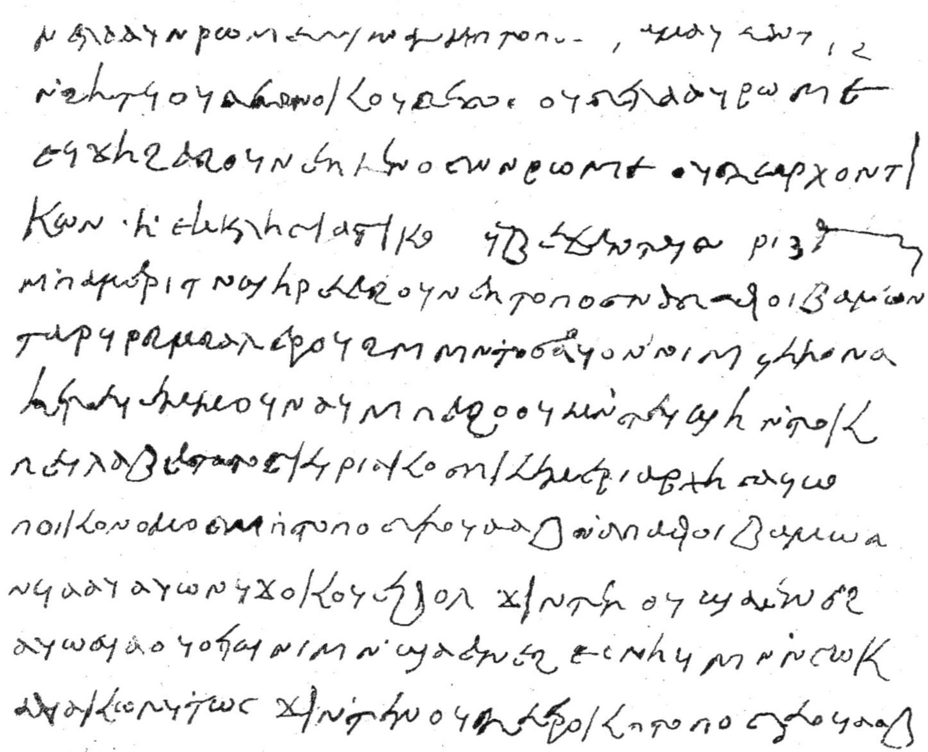

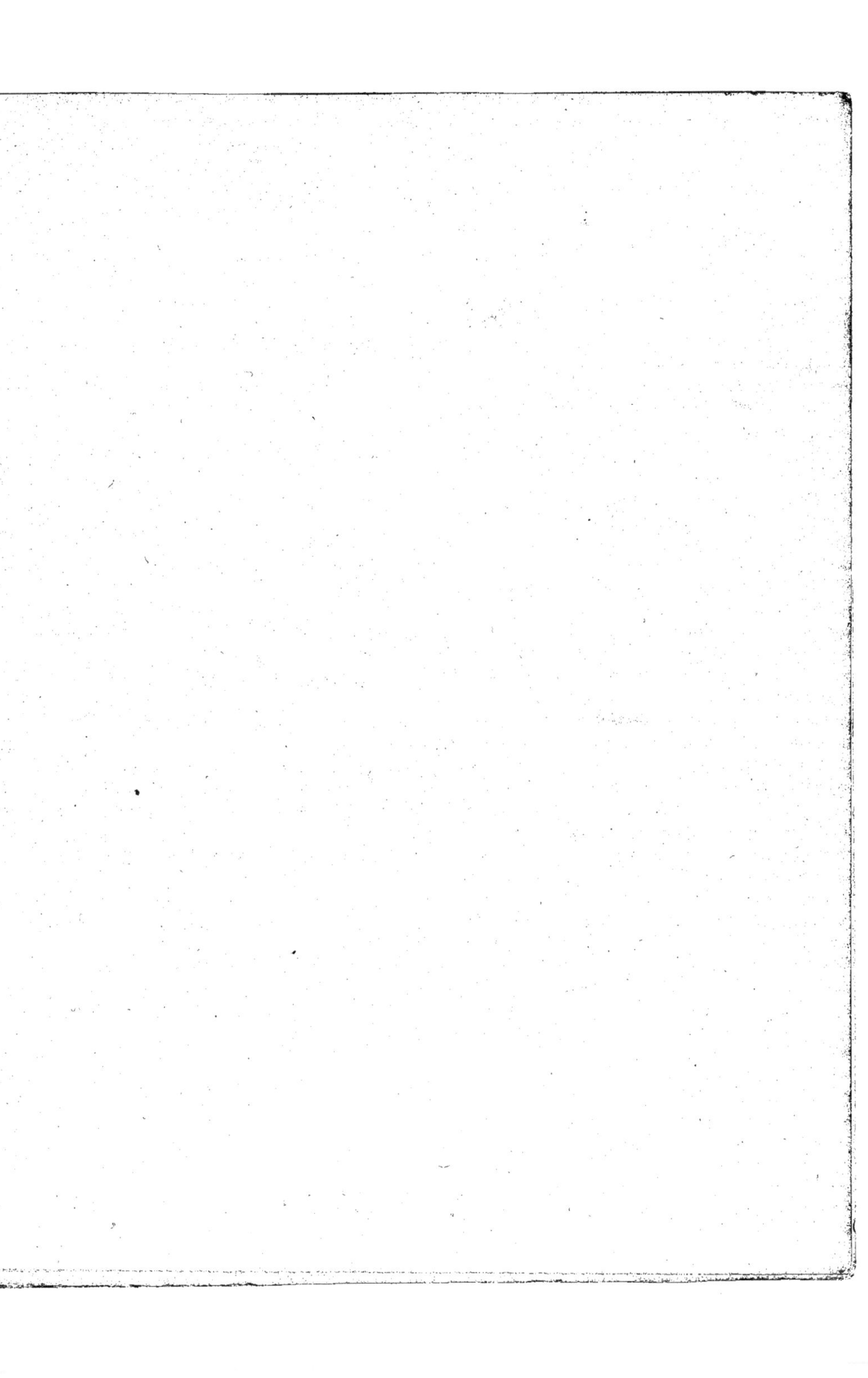

PL. 6.

FAC-SIMILE DE PAPYRUS N° 3 DE BOULAQ

ⲡⲁⲛⲑⲣⲱⲡⲓⲛⲟⲛⲁⲩⲱⲛ̄ⲧⲛ̄ϣⲓⲃⲉⲉⲃⲟⲗϩⲛ̄ⲡⲉⲓⲱⲛϩⲉⲧϣⲟⲩⲉⲓⲧⲛ̄ⲧⲉⲡⲕⲁϩⲟⲧⲛ̄ⲟ
ⲟⲩⲱϣⲁⲩⲱⲧⲛ̄ⲟⲩⲉϩⲥⲁϩⲛⲉϩⲱⲥⲧⲉⲉⲣⲟⲕⲛ̄ⲧⲟⲕⲥⲧⲉⲫⲁⲛⲟⲥⲫⲑⲉⲟⲫⲓⲗⲉⲥⲧⲁⲧⲟⲥⲙ̄
ⲙⲟⲛⲟⲭⲟⲥϩⲛ̄ⲧⲉⲩⲛⲟⲩⲉⲧⲙ̄ⲙⲁⲩⲛ̄ⲅϫⲡⲟⲁⲩⲱⲛ̄ⲅⲁⲙⲁϩⲧⲉⲛ̄ⲧⲛⲟⲙⲏⲧⲏⲣⲥⲙ̄ⲡϣⲁ
ⲃⲟⲗⲛ̄ⲙ̄ⲙⲁⲛ̄ⲟⲩⲱϩⲧⲏⲣⲟⲩⲏⲅⲟⲩⲛⲛ̄ⲃⲏⲃⲉⲛⲧⲁⲛϣⲣⲡⲟⲩⲟⲛϩⲟⲩⲉⲃⲟⲗⲙⲛ̄ⲡⲡⲩⲣⲅⲟⲥ
ⲉⲛⲧⲁⲩⲕⲟⲧϥϩⲓⲧⲛ̄ⲛⲉⲛⲉⲓⲟⲧⲉⲉⲧⲟⲩⲁⲁⲃⲁⲡⲁⲉⲡⲓⲫⲁⲛⲓⲟⲥⲙⲛ̄ⲁⲡⲁⲯⲁⲛⲛⲁⲓⲉⲧⲉ
ⲣⲉⲡⲉⲩⲣ̄ⲡⲙⲉⲉⲩⲉϩⲛ̄ⲛⲉⲧⲟⲩⲁⲁⲃⲁⲩⲱⲉⲁⲓⲣ̄ϩⲩⲡⲟⲩⲣⲅⲉⲓⲉⲣⲟⲥϩⲱⲱⲧⲁⲛⲟⲕⲓⲁⲕⲱⲃ
ϣⲁⲛⲧⲛ̄ϫⲟⲕϥⲉⲃⲟⲗⲛⲁⲓⲉⲧⲕⲏ,ⲉϩⲣⲁⲓϩⲙ̄ⲡⲧⲟⲟⲩⲛ̄ⲟⲩⲱⲧⲛⲧⲉϫⲏⲙⲉϫⲓⲛⲧⲉϩⲓⲏ
ⲉⲧⲃⲏⲕⲉϩⲟⲩⲛⲉⲡⲧⲁⲡⲟⲥⲫⲟⲓⲃⲁⲙⲙⲱⲛϣⲁⲧⲉϩⲓⲏⲉⲧⲃⲏⲕⲉϩⲟⲩⲛⲉⲡⲃⲏⲃⲛ̄ⲛⲉⲧⲉ
ⲣⲉⲡⲉⲩⲣ̄ⲡⲙⲉⲉⲩⲉϩⲛ̄ⲛⲉⲧⲟⲩⲁⲁⲃⲁⲡⲁⲁⲃⲣⲁϩⲁⲙⲙⲛ̄ⲁⲡⲁⲁⲙⲙⲱⲛⲓⲟⲥⲛ̄ⲣⲙ̄
ⲥⲛⲏ·ⲁⲩⲱϣⲁⲧⲉϩⲓⲏⲙ̄ⲡⲉⲓⲁⲁⲩⲱϣⲁϩⲣⲁⲓⲉⲡⲃⲟⲩⲛⲟⲥⲉⲧϣⲟⲟⲡϩⲓϫⲱⲟⲩⲛ
ⲛ̄ⲃⲏⲃⲙⲛ̄ⲡⲡⲩⲣⲅⲟⲥⲉⲧⲙ̄ⲙⲁⲩⲛⲁⲓⲉⲛⲧⲁⲩⲉⲓⲉϫⲱⲛϩⲓⲧⲙ̄ⲡⲉⲛⲉⲓⲱⲧⲉⲧⲟⲩⲁⲁⲃ
ⲁⲡⲁⲯⲁⲛⲉⲁⲩⲉⲓⲉϫⲱϥϩⲱⲱϥϩⲓⲧⲛ̄ⲁⲡⲁⲉⲡⲓⲫⲁⲛⲓⲟⲥⲛⲁⲓⲧⲉⲛⲟⲩⲉⲧⲉⲣⲉ
ⲡⲉⲩⲗⲓⲯⲁⲛⲟⲛⲉⲧⲟⲩⲁⲁⲃⲕⲏϩⲙ̄ⲡⲧⲟⲡⲟⲥⲕⲁⲧⲁⲧⲁⲇⲩⲛⲁⲙⲓⲥⲛ̄ⲛ̄ⲇⲓⲁⲑⲏ
ⲕⲏⲉⲛⲧⲁϥⲥⲙⲛ̄ⲧⲟⲩⲛⲁⲛⲛ̄ⲧⲟϥⲡⲉⲛⲉⲓⲱⲧⲉⲧⲟⲩⲁⲁⲃⲁⲡⲁⲯⲁⲛⲉⲧⲓⲉϥ
ϩⲙ̄ⲡⲥⲱⲙⲁⲉⲁϥϫⲟⲟⲥϩⲓⲱⲟⲩⲛ̄ⲧⲉⲓϩⲉϫⲉⲕⲁⲧⲁⲑⲉⲉⲛⲧⲁϥϫⲟⲟⲥⲛ̄

PL.7.

PL.7.

FAC-SIMILE DE PAPYRUS N°7 DE BOULAQ

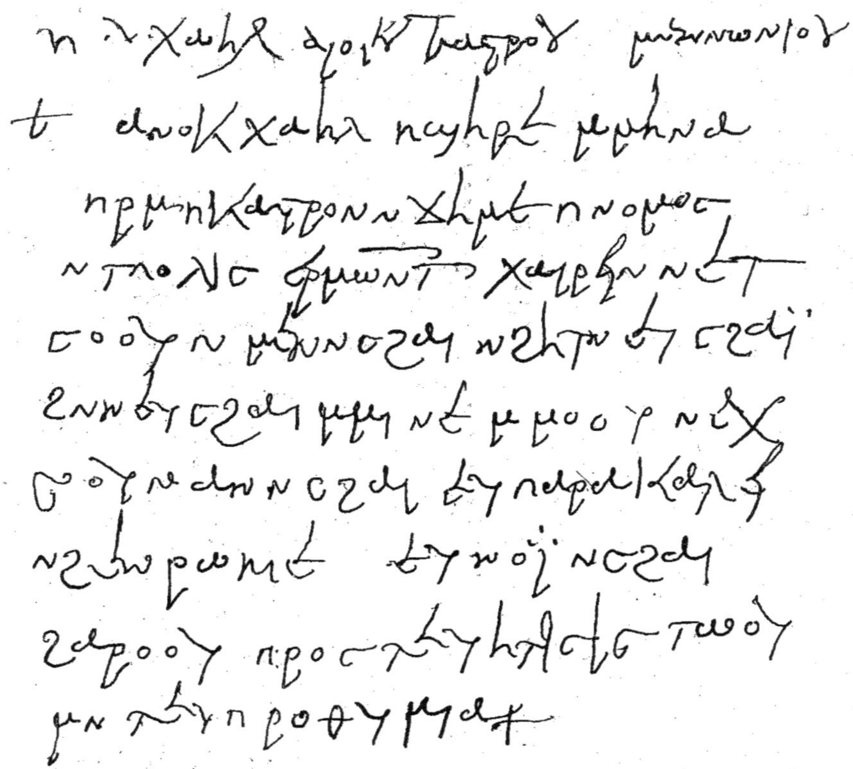

PL

[illegible]

PL. 8.

FAC-SIMILE DU PAPYRUS N° 9 DE BOULAQ.

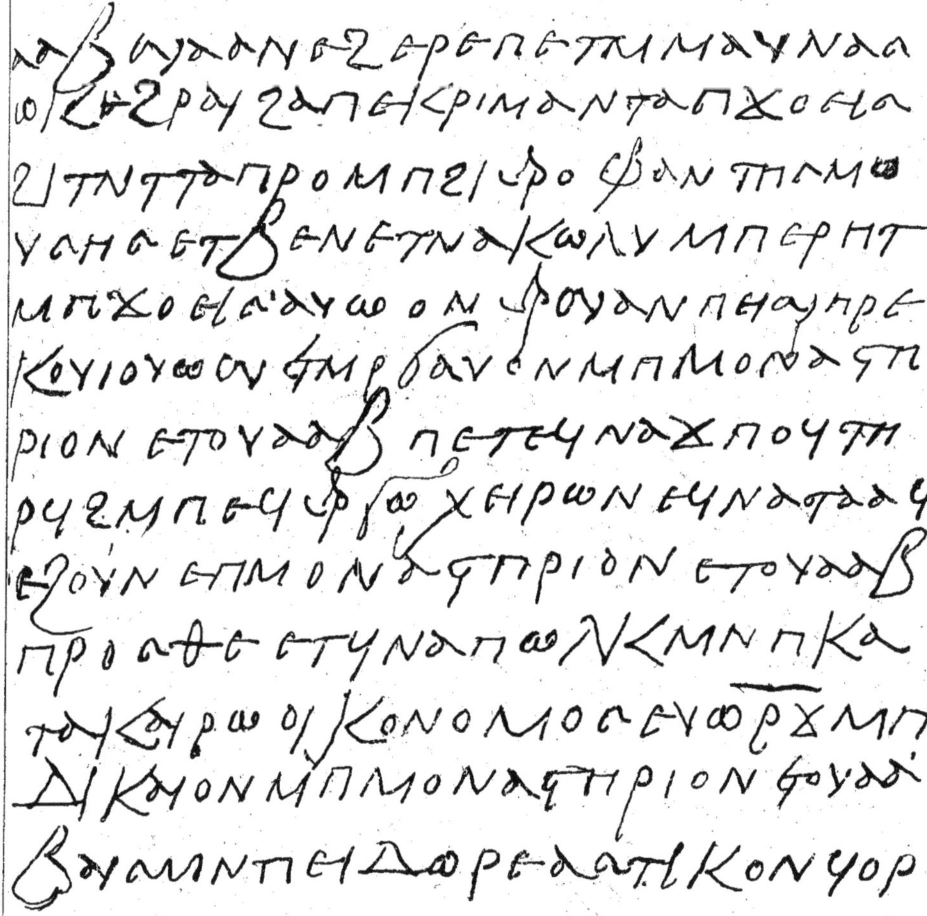

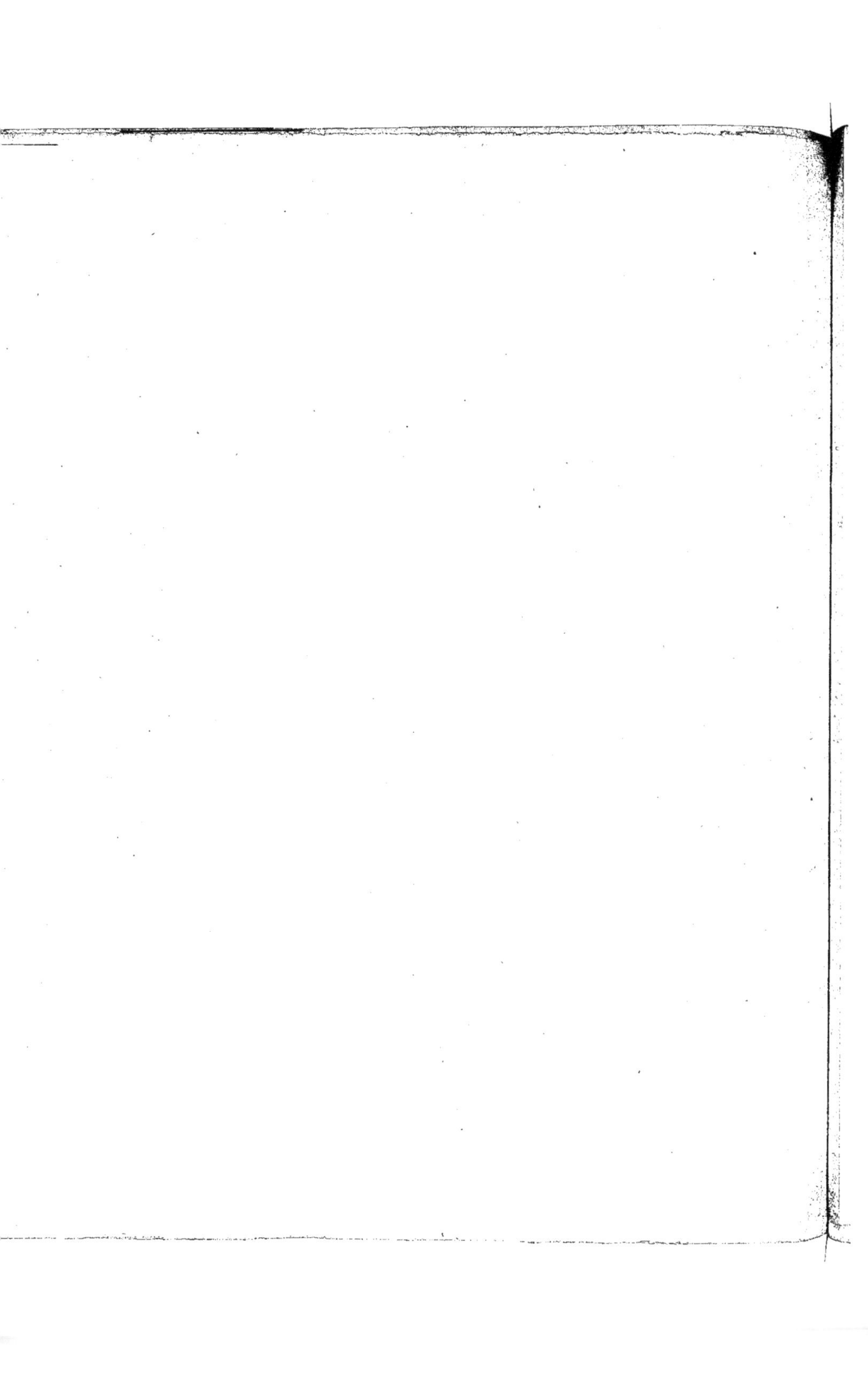

FAC-SIMILE DU PAPYRUS N° 5 DE BOULAQ

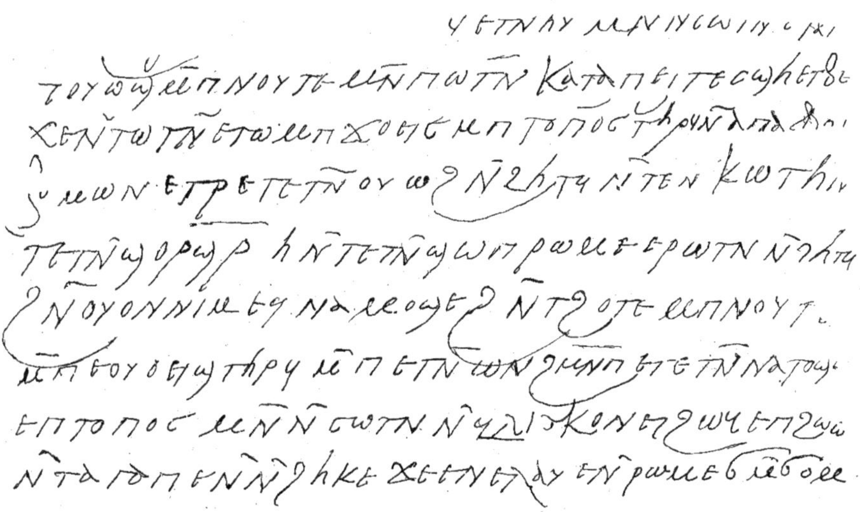

PL. 10

FAC-SIMILE DU PAPYRUS Nº 10 DE BOULAQ

ⲉⲧⲟⲩⲁⲁⲃ ⲉⲃⲟⲗ ϫⲉ ⲁⲡϣⲱⲱⲙ ⲉⲛⲧⲁⲩⲧⲁ
ϩⲟⲩⲁⲁⲩ ⲛϭⲱϩ ⲉⲃⲟⲗ ϫⲉ ⲁⲛⲉϣⲗⲏⲗ
ⲛⲙⲙⲁⲣⲧⲩⲣⲟⲥ ⲉⲧⲟⲩⲁⲁⲃ ⲁⲡⲁ ⲫⲟⲓⲃⲁⲙⲙⲱⲛ
ⲛⲁϩⲙⲉϥ ⲛⲁⲛ ⲛⲛⲙⲟⲛ ⲁⲩⲙⲟⲩ ⲉⲡⲁⲓ
ⲡⲇⲓⲕⲁⲓⲟⲛ ϩⲱⲛ ⲡⲉⲧⲣⲉⲛⲣⲟⲉⲓⲥ
ⲉⲧϭⲟⲙ ⲛ̄ⲡⲉⲧⲟⲉⲣⲁⲥ ⲇⲓⲕⲟⲛ ⲉϥⲟⲩ
ⲟϫ ⲁⲩⲱ ⲉϥⲧⲁϫⲣⲏⲩ ⲉⲣⲁⲧϥ ϩⲛⲟⲩⲙⲉ
ⲙⲛ̄ⲟⲩⲡⲓⲥⲧⲓⲥ ⲉⲥⲟⲣϫ ⲁⲩⲱ ⲉⲥϭⲙϭⲟⲙ
ⲉ ⲙⲛ̄ ⲕⲧⲟ ⲉⲡⲁϩⲟⲩ ⲛϩⲏⲧⲥ ϫⲉ ⲛⲛⲉ
ⲡⲛⲟⲩⲧⲉ ϫⲛⲟⲩⲛ ϩⲛ ⲡⲉϥⲛⲟϭ ⲛ̄ⲃⲏⲗⲉ
ⲉⲧⲉϩⲟⲧⲉ ⲁⲩⲱ ⲉⲧⲉ ⲙⲛ̄ⲗⲁⲁⲩ ⲛⲛⲁϣⲛⲏ
ⲉⲓⲥ ϩⲁϩⲧⲏϥ ⲉⲓⲙⲏⲧⲉ ⲉⲧⲛⲟϭ ⲛⲁⲡⲟⲫⲁ
ⲉⲧϣⲱⲧ ⲉⲃⲟⲗ ⲉⲡⲁⲓ ⲡⲉⲧⲛⲁⲧⲁϩⲟⲥ ⲧⲉ

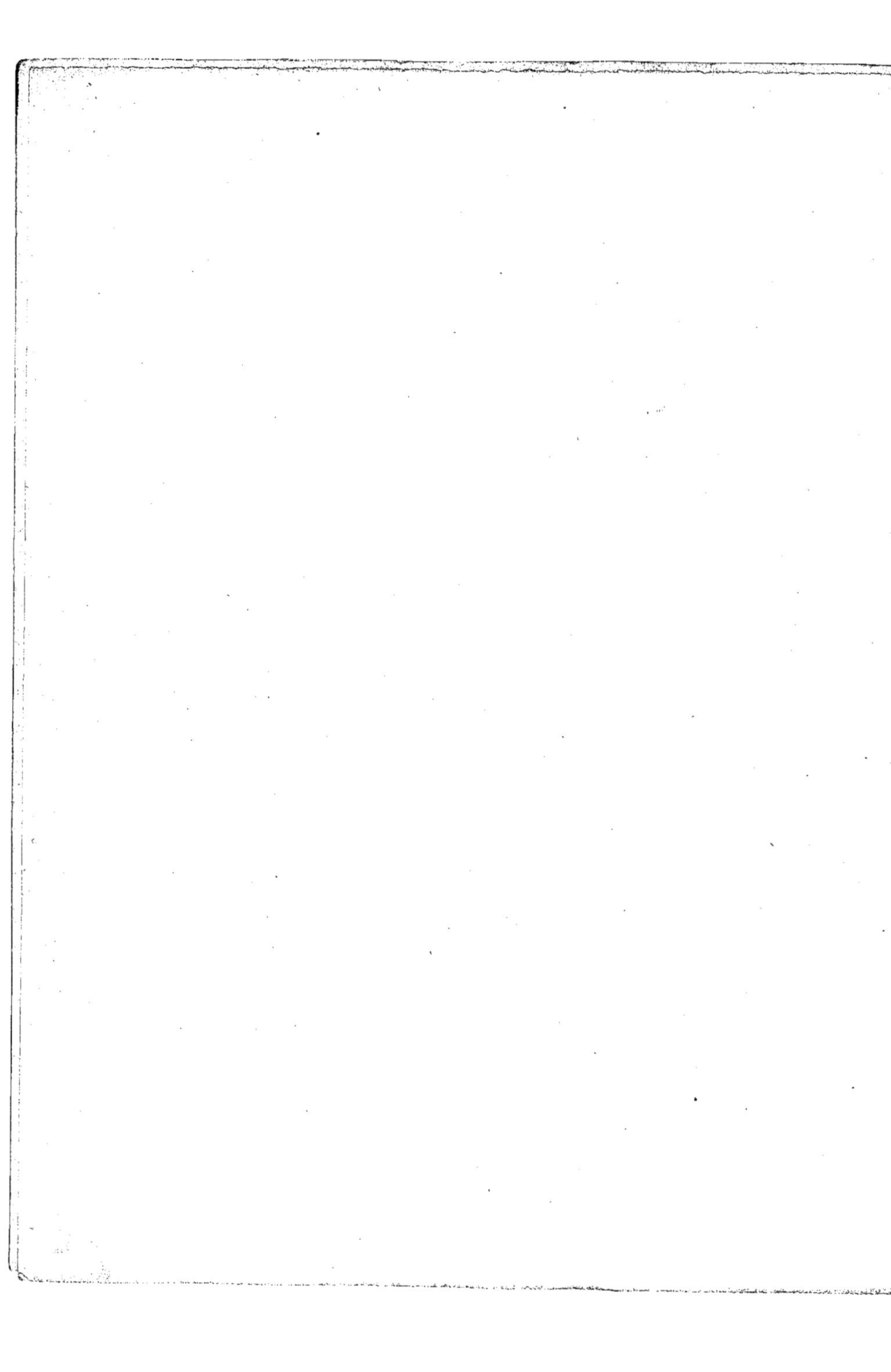

PL. 11

FAC-SIMILE DE PAPYRUS N° 11 DE BOULAQ

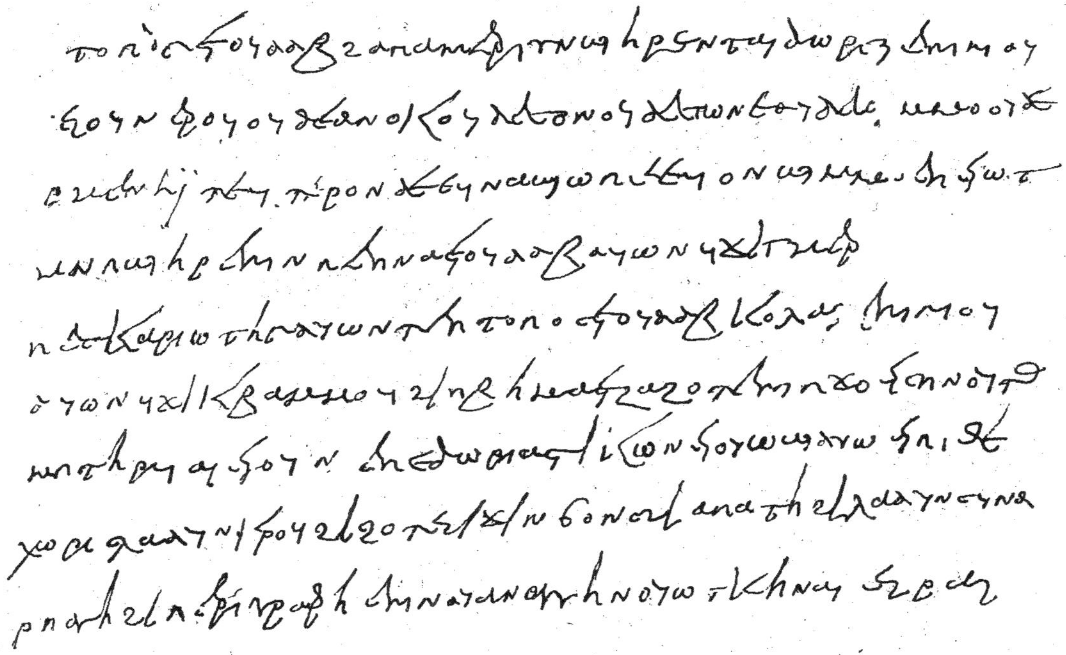

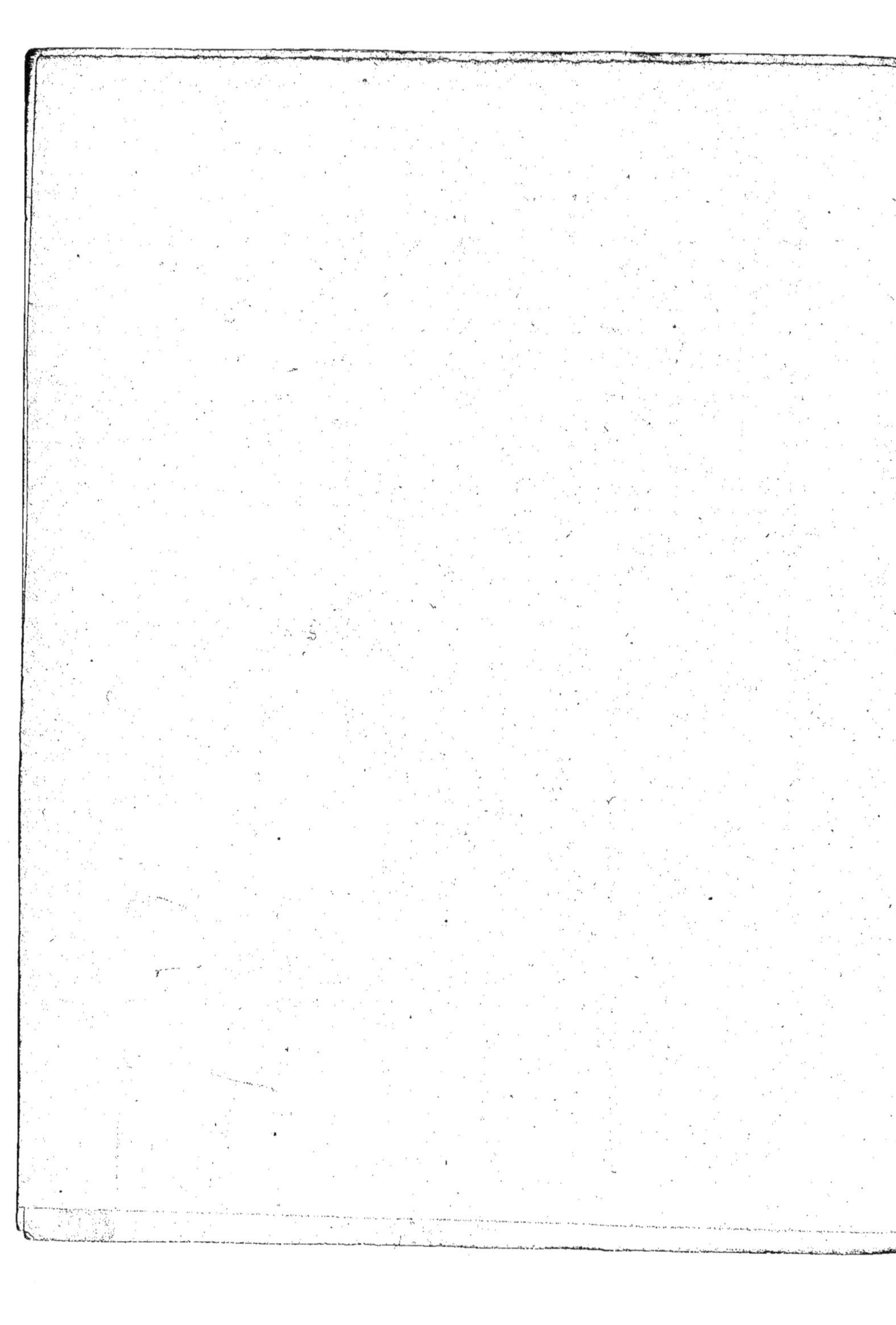

FAC-SIMILE DE PAPYRUS N° 12 DE BOULAQ

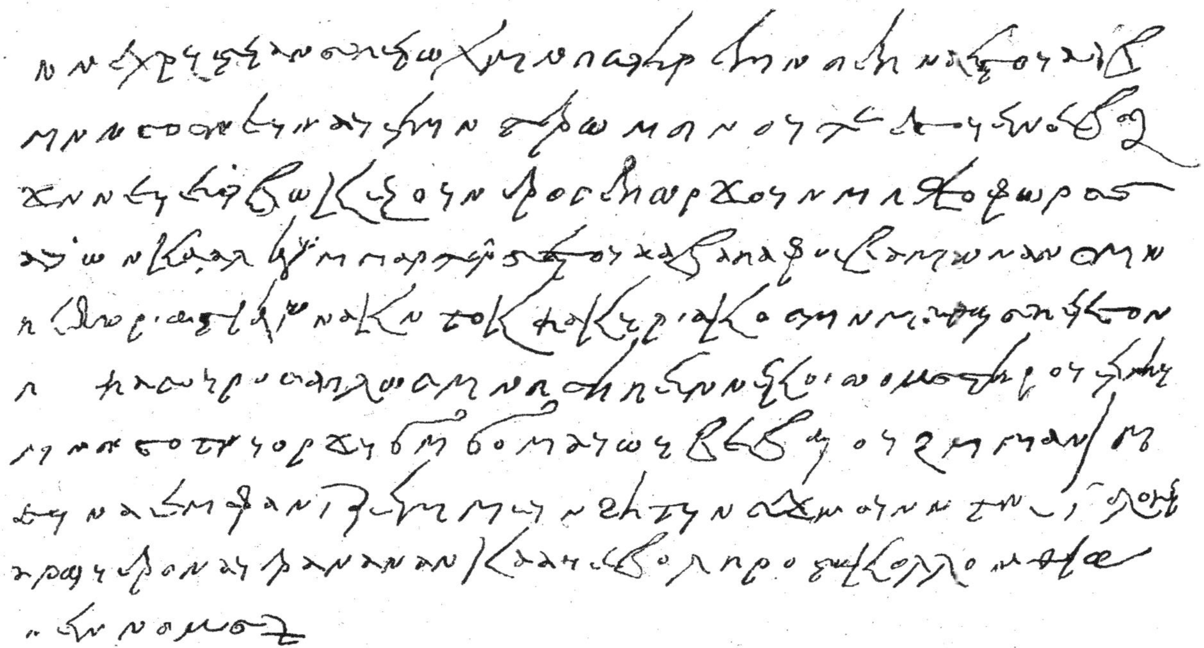

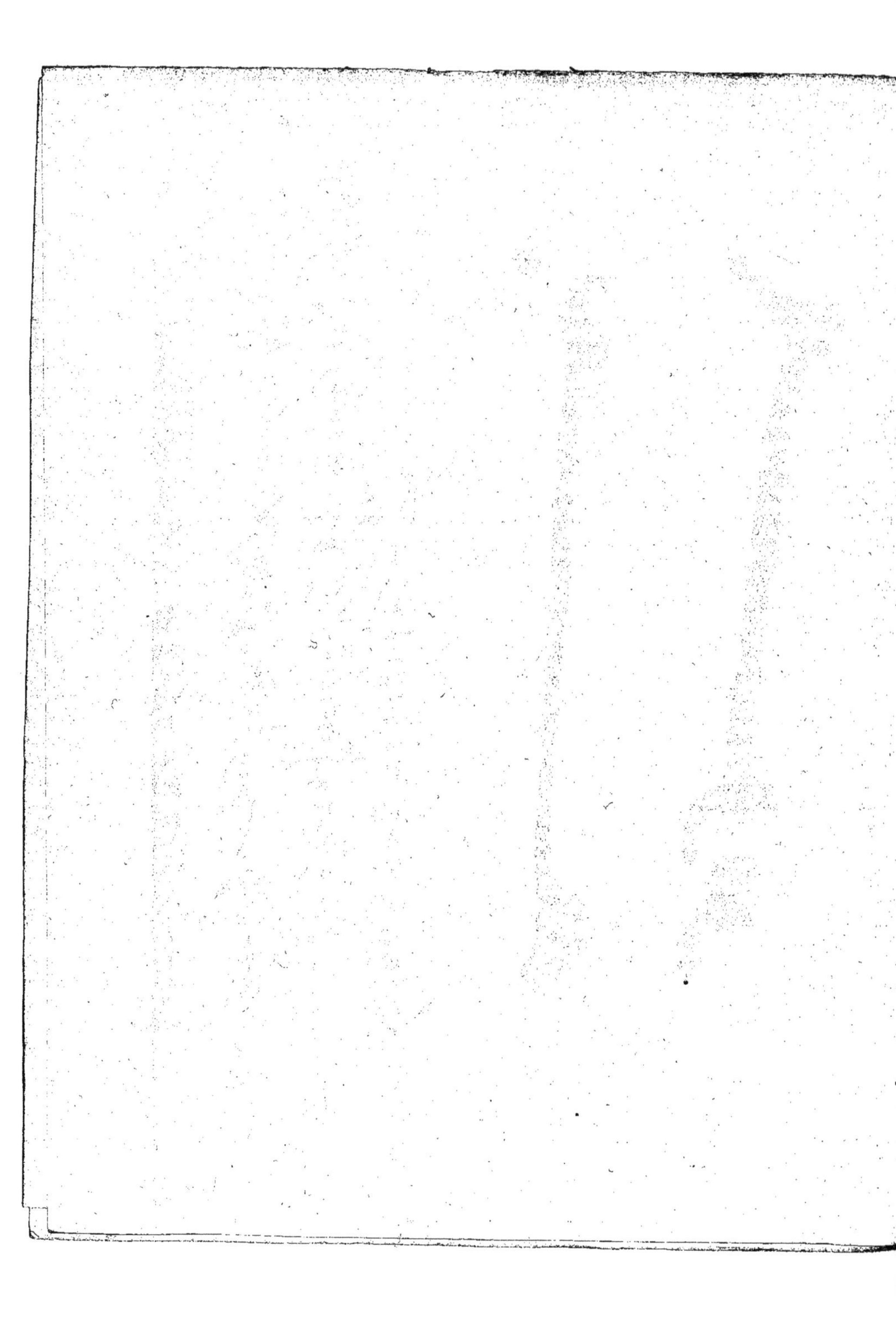

FAC-SIMILE DE PAPYRUS N° 15 DE [illegible]

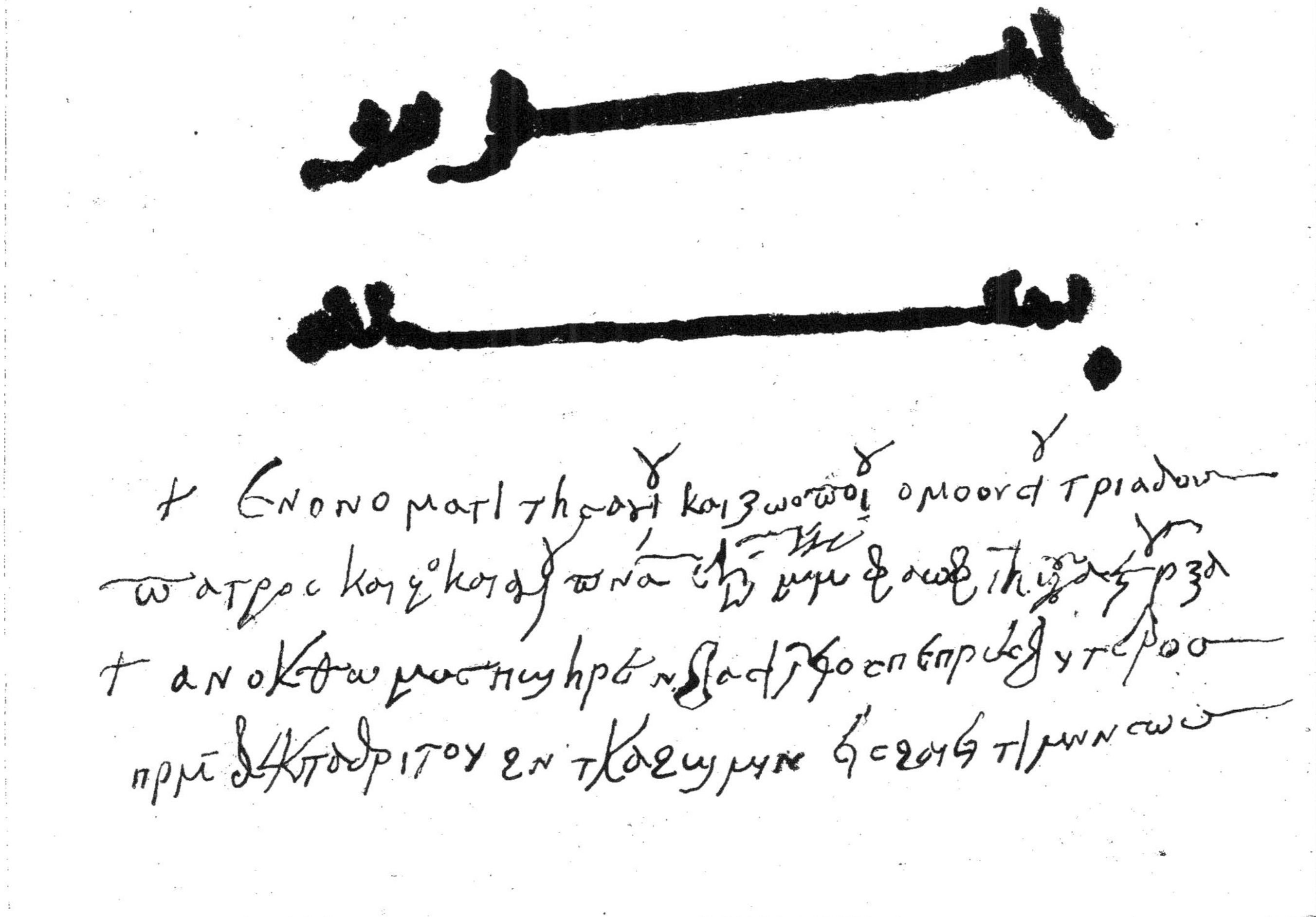

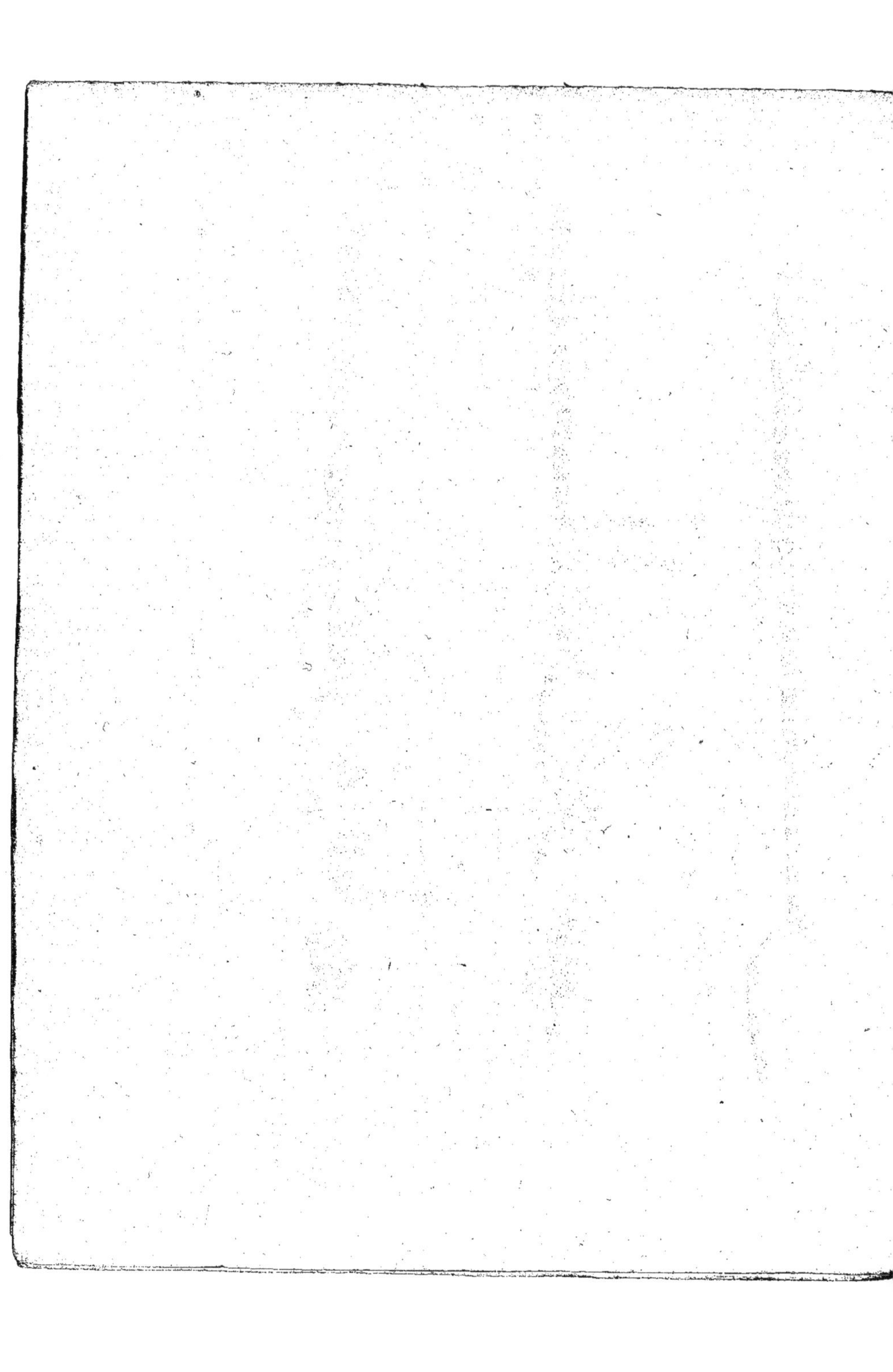

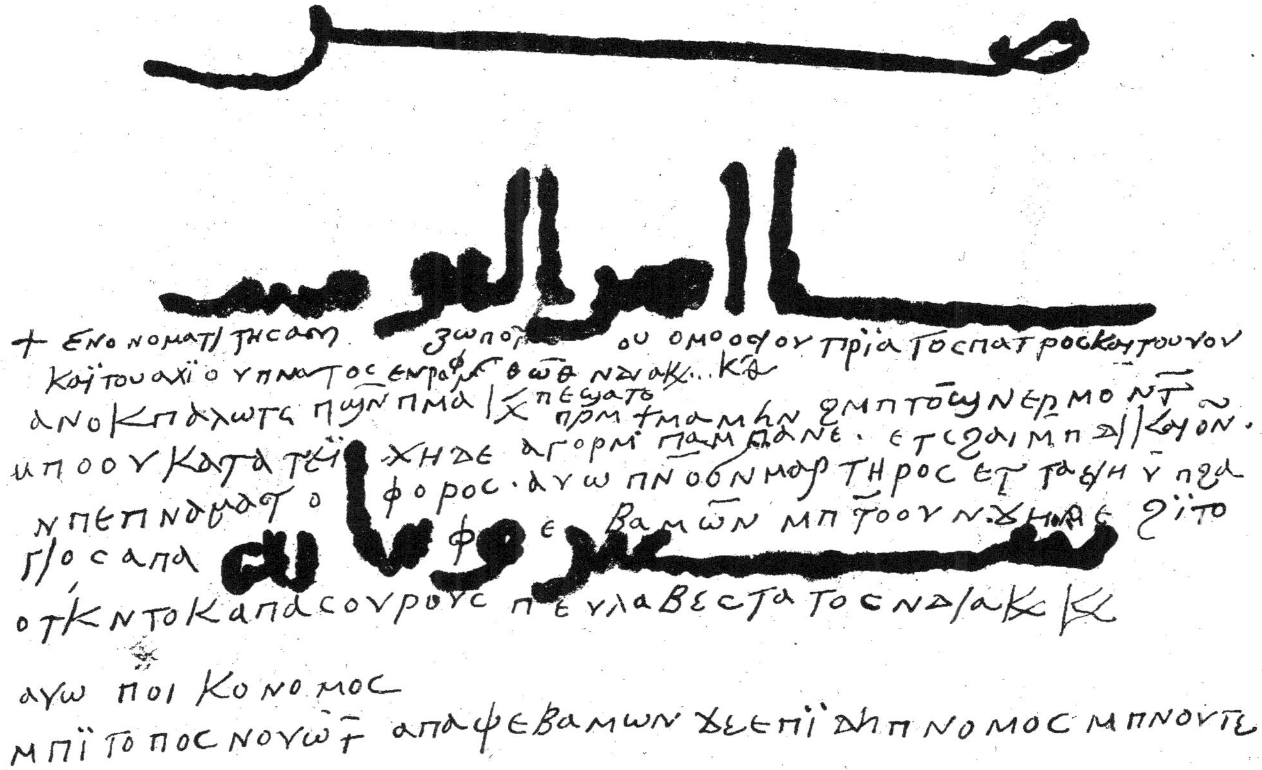

+ ενονοματι τησαγ ζωπο[illegible] ουομοουσιου τριατοσ πατροσ και του υιου
και του αγιου πνατοσ εγραφ[illegible] θωθ ν ινδ[illegible] κα
ανοκ παλωτε πωνπμα | χ πεσφατο πρμ τμαμην ϩμπτοψ ϩερμοντ
ηπ οου κατα τει χηδε αγορμι παμπανε . ετεϩαι μπδιακωνον .
νπεπνα[illegible] ο φοροσ . αγω πνοβ νμαρτηροσ ετ ταψη ν πϩα
ϩισαπα ε βαμων μπτοου ν[illegible] ϩιτο
οτκ ντο καπα σουρουσ πευλαβεστατοσ νδιακ | κ
αγω ποι κονομοσ
μπι τοποσ νουωτ απαφεβαμων ϫε επιδη πνομοσ μπνουτε

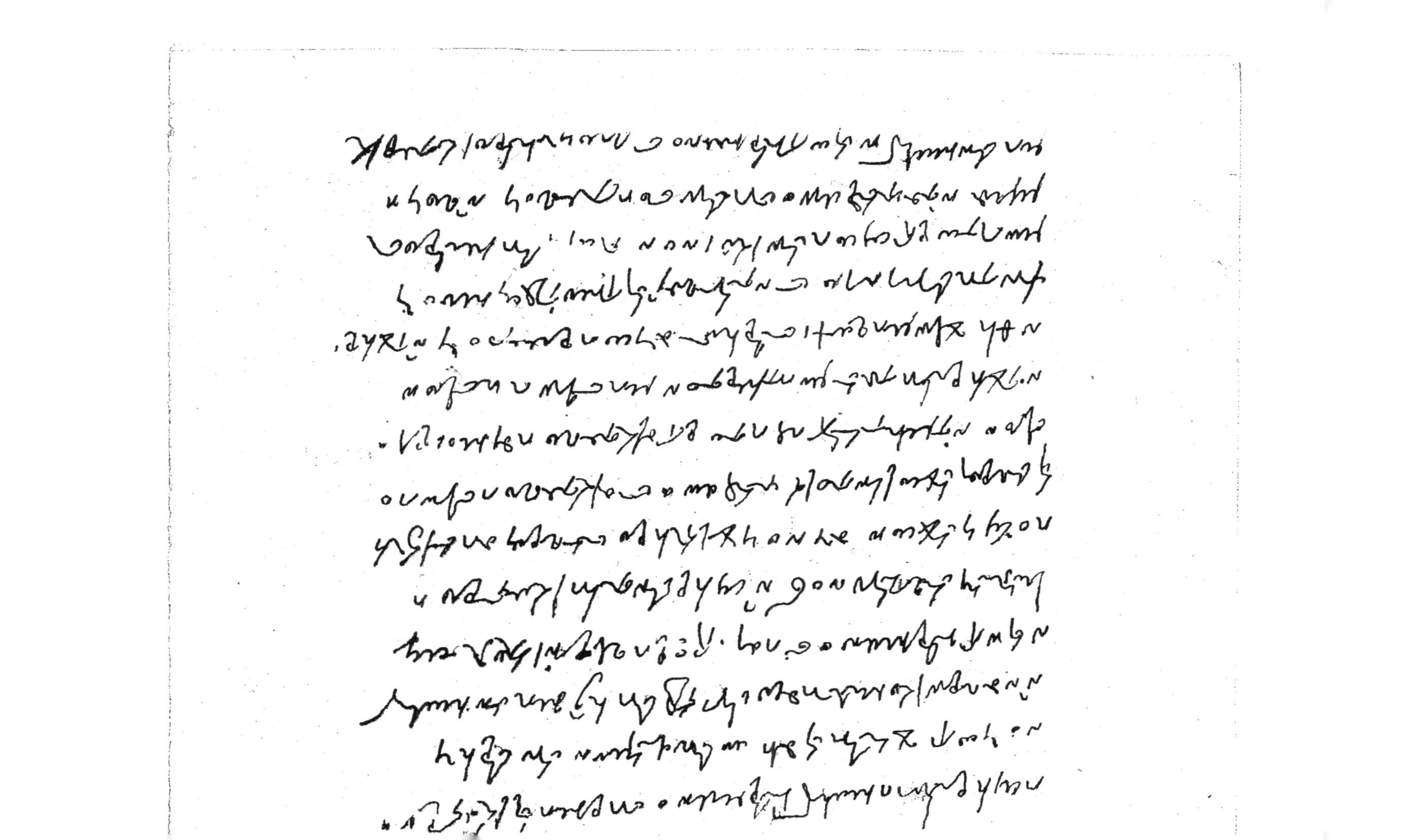

[illegible]
[illegible]
[illegible]
[illegible]
[illegible]
[illegible]
[illegible]
[illegible]
[illegible]
[illegible]
[illegible]
[illegible]
[illegible]
[illegible]
[illegible]

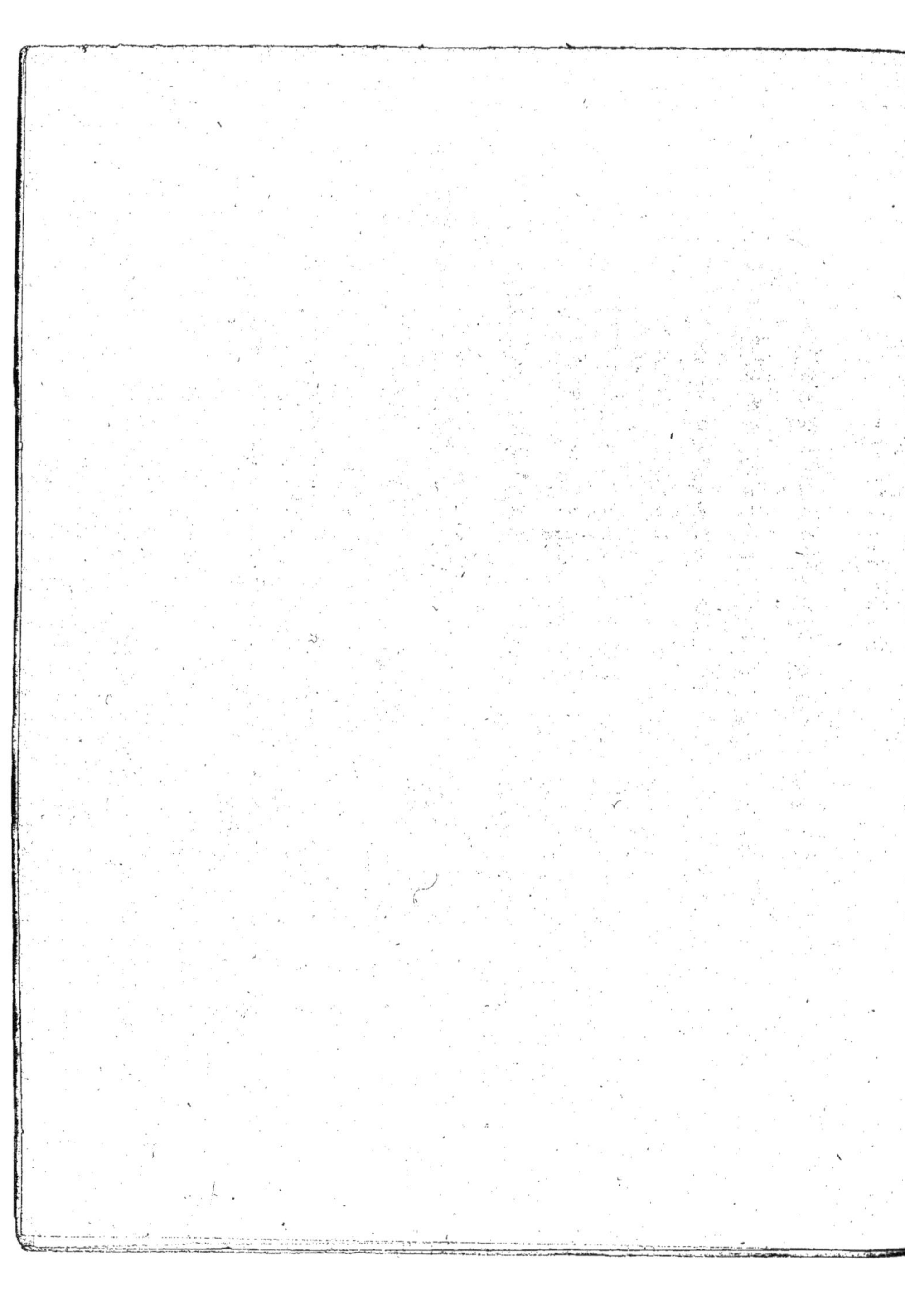

τεννατλ ααν ν̄ϩωβ νναμφιβολια :ι.λ

ϥαν πωτ ϣαντεϥϫηκ πεϥταϫι τνεβολ ειεϥιε

προσθεε τερεπρροναϩοριζε μμ... ειδοι επε

περϫουναι σμμ τειν/κια νητνμ..σουετε

...ουτοουπεμ̄ παωνεντειρομπε τα δευτε

...ντεικ ... ανος ειωρκ νετνμπ...ευτεπ...

τω/κρατωρ ταρειϩαρεϩ νετν̄προστ6ομντει

...ιο/καπαισαυ/κπι/κονομοσ νναπαϩαρων ντπερ

εις ν̄βαβυλων τομμντρε +

+...ο/κϩηλια πωνπ μακαριος μηνα αρ...παα

..τμερος ϩν̄ ν τουμμεϥε τομμντρε

FAC-SIMILE DU PAPYRUS N° 4 DU LOUVRE.

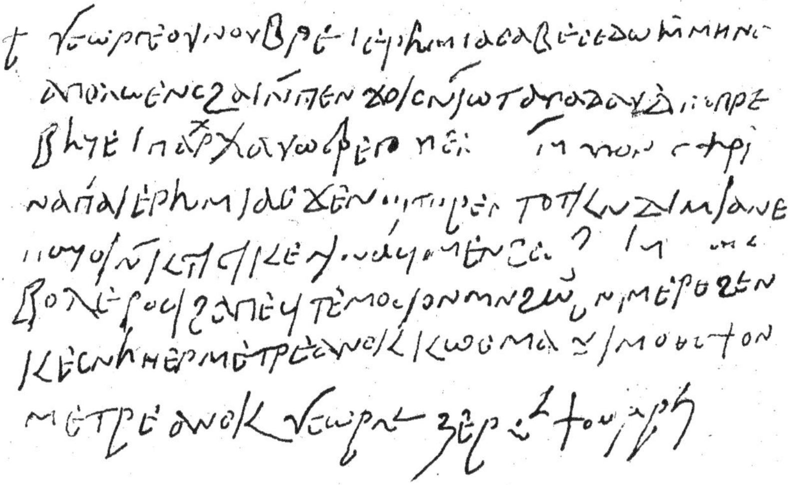

FAC-SIMILE DU PAPYRUS N° 5 DU LOUVRE.

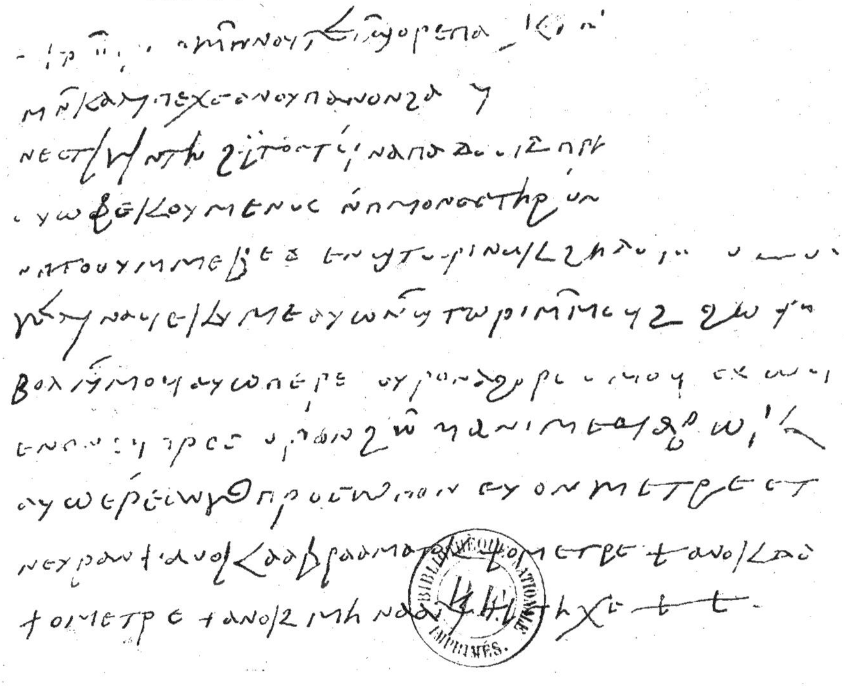

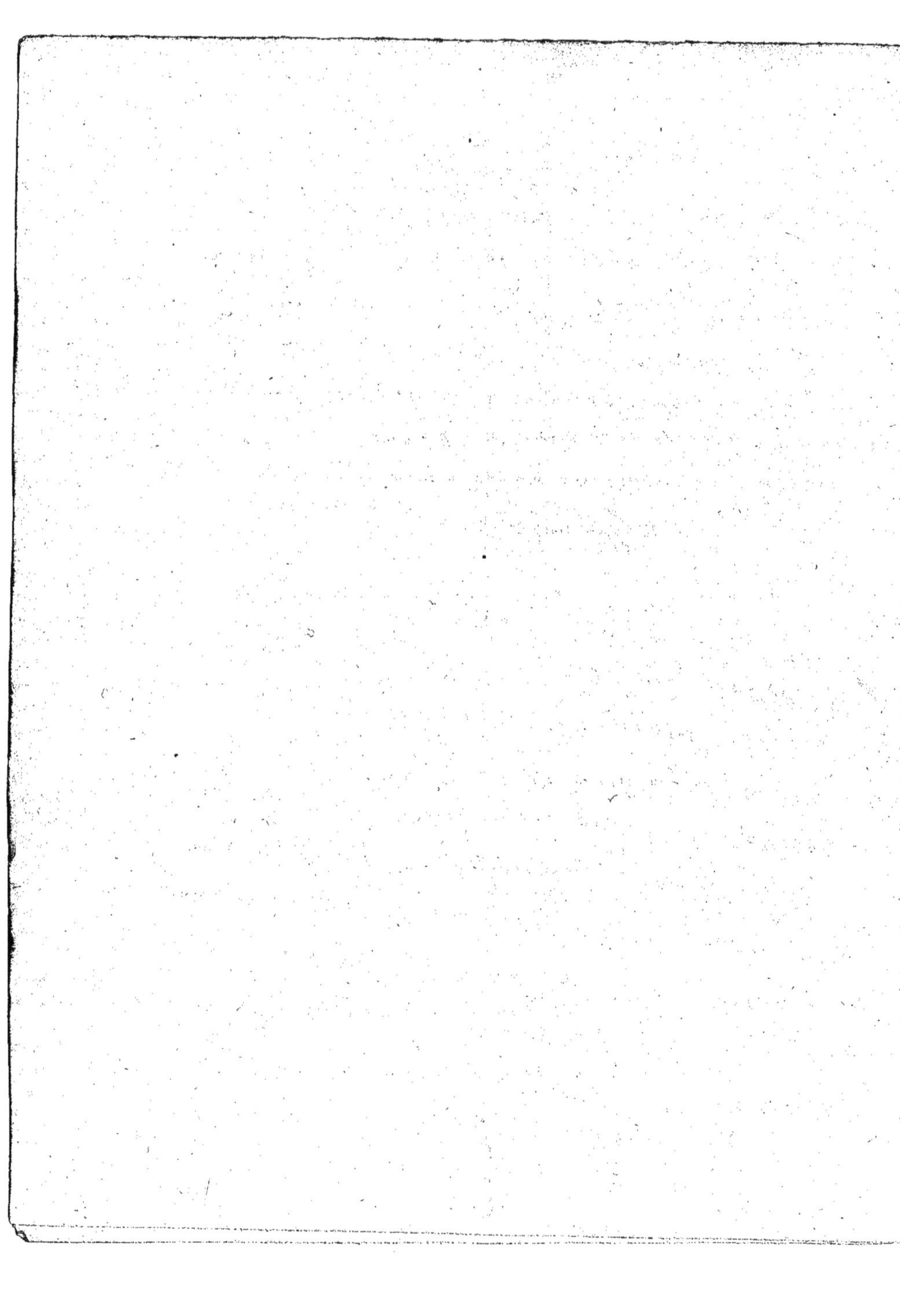

PL. 18.

FAC-SIMILE DU PAPYRUS N° 6 DU LOUVRE.

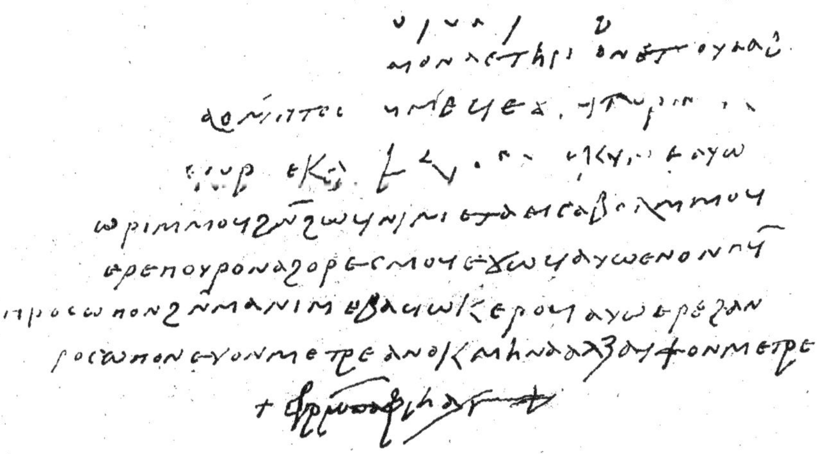

FAC-SIMILE DU PAPYRUS N° 7 DU LOUVRE.

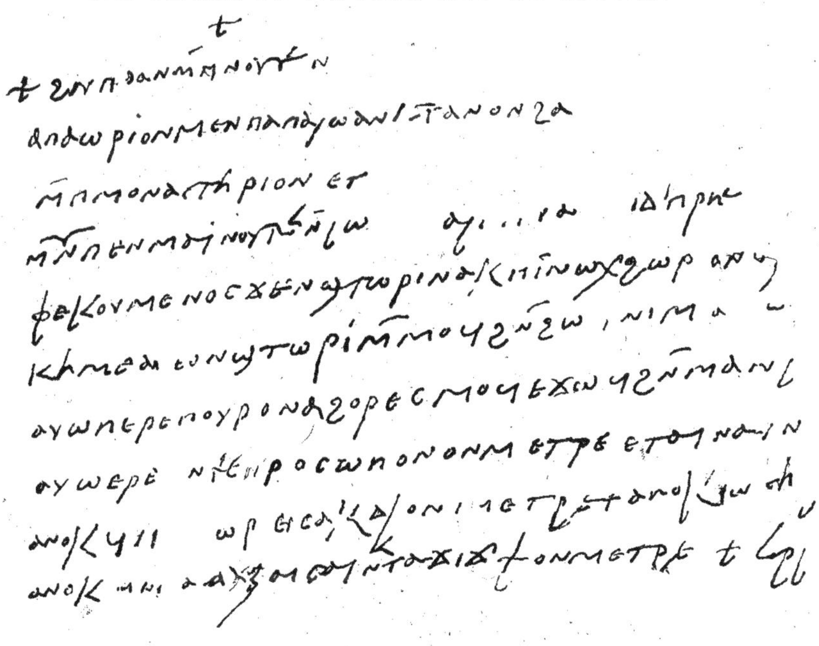

www.ingramcontent.com/pod-product-compliance
Ingram Content Group UK Ltd.
Pitfield, Milton Keynes, MK11 3LW, UK
UKHW022348090726
13658UKWH00002B/542

9 782019 971946